高等学校新文科教材

大数据与财会系列

审计学

原理与大数据审计案例

（立体化数字教材版）

主　编 / 唐雪松

副主编 / 崔　云　林　雁　彭　情

AUDITING
FUNDAMENTALS AND
BIG DATA AUDITING CASES

中国人民大学出版社
· 北京 ·

立体化数字教材资源使用说明

本书是纸介质教材和数字化资源一体化设计的新形态教材，配备了丰富的立体化数字资源，主要包括与纸介质教材同步的**电子教材、题库、视频、PPT、教学大纲、思维导图、教学拓展资料等**。针对不同用户、不同教学应用场景提供不同的使用入口。

1. 书中二维码资源获取方式

刮开教材封面折口上的贴片二维码，微信扫码后点击“学习中心”图片，确认激活后即可免费获取。

2. 数字教材平台（www. rdyc. cn）使用方法

（1）刮开教材封面折口上的贴片二维码，微信扫码后点击“数字教材平台”图片，确认激活。

（2）教师用户注册登录后点击“新建课程”即可。

（3）学生用户注册登录后点击“加入公开课”，需要加入教师班级的，输入教师提供的课程编码加入班级即可。

激活后也可在电脑端使用注册手机号登录人大芸窗官网（www. rdyc. cn），教师可在平台上激活课程、创建班级。

3. 教师利用双题库进行随堂测、期中期末组卷并导出

输入网址（tk. rdyc. cn）→登录（手机号+验证码）→组卷（自动/手动）

题库使用教程

人大芸窗数字教材平台咨询（工作日 9：00—17：00）：

电话：010－62515969　　010－62514521

QQ：2380306335　　2292205778

前言

习近平总书记在党的二十大报告中深刻阐释了新时代坚持和发展中国特色社会主义的一系列重大理论和实践问题，为新时代新征程推进党和国家事业发展、实现第二个百年奋斗目标确立了行动指南，也为审计工作指明了前进方向。2023 年，在二十届中央审计委员会第一次会议上，习近平总书记要求审计机关“做实研究型审计”，这为审计创新发展提供了方向。党的二十届三中全会对进一步全面深化改革、推进中国式现代化作了重要部署，这对审计高质量的效能发挥提出了要求。

审计在经济社会运行中发挥着重要的监督、评价与鉴证功能，其本身具有非常严密的内在逻辑、理论和方法体系。随着数字经济、科技创新的不断衍化升级，审计面临的外部信息环境也在经历巨大变化，新的审计工作方法与模式应运而生，充分利用大数据、人工智能、区块链等新技术早已成为进一步发挥审计各项职能的重要路径。本书以审计的基本逻辑、理论和方法体系为基础，充分融入大数据审计案例及研究成果，力求基本理论知识与最新审计实践紧密结合。

本书具有以下特色：

1. 系统介绍审计基本原理

本书总体上分为四个部分，共十四章内容。第一部分为基础理论，包括四章内容，其中，第 1 章对审计历史、审计分类和注册会计师审计模式等进行介绍；第 2 章和第 3 章分别介绍审计规范体系和审计报告；第 4 章研究审计责任的成因及规避方法。第二部分为审计过程与程序，包括五章内容，其中，第 5 章对审计目标和管理层认定等进行介绍；第 6 章系统阐析计划审计工作；第 7 章至第 9 章分别介绍审计程序、审计证据与工作底稿、审计抽样。第三部分为循环审计，第 10 章至第 13

章分别介绍销售与收款循环审计、采购与付款循环审计、生产与存货循环审计、货币资金循环审计。第四部分为审计完成，第 14 章介绍完成审计工作所涉及的重点内容。

2. 融入思政元素，深化改革

本书结合审计产生、过程、循环和完成的基本原理，系统融入数字技术，在构建审计知识体系背景下，始终秉承思政元素融入审计改革理念。将审计专业课程与思政教育结合，既有利于构建中国特色社会主义审计理论的话语体系，又有利于审计专业人才培养积极回应经济监督领域的现实需求。书中在“素养提升”和“案例”部分突出思政元素，将审计专业知识和思政教育有机融合，深化课程思政的引领作用。

3. 结合行业发展最新趋势

本书在介绍经典审计基本逻辑、理论和方法体系的基础上，在每一章中都融入大数据审计相关内容。这些内容既包括编者对审计现状、发展趋势的分析与解读，又包括对大数据审计现实案例的剖析与研究，还辅以新修订的法律、制度、准则、规定。这不仅能满足审计学科与数字技术发展交叉融合的需求，而且能实现深化理论知识与践行社会实务的双重目标。书中理论与案例内容高效匹配，体现出较强的理论学习价值和实践指导价值。

4. 引导探究思想，以学促研

本书在保留教材一贯体例风格基础上，吸收了与各章节知识点相关的文献或理论研究成果，通过思维导图、拓展阅读的方式推动学生探索性学习，激发学生阅读兴趣，培养学生科研能力，推进课程与科研的交互，力求做到课程知识学习与科研创新探究相结合。

5. 丰富的数字化教学资源

(1) 通过程序和小视频，以源代码的方式再现数据结果，实现专业理论研究的可操作性。

(2) 提供电子教材、教材 PPT、教学大纲、思维导图、教学拓展资料等。

(3) 每节以“即测即评”的形式提供专业化题库。全书约 800 道客观题，包括单选题、多选题和判断题，并附有答案、解析、知识点和难易程度，以强化知识传授的效果，巩固理论知识的内容。题库一方面便于学生在课后随时随地扫码做题，提交后可查看分数和解析；另一方面便于教师在线布置作业，可随时查看班级作业完成情况，做好过程考核，或按照教学进度生成试卷，进行单元、期中和期末测试，且无须打印试卷和判卷，系统自动打分。网页版题库（tk. rdyc. cn）还支持无限次在线随堂测、期中期末组卷并导出，教师用手机号加验证码登录即可使用。

凡购买正版图书的读者扫描封面折口上的贴片二维码，注册后即可免费获取上述资源，使用方法见“立体化数字教材资源使用说明”。

本书由西南财经大学唐雪松教授、贵州财经大学崔云副教授、云南财经大学林雁教授以及重庆工商大学彭情博士共同编写。本书编写过程中参考了大量的相关教材和文献，在此一并对相关作者致以衷心的感谢！同时感谢学界同人为本书的不断完善提供的宝贵意见和建议，感谢中国人民大学出版社的大力支持和帮助。还需要指出的是，本书虽经长期酝酿、多人合作编撰，但疏漏之处在所难免，敬请读者批评指正。

编者

目录

// 第1章 //

审计概述

素养提升

● 专业素养——增强对审计产生和发展的专业认识能力、总结事物本质的能力；提升逻辑性和探索性，能从外部环境变化中总结和思考，具备系统思维，实现专业与新技术融合。

● 思政素养——树立社会主义核心价值观，充分认识审计在中国式现代化建设中的功能，塑造责任感和使命感；充分认识审计发展趋势，坚持辩证唯物主义和历史唯物主义，辩证总结规律，为社会主义审计事业发展贡献力量；了解我国审计制度的特点，理解中国特色社会主义制度的优越性，增强对制度自信的深刻认识，坚定走中国特色社会主义审计道路的信心。

学习目标

● 了解中国和西方的审计发展历史及其特点，理解审计发展的动因。

● 掌握审计的基本概念、基本类别、审计模式。

● 认识大数据时代的审计发展趋势以及审计受到的冲击和挑战。

导　言

本章为全书内容概述，主要介绍审计历史、审计概念与分类、注册会计师审计模式、大数据时代的审计发展趋势等内容。从大数据技术推动审计发展的逻辑梳理审计发展历史，将大数据审计纳入审计演进过程的整体框架，为理解审计本质及未来发展规律奠定基础。

第1章思维导图

第1节　审计历史

一、我国审计的发展历史

（一）国家审计

第1章第1节
即测即评

我国的国家审计可追溯至西周时期。西周时期，国家财政系统分为地官司徒系统和天官冢宰系统，分别掌管财政收入和支出。天官所属中大夫司会，掌管整个国家财政经济的审核。司会考核下级官员报告，以判断下级官员所编制的报告是否真实、可靠。根据《周礼》记载，宰夫“岁终则令群吏正岁会，月终则令正月要，旬终则令正日成”，意思为每期财政报告先由宰夫督促各部门官吏整理上报并进行稽查。由此可见，宰夫是独立于财政部门之外进行经济监督的官职，这标志着国家审计的诞生。

秦汉时期逐渐形成了审计机构与监察机构相结合、经济法制与审计监督制度相统一的审计模式。秦朝设立三公九卿，御史大夫为三公之一，执掌弹劾、纠察之权，专司监察全国的民政、财政以及财物事项，并协助丞相处理政事。汉代中央仍设三公九卿，由御史大夫执掌监督大权。隋唐两代、宋代进一步发展了审计制度。魏晋以来的比部，仍为隋朝所沿置，其隶属于都官或刑部，掌管国家财计监督，行使审计职权。唐代比部仍隶属于刑部，凡国家财政经济，不论军政内外，无不加以勾稽查核。宋代专门设置审计司，隶属于太府寺，后改称为审计院，“审计”一词在我国首次出现，成为财政经济监督的专用名词。明朝设置都察院，以左右都察史为长官，履行审计职责。清承明制，仍然设置都察院，为最高的监察、监督、弹劾和建议机关。都察院的审计职能体现了综合性审计的特点，其监督职能跨越财政经济领域。

1912年，中华民国正式成立，随后政府设立审计处，后改为审计院。1914年我国近代第一部《审计法》颁布，对中央和地方各级行政机关以及单位的财政和财务收支实行审计监督。1929 年颁布《审计部组织法》，审计人员有审计、协审、稽查等职称。1933 年，中华苏维埃共和国中央政府成立审计委员会，1934 年颁布的《中华苏维埃共和国中央政府执行委员会审计条例》明确规定了审计机关的职权、审计程序、审计规则等。

新中国成立后，未设立独立的政府审计机关，国家财政收支监督工作主要由财政部门内部完成。这一阶段，一方面赋予了会计人员监督财政、财务收支的职权，另一方面由主管部门对所属单位进行不定期的会计检查，并对财政、税务、银行进行业务监督。改革开放以后，国家审计有了巨大的发展。根据 1982 年《中华人民共和国宪法》，1983 年成立了最高国家审计机关——中华人民共和国审计署，在县级以上地方各级人民政府设立审计机关。1995 年实施《中华人民共和国审计法》，对国家审计监督的基本原则、审计机关和审计人员、审计机关职责和权限、审计程序、法律责任等作出了明确规定。2018 年，中共中央为加强党对审计工作的领导，构建集中统一、全面覆盖、权威高效的审计监督体系，设置中央审计委员会，以更好地发挥国家审计的作用。

（二）民间审计

我国民间审计的历史可以追溯到辛亥革命之后的北洋政府时期。1918 年北洋政府农商部颁布了《会计师暂行章程》。同年，著名会计学家谢霖先生被批准成为中国的第一位注册会计师，并创办了中国第一家会计师事务所——正则会计师事务所。在南京国民政府时期，注册会计师和会计师事务所主要分布在上海、天津、广州等沿海城市。

新中国成立后，在计划经济模式下注册会计师行业存续的条件不复存在，民间审计行业一度消失，取而代之的是与计划经济模式相适应的财政监察制度。党的十一届三中全会作出实行改革开放的历史性决策。1978 年，我国按照通行做法，建立注册会计师独立审计制度，以服务我国经济发展需要。1980 年颁布的《中华人民共和国中外合资经营企业所得税法施行细则》规定，合营企业在纳税年度内无论盈利或亏损，都应当按规定期限，向当地税务机关报送所得税申报表和会计决算报表，并附送在中华人民共和国登记注册的公证会计师的查账报告。1980 年，财政部发布了《关于成立会计顾问处的暂行规定》，标志着我国注册会计师制度开始恢复重建。1988 年成立中国注册会计师协会，省级注册会计师协会的组建为行业全面恢复重建和发展提供了组织基础。1990 年和 1991 年，上海证券交易所和深圳证券交易所相继成立，2021 年，北京证券交易所成立，资本市场的发展对注册会计师行业的发展提出了更高的需求，极大地推动了民间审计行业的发展。

（三）内部审计

我国内部审计与国家审计一样历史悠久。新中国成立以后特别是改革开放以后，我国内部审计得到了极大的发展。1985 年，《国务院关于审计工作的暂行规定》要求政府部门和大中型企事业单位实行内部审计监督制度，为内部审计提供了制度依据。同年，《审计署关于内部审计工作的若干规定》使内部审计法制化。2018 年颁布了《审计署关于内部审计工作的规定》，对内部审计的发展起到了规范和推进的作用。

二、西方审计的发展历史

（一）国家审计

大约在公元前 3500 年，古埃及奴隶主阶级的最高统治者设置了独立性较强的监督官，以“听证”（audit）的方式，对政府会计账簿、谷物税的征收、国库收支进行审查和监督工作，由此出现了审计的萌芽。古罗马在公元 443 年设立监督官，与元老院和财务官共同组成了古罗马国家政权的主要力量，监督官也就是当时的审计官。2000 多年前，古希腊雅典城邦建立了官吏卸任经济责任审计制度，并由审计官执行审计。

19 世纪，欧洲许多国家确立了国家审计的法定地位。西方资本主义国家大多实行三权分立的体制，议会为国家的最高立法机关，行使对政府及公营企事业单位的财政财务收支、执行财政预算法案的审计监督权。1921 年，美国颁布了《预算和会计法》，并根据该法建立了美国的最高审计机关——审计署（Government Accountability Office，GAO），实施政府账目审计。除美国之外，英国的国家审计署、加拿大的审计长公署、西班牙的审计法院等都是隶属于国家立法部门的独立审计机关，其审计结果要向议会报告，享有独立审计监督权。此外，还有一些国家采用司法型的审计体制或行政型的审计体制，如西班牙和法国等。

（二）民间审计

16 世纪末，地中海沿岸国家商品贸易日益发达，合伙企业经营形式开始出现，财产的所有权和经营权开始分离，由此产生了对经营管理者进行监督的必要性，合伙人开始聘请具有会计专长的人士监督经营管理者。1581 年，世界上第一个会计职业团体——威尼斯会计协会成立。18 世纪初期到 19 世纪中叶，产业革命完成后现代意义上的民间审计才真正出现。产业革命推动了资本主义商品经济的发展，股份公司开始出现，公司所有权与经营权进一步分离，对经营管理者的监督变得更加迫切。1720 年，英国“南海公司事件”促进了民间审计的产生。当时，英国的查尔斯·斯奈尔

(Charles Snell) 以“会计师”的名义提出了“查账报告书”，从而宣告了民间审计的诞生。1844 年，英国颁布《合股公司法》，要求股份公司必须设立监察人，负责审查公司账目。1845 年，英国修订《合股公司法》，规定股份公司可以聘请专门会计师协助进行监督。1853 年，苏格兰爱丁堡诞生了世界上第一个会计职业组织——爱丁堡会计师协会。19 世纪末 20 世纪初，随着世界经济中心的转移，民间审计行业的中心由英国转移到美国。1887 年，美国公共会计师协会成立，1957 年改名为美国注册会计师协会（American Institute of Certified Public Accountants，AICPA），是世界上最大的民间审计职业团体。

第二次世界大战以后，跨国公司得到了空前发展，带动了注册会计师业务向全球范围扩展。截至目前，出现了以普华永道、德勤、安永、毕马威为代表的大型跨国会计师事务所。与此同时，审计技术也在不断完善，审计抽样方法得到极大运用，风险导向审计方法被普遍推广。21 世纪以来，随着美国安然、世通等公司的重大财务丑闻的曝出及安达信会计师事务所的崩塌，美国颁布并实施了《萨班斯-奥克斯利法案》(Sarbanes-Oxley Act)，建立了公众公司会计监督委员会（Public Company Accounting Oversight Board，PCAOB），强化了对公司财务报告披露和注册会计师行业的监管。

拓展阅读

南海公司事件

一、英国南海股份公司

18 世纪初，随着英国殖民主义的扩张，海外贸易有了很大的发展。1711 年，英国政府以债券募集资金创立南海股份公司（以下简称南海公司），从事殖民地贸易。1719 年底，南海公司的董事们开始对外散布各种所谓的公司利好消息，即南海公司在年底将实现大量的利润，预计在 1720 年的圣诞节公司要按面值的 60%支付股利，利好消息带动了股价上升。1719 年，南海公司股价为 114 英镑；到了 1720 年 3 月，股价劲升至 300 英镑以上；1720 年 7 月，股票价格已高达 1 050 英镑。此时，南海公司老板布伦特又想出了新主意：以数倍于面额的价格发行可分期付款的新股。同时，南海公司将获取的现金转贷给购买股票的公众。这样，随着南海公司股价的扶摇直上，一场投机浪潮席卷全国。由此，170 多家新成立的股份公司股票以及原有的公司股票都成了投机对象，股价暴涨 5 倍，军人和家庭妇女都卷入了这场漩涡。《大恐慌》描绘了当时人们购买股票的情形：“政治家忘记了政治，律师忘记了法庭，贸易商放弃了买卖，医生丢弃了病人，店主关闭了铺子，教父离开了圣坛，甚至连高贵的夫人也忘了高傲和虚荣。”

为了制止各类“泡沫公司”的膨胀，英国议会通过了《泡沫公司取缔法》。该法对股份公司的成立进行了严格的限制，只有取得国王的批准，才能得到公司的经营执照。随着投机热潮的冷却，南海公司的股价一落千丈，从1720年8月25日到9月28日，南海公司的股价从900英镑下跌到190英镑，12月仅为124英镑，使许多地主、商人失去了资产。此后较长一段时间，民众对参股新兴股份公司闻之色变，对股票交易心存疑虑。

二、对南海公司的查处

为了平息南海公司所引发的经济恐慌，1720年9月，英国议会组织了一个由13人参加的特别委员会，对"南海公司事件"进行秘密查证。在调查过程中，由于牵涉到许多财务问题及会计记录，特别委员会特邀了一位精通会计实务的会计师，此人名叫查尔斯·斯奈尔。查尔斯通过对南海公司账目的查询、审核，于1721年提交了一份名为《伦敦市彻斯特·莱恩学校的书法大师兼会计师对索布里奇商社的会计账簿进行检查的意见》的报告。在该报告中，查尔斯指出了公司存在舞弊行为、会计记录严重不实等问题，但没有对公司为何编制这种虚假的会计记录表明自己的看法。查尔斯·斯奈尔以"会计师"的名义提出了"查账报告书"，宣告了独立会计师——注册会计师的诞生。

【案例分析】

1. 南海公司破产的深远影响

南海公司的破产引发了工业革命前西方资本市场最为严重的一次经济危机，它标志着世界早期资本市场的崩溃，同时也开创了近代民间审计的历史先河，对民间审计的发展具有里程碑式的意义和影响。工业革命推动了英国经济的发展，股份公司随之诞生和发展，股份公司的发展孕育了现代民间审计。

2. 股份公司发展对民间审计的客观需要

南海公司破产说明了建立在所有权与经营权分离基础上的股份公司，其经营具有委托性质。由于受种种原因和条件的限制，投资者即公司股东和债权人不可能直接接触公司经营的各个方面，要了解公司经营的详细情况必须借助其会计报告。这样一方面可以防止经营者为所欲为，损害投资者利益；另一方面可以使股东及债权人正确决策。

3. 股份公司规范及民间审计发展对公司立法的客观要求

股份公司的存在需要民间审计及公司立法，民间审计发展对公司立法同样有着客观要求。股份公司的发展对发展资本市场、推动社会经济发展具有重大作用，但若在法律上不加规范、缺乏社会监督则势必引起社会经济秩序混乱。面对严峻的现实，英国政府进一步认识到制定法案对股份公司进行社会监督的重要性，1844年的《合股公司法》就是在这样的背景下制定的。该法鼓励公司采取股份公司形式，明文规定股份公司账簿经董事以外的第三者审查。1845年又公布了新的合股公司法条款，增设了必要时可以聘请会计师协助办理审计业务的条款。新条款为民间审计的发展开创了一个良好的开端。

4. 关于政府对信息披露监管的反思

信息披露是否需要政府进行管理、如何进行监管、如何处理政府监管与民间自我监管的关系尤为重要。南海公司事件之前，会计信息披露是产权所有者与产权受托者之间的事情，政府不必干预。在民间自我监管机制尚不成熟的情况下，英国政府并没有重视对信息披露的监管，也没有出台关于信息披露方面的法规。在资本市场发展中，民间自我监管和政府监管都受到重视，但是如何处理好二者的关系，达到安全与效率兼顾的效果仍然是一个难题。

（三）内部审计

中世纪欧洲形成了规模巨大的庄园，庄园主接受国王的封地并担负经营责任，庄园管理中还有庄头等职位，庄园主和庄头之间存在委托与受托关系。为了检查和确认庄头的行为，庄园主任命审计员对庄头编制的账簿进行审计。欧洲城市手工业者在各自行业结成行会，行会账户每年需要接受审计。早期的内部审计主要检查会计记录中是否存在错弊，在一定程度上提供了关于内部控制方面的建议。到了 20 世纪 40 年代，内部审计发生巨大的变化，1941 年成立了国际内部审计师协会（Institute of Internal Auditors，IIA），1947 年发布第 1 号“内部审计师责任说明书”（Statement of Responsibilities of the Internal Auditor，SRIA），它的颁布是内部审计职业发展史上的里程碑。随着社会经济的发展，内部审计的作用领域不断扩展，除了对财务收支进行事后审计监督以外，还重点开展事前审计，通过咨询、建议参与企业经营决策活动。内部审计的职能定位逐步由监督主导型向服务主导型转变。

第 2 节　审计概念与分类

一、基本概念

关于审计概念的理解，从不同角度有不同的阐释。本书主要从注册会计师审计角度阐释审计概念。

第 1 章第 2 节
即测即评

审计是由具有专业胜任能力的独立专业人员为确定和报告特定信息与既定标准间的符合程度而收集和评价有关这些信息的证据

的过程，即独立的专门机构或人员接受委托或根据授权，对审计对象进行审查并报告意见的过程。审计对象是审计的客体，具体包括被审计单位的财务收支、有关的经营管理活动以及相关会计资料等。

理解审计概念时，需要理解其中的关键要素：信息和既定标准、证据、具有专业胜任能力、独立性以及报告。

（一）信息和既定标准

信息表现形式多种多样，注册会计师既对量化信息进行审计，例如公司的财务报表、会计记录等，也对较为主观抽象的信息进行审计，例如内部控制系统效率、生产经营效率等。相应地，用以评价信息的标准将随着审计信息的不同而发生变化。例如，公司财务报表的审计标准可能是中国的企业会计准则或国际财务报告准则；内部控制的审计标准可能是内部控制的公认框架或标准；企业纳税情况的审计标准可能是相关税收的法规或制度。一般而言，注册会计师和被审计单位应该在审计前就相关标准达成共识。

（二）证据

证据是形成最终结论的信息依据，是注册会计师用来确定被审计信息是否按既定标准表述的所有资料，是形成合理结论的基础。审计证据的形式包括交易或沟通的电子和其他数据等。注册会计师必须获得充分、适当的审计证据，评价信息与既定标准是否相符，这是审计的关键环节。

（三）具有专业胜任能力

注册会计师行业人才胜任能力包括专业胜任能力、职业道德、实务经历等。专业胜任能力是指注册会计师行业人才能够根据相关法律法规从事职业活动的能力，包括技术胜任能力、职业技能以及管理能力。技术胜任能力涉及会计、审计、财务、税务、管理、相关法律法规、商业和组织环境、信息和通信技术等。职业技能是指智力技能、人际关系和沟通技能、个人技能、组织技能和办公技能等。管理能力包括团队管理、组织管理、战略管理等。

（四）独立性

独立性，是指不受外来力量控制、支配，按照一定之规行事。尽管注册会计师由公司支付审计费用，但在审计时仍需保持充分的独立性，从而赢得信息使用者的信赖。如果注册会计师与客户存在经济利益、关联关系，或屈从于外界压力，导致独立性丧失，就很难取信于社会公众。

（五）报告

审计的最终成果是审计报告。审计报告是注册会计师向报告使用者传达审计结果的一种手段。虽然各种审计报告的性质不同，但都必须向报告使用者说明信息与既定标准之间的符合程度，该符合程度直接关系到审计意见的类型。

二、基本类别

根据不同的分类标准，审计可以分为不同的类别。

（一）按照审计主体分类

按照审计主体的不同可分为国家审计（也称政府审计）、内部审计和注册会计师审计（也称独立审计、民间审计或社会审计）。

1. 国家审计

国家审计是指国家审计机关根据有关法律法规对国家机关、行政事业单位和国有企业财政、财务收支进行审计监督，对公共资金、国有资产、国有资源管理、分配、使用的真实合法效益，以及领导干部履行经济责任和自然资源资产及生态保护责任情况等所进行的独立监督活动。

2. 内部审计

内部审计一般指对单位内部财政财务收支、经济活动、内部控制、风险管理实施独立、客观的监督、评价和建议，以促进单位完善治理、实现目标的活动。根据《第 1101 号——内部审计基本准则》的规定，内部审计是一种独立、客观的确认和咨询活动，通过运用系统、规范的方法，审查和评价组织的业务活动、内部控制和风险管理的适当性和有效性，以促进组织完善治理、增加价值和实现目标。

3. 注册会计师审计

注册会计师审计是指注册会计师接受委托，对被审计单位财务报告进行独立检查并发表审计意见。一般而言，注册会计师开展的业务包括鉴证业务和其他相关服务。鉴证业务是指注册会计师对鉴证对象信息提出结论，以增强除责任方之外的预期使用者对鉴证对象信息信任程度的业务，包括历史财务信息审计业务、历史财务信息审阅业务和其他鉴证业务。注册会计师审计属于信息质量是否值得信赖及可信赖程度的鉴证业务。

（二）按照审计目的分类

根据目的的不同，审计可分为财务报表审计、合规性审计和经营审计等。

1. 财务报表审计

财务报表审计是指注册会计师针对财务报表（资产负债表、利润表、所有者权益变动表、现金流量表和财务报表附注等）是否不存在重大错报提供合理保证，以积极方式提出意见，增强除管理层之外的预期使用者对财务报表信赖的程度。

2. 合规性审计

合规性审计是审计机构和审计人员依据国家法律法规和财经制度对被审计单位的生产经营管理活动及其有关资料是否合规所进行的一种经济监督活动。合规性审计的实施依赖于可验证的数据和公认的标准或者准则，如已建立的法律法规或公司的政策和程序。例如，税务局的审计师对所得税申报进行审计，审计的目的是检查纳税申报是否符合税法或相关规定，审计结果以审计报告的形式传递给纳税人。

3. 经营审计

经营审计是以绩效考核为目的，对一个组织的特定单元进行评价。例如，一家制造公司收货部门的运营可以用运营效果指标考核，即评价其完成既定目标和责任的情况。按效率衡量绩效，即评价其是否有效地利用部门可以获得的资源。由于效果和效率的标准不像一般公认会计原则和法律法规可以清晰界定，因此与财务报表审计和合规性审计相比，经营审计需要更多主观判断。

第3节　注册会计师审计模式

第1章第3节
即测即评

审计模式是由审计导向目标、范围和方法等要素组成的，它决定了审计应从何处下手、如何着手、何时着手等问题。审计活动是为达到或完成一定的目标而设计的，因此，审计模式的发展受到审计目标变化的影响。审计目标随着社会经济的发展而变化，审计模式也不断发展变化，其内在逻辑在于不断变化的经济环境中审计信息使用者对于审计信息的需求发生变化，注册会计师在审计过程中数据或信息输入以及处理能力也在相应发生变化，进而对审计模式产生深刻影响。

在注册会计师审计发展史中，审计模式经历了三个主要阶段：账项基础审计模式（古代至20世纪40年代）、制度基础审计模式（20世纪40年代至80年代）、风险导向审计模式（20世纪80年代至今）。具体如图1-1所示。

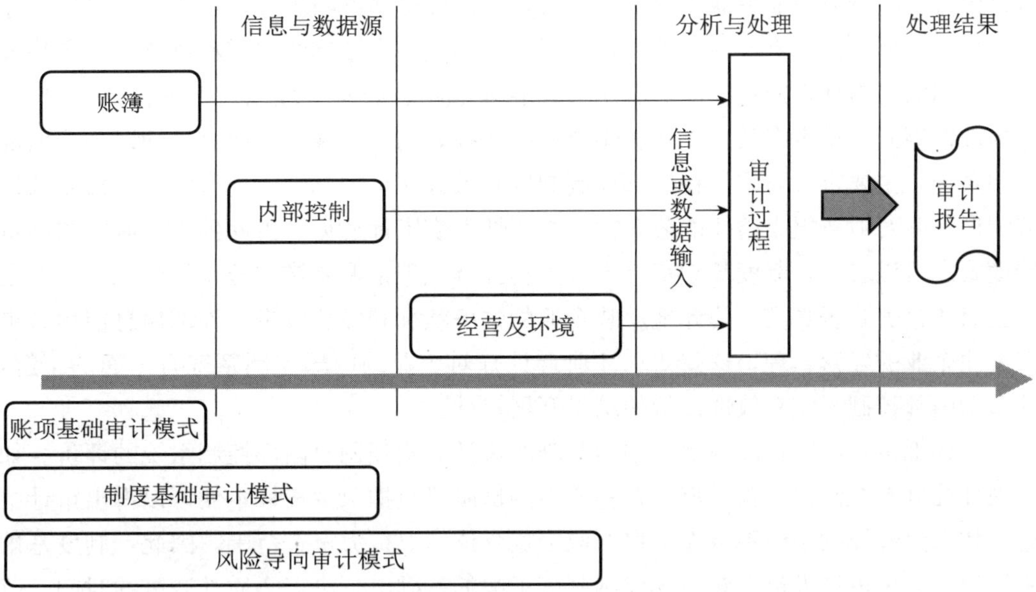

图 1－1　不同审计模式下审计信息或数据的输入

一、账项基础审计模式

账项基础审计模式是以账簿作为审计过程主要信息或数据输入的审计模式，审计工作的主要目的是查错防弊。该审计模式围绕会计账簿、会计报表的编制过程进行，通过对账簿的数字进行详细核实来判断是否存在舞弊行为或技术性错误。它以数据的可信性为着眼点，以凭单核对为工作中心，以审查账目有无错误、有无舞弊为目标，构成了一个完整的审计模式。

在账项基础审计模式阶段，注重凭证、账簿的详细审查、核对、汇总和重新计算等工作，要求注册会计师具备良好的簿记相关知识。在企业规模不大、经济业务比较简单的情况下，这种审计模式基本能适应需要。注册会计师不关注财务记录以外的事项，证据的取得主要是来自会计部门内部，尤其是会计账簿本身。账项基础审计模式阶段是审计发展的第一阶段，在审计发展史上占据着十分重要的地位，其基本方法至今仍然在实务中使用。由于当时审计的主要目的是查错防弊，审计过程的主要数据输入为会计账簿维度的数据，因此，该审计模式也可以称为账簿驱动审计模式。

二、制度基础审计模式

制度基础审计模式是以内部控制信息与账簿作为审计过程主要信息或数据输入的

审计模式。随着公司业务规模的扩大，投资者群体也在不断扩大，投资者更多地关注财务报表的公允性、真实性，即对财务报表不构成重大影响的差错和舞弊，不影响投资者的判断。内部控制制度能够满足公司企业战略、经营管理以及财务报告的目标，而内部控制制度是否有效，直接影响企业财务报表的公允性。注册会计师以公司内部控制系统为主要审查对象，在内部控制制度有效性评价的基础上进行账簿、报表的细节测试，并对财务报表整体的公允性、真实性发表审计意见，由此催生了制度基础审计模式。可以看出，制度基础审计模式不再强调发现记账差错和防止舞弊行为，而是验证财务报表是否真实、公允地反映企业的财务状况和经营成果，外部信息使用者更多关注企业的经营管理，这就要求注册会计师对企业的内部控制系统有全面的了解，并基于内部控制系统有效性评价的结果开展审计。

与详细审查不同，以内部控制为基础的审计方式强调对内部控制系统的评价。如果内部控制系统值得信赖，那么在实质性测试阶段只抽取少量样本便可以得出审计结论；如果内部控制系统不可靠，那么应根据具体情况扩大审查范围。因此，制度基础审计模式要求审计人员在对内部控制制度了解的基础上，决定实质性测试的时间、范围和程度。在制度基础审计模式下，审计过程的数据输入为账簿信息等。注册会计师在判断内部控制有效性的基础上对账表进行抽样审计，进而发表审计意见。由于着眼于对内部控制系统的总体情况进行了解和分析，这种审计模式可以发现一些内部控制的缺陷，因此可以针对被审计单位提出管理建议。

三、风险导向审计模式

20 世纪 80 年代经济全球化逐渐深化，企业经营面临的经济、社会、政治和技术等环境发生了急剧的变化，企业倒闭、破产案时有发生。2000 年，国际审计与鉴证准则理事会（International Auditing and Assurance Standards Board，IAASB）在联合工作组及美国审计准则委员会的建议下，联合美国审计准则委员会成立了“风险分析联合项目组”，并提出了风险导向审计模式，认为审计人员必须从高于内部控制系统的角度出发，综合考虑企业内外环境因素，实施更有效的审计策略，进而降低审计风险。

风险导向审计模式基于对审计风险进行系统的分析和评价，制定审计战略和计划。风险导向审计模式是企业经营风险等内外部信息或数据作为审计过程主要输入的审计模式，审计人员由被动地承受审计风险到主动地管理审计风险。风险导向审计模式大量运用分析性检查或复核的方法，这种分析的方法贯穿于审计的准备阶段、实施阶段和终结阶段。

风险导向审计模式可分为传统风险导向审计模式和经营风险导向审计模式。在传统风险导向审计模式下，审计风险模型为：审计风险＝固有风险×控制风险×检查风险。审计风险是指财务报表存在重大错报，而审计人员发表了不恰当审计意见的概率。固有风险是指被审计单位在实施内部控制之前，财务报表中出现重大差错或舞弊的概率。控制风险是指被审计单位内部控制系统不能防止重大差错或舞弊的概率。检查风险是指审计人员不能发现财务报表中存在的重大差错或舞弊的概率。

21 世纪初，全球范围内一系列重大审计失败事件爆发，传统风险导向审计模式进一步演化成经营风险导向审计模式。经营风险导向审计模式更加关注企业的经营风险，在方法和操作层面体现为对财务报表重大错报风险的关注。基于此，审计风险模型为：审计风险＝重大错报风险×检查风险。重大错报风险是指财务报表在经审计之前存在重大错报的概率。

第 4 节　大数据时代的审计发展趋势

21 世纪以来，信息、科学技术迅猛发展，审计环境发生了巨大变化。

一、大数据时代的到来

第 1 章第 4 节
即测即评

2008 年 9 月，《自然》杂志推出“大数据”（Big Data）专题论文，首次提出“大数据”的概念。2011 年 6 月，麦肯锡公司发布《数据：下一次创新、竞争和生产力的前沿》（Big Data：The Next Frontier for Innovation，Competition，and Productivity），提出大数据是大小超出常规数据库工具获取、存储、管理和分析能力的数据集。2011 年，《科学》杂志专刊讨论如何管理大数据。2012 年，高德纳公司将大数据技术列入全球未来十大关键技术，并认为大数据技术将会给科学研究、商业、公共管理等领域带来重大变革。

世界各国开展大数据相关问题的研究与探索，并从国家战略层面推出研究规划以应对大数据带来的机遇和挑战。美国于 2012 年 3 月发布《大数据研究和发展计划》，并成立“大数据高级指导小组”，于 2016 年 5 月发布《联邦大数据研发战略计划》。欧盟委员会于 2012 年 9 月公布“释放欧洲云计算服务潜力”战略方案。英国政府 2013 年发布《英国数据能力发展战略规划》，并建立世界首个开放数据研究所。日本政府 2013 年 6 月公布《创建最尖端信息技术国家宣言》，制定以开放大数据为核心的 IT 国家战略，旨在把日本建成具有世界最高水准的广泛运用信息产业技术的社会。中国于 2015 年提出国家大数据战略，发布《促进大数据发展行动纲要》，2017 年发布《大数据产业发展规划（2016—2020年）》。

二、审计面临的环境变化

在大数据时代，信息、数据规模逐渐扩大，被审计单位的数据化水平逐渐提高，审计过程的信息或数据输入更加多样化。传统审计模式难以实现对于逐渐扩大的信息或数据资源的有效利用，审计资源无法得到充分整合。在大数据时代，审计分析和处理的信息或数据将是多维度的，只要能够降低审计风险，都应该纳入分析或处理的范围。文本信息与非文本信息、内部信息与外部信息、财务信息与非财务信息、结构化信息与非结构化信息等，将在审计过程中交融。因此，构建大数据分析与处理能力是适应大数据时代发展特征的关键。

三、大数据审计的趋势

大数据审计具有不同于传统审计的特征。事中审计与事后审计、静态审计与动态审计、现场审计与远程审计可以有机结合。传统审计往往是在被审计单位经济业务完成以后才开展审计，主要依赖于被审计单位提供的财务会计资料来进行审计，具有明显的滞后性。在大数据时代，被审计单位的所有经济活动基本可以用数据形式进行反映，这就为注册会计师开展事中与事后审计创造了便利条件，通过运用大数据审计技术实施实时监控、动态监控，风险导向审计模式也将得到更有效地执行。传统审计较大程度上依赖于注册会计师在被审计单位进行现场审计，在海量数据的基础上，互联网、云计算等使得注册会计师对被审计单位业务实施实时远程监测更加方便，对潜在风险能够进行及时评估，注册会计师对被审计单位的远程审计可以成为现实。

在大数据时代，由于智能化审计技术或工具的广泛运用，并赋能审计工作，详细审计将实现强势回归，取代抽样审计。抽样审计是审计发展史中的重要技术进步。在审计发展史早期，注册会计师采用详细审计方法。随着企业规模和业务的变化，详细审计不符合成本效益原则，从而催生了抽样审计。但是，随着人工智能、大数据技术的日益完善，详细审计回归成为趋势。

案　例

通过大数据技术获取被审计上市公司信息

证券交易所作为证券市场监管机构，其关于客户公司的风险提示信息或监管信息是注册会计师风险导向审计过程中的重要信息或数据来源。然而，这些信息往往是非结构化信息，通常没有通用的数据库对这些信息加以整理。在这一情况下，注册会计师可以通过大数据技术快速地获取相关信息或数据，以支撑对于客户公司财务报表重大错报风险的评估。

证券交易所关于上市公司问询函的信息披露，如图 1-2 所示。为了获取证券交易所披露的上市公司问询函文件，可以利用 Python 软件自动下载网页中的问询函链接，具体代码如图 1-3 所示。运行图 1-3 所示的代码后，将会自动下载证券交易所披露的问询函文件，结果如图 1-4 所示。

视频　利用 Python 软件获取上市公司信息

图 1-2　证券交易所关于上市公司问询函的信息披露

```python
import requests
from lxml import etree
import re
from random import randint
# 1. 将目标网站上的页面抓取下来
# 定义 PDF 文件所在的基础域名
BASE_DOMAIN = 'https://reportdocs.static.szse.cn'

# HTTP 请求头，用于模拟浏览器的请求
headers = {
    'User-Agent': "Mozilla/5.0 (Windows NT 10.0; Win64; x64) AppleWebKit/537.36 (KHTML, like Gecko) Chrome/83.0.4103.116 Safari/537.36",
    'Referer': 'http://www.szse.cn/disclosure/supervision/inquire/index.html'
}


def  savepdf(url):
       pdf=requests.get (url).content  # 发送 GET 请求获取 PDF 文件内容
       url=url.split('/')[-1]   # 从 URL 中提取文件名
        # 打开文件并将内容写入文件
       with open('C:/Users/santu/Desktop/教材程序与视频/{0}'.format(url),'wb') as f:
          f.write(pdf)



#基础url
url1='https://www.szse.cn/api/report/ShowReport/data?SHOWTYPE=JSON&CATALOGID=main_wxhj&TABKEY=tab2&PAGENO='

# 遍历每一页
for i in  range(1, 3):
    print("正在爬取第"+str(i)+"页")
    currenturl=url1+str(i)+r'&random=0.'+str(randint(1,99999))+str(randint(1,99999))+str(randint(1,9999999))
# 发送 GET 请求获取数据
    response =requests.get(currenturl,headers=headers)
    result=response.json()[0]# 解析 JSON 响应
    pdfurls=result['data']# 提取数据中的 PDF URL 列表
    print(pdfurls)
# 遍历 PDF URL 列表
for x in range(0,len(pdfurls)):
  # 从数据项中提取 PDF 文件的相对 URL
    detail_urls=re.findall(r"\/.*pdf",pdfurls[x]['ck'])[0]
    print(detail_urls)
    savepdf(BASE_DOMAIN+detail_urls)
```

图 1－3　获取问询函信息的 Python 代码

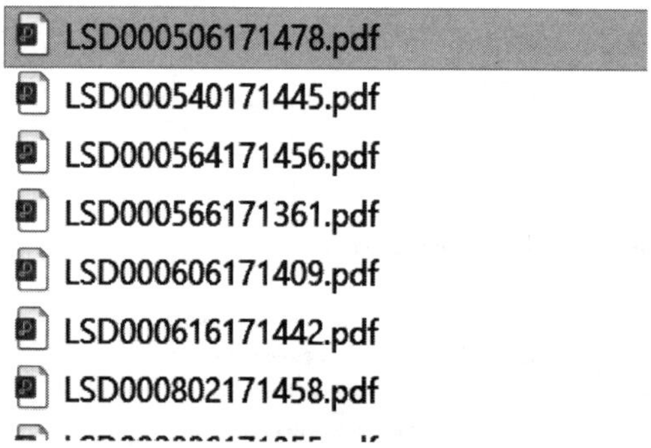

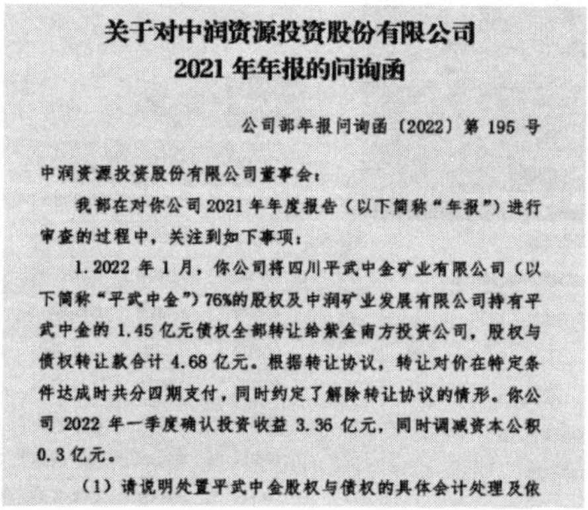

关于对中润资源投资股份有限公司
2021 年年报的问询函

公司部年报问询函〔2022〕第 195 号

中润资源投资股份有限公司董事会：

我部在对你公司 2021 年年度报告（以下简称“年报”）进行审查的过程中，关注到如下事项：

1. 2022 年 1 月，你公司将四川平武中金矿业有限公司（以下简称“平武中金”）76%的股权及中润矿业发展有限公司持有平武中金的 1.45 亿元债权全部转让给紫金南方投资公司，股权与债权转让款合计 4.68 亿元。根据转让协议，转让对价在特定条件达成时共分四期支付，同时约定了解除转让协议的情形。你公司 2022 年一季度确认投资收益 3.36 亿元，同时调减资本公积 0.3 亿元。

（1）请说明处置平武中金股权与债权的具体会计处理及依

图 1－4　证券交易所披露的问询函文件

▶思考

1. 开展上市公司审计时，可以搜集哪些方面的信息？
2. 判断审计风险时，监管机构问询信息是否提供了重要信息来源？
3. 利用大数据技术，审计中获取信息的方法发生了哪些变化？

// 思考题 //

1. 审计的基本概念是什么?
2. 注册会计师审计模式包括哪些?
3. 账项基础审计模式对于审计发展的意义何在?
4. 风险导向审计模式与账项基础审计模式和制度基础审计模式的区别何在?

// 研究型学习与延伸阅读 //

[1] 蔡春，黄昊，赵玲．高铁开通降低审计延迟的效果及机制研究．会计研究，2019(6)：72-78.
[2] 李成艾，何小宝．大数据审计组织方式的探索与创新．审计研究，2019(5)：23-29.
[3] 唐雪松，罗莎，王海燕．市场化进程与政府审计作用的发挥．审计研究，2012(3)：25-31.
[4] 王芳，沈彦杰．产品市场竞争如何影响了审计师风险应对．审计研究，2018(6)：81-89.
[5] 张敏．大数据审计：五大趋势与五大挑战．会计之友，2020(8)：2-10.
[6] 赵圣伟，吴雨横．基于金融审计大数据的证券市场异常交易模型探讨．审计研究，2018(5)：17-21.
[7] 舒惠好．关于新时代注册会计师行业职能问题的思考．会计研究，2021(1)：145-154.
[8] 程瑞川．百年砺炼的立信经验：纪念立信会计事业创始人潘序伦先生诞生 130 周年．上海立信会计金融学院学报，2023，35(4)：11-27.

// 第2章 //
审计规范体系

素养提升

● 专业素养——理解审计规范的专业知识，形成对审计行为约束的专业认识；增强依法、依规践行审计行为的专业能力；增强系统思维和创新能力，提升对外部环境的敏感性。

● 思政素养——塑造以诚信为本、操守为重的职业道德素养，强化依规执业、明辨是非的职业规范，练就敬业进取的职业精神；以质量为标准，以法律为准绳，系统分析审计准则的重要性，充分认识社会主义法治在专业中的体现；理解注册会计师遵守职业道德与践行个人行为层面社会主义核心价值观的关系；思辨注册会计师德与技的关系；学会应对注册会计师道德困境，坚守职业规范，树立“以德为本”“德才兼备”的职业发展目标。

学习目标

- 了解职业道德基本原则，充分掌握职业道德概念框架的应用。
- 了解审计业务准则，熟悉审计业务准则的内容。
- 掌握质量控制体系的相关内容。
- 了解大数据环境下审计业务准则的新内涵。

导　言

本章介绍了职业道德、审计业务准则、审计质量控制、大数据环境对审计规范体系的影响等具体内容。本章的内容，有助于理解审计的“产品”质量标准以及审计师的行为准则。

第 2 章思维导图

第 1 节　职业道德

第 2 章第 1 节
即测即评

职业道德是从业人员在职业活动中应该遵循的行为准则，涵盖了从业人员与服务对象、职业与单位、职业与职业之间的关系。审计职业特别强调职业道德。首先，审计职业是维护社会关系的重要环节，维护公众利益是行业的宗旨，这决定了审计行业需要超越个人、客户或所在单位的利益和法律法规的基本要求，恪守更高的职业道德要求，履行好对社会公众、客户、同行等所肩负的职责。其次，诚信是审计行业的核心价值之一，也是行业的立身之本，审计师只有展现出较高的道德水准才能取信于社会公众。最后，审计职业特别强调审计师的专业能力，审计工作的技术复杂性决定了社会公众很难直接判断审计质量。因此，严格的职业道德规范有助于强化审计的权威性，增强社会公众对审计的信心。

为了规范和提升审计师职业道德水准，行业自律组织会制定职业道德守则或准则。例如，中国注册会计师协会制定了《中国注册会计师职业道德守则（2020）》和《中国注册会计师协会非执业会员职业道德守则（2020）》，其中《中国注册会计师职业道德守则（2020）》包括《中国注册会计师职业道德守则第 1 号——职业道德基本原则》《中国注册会计师职业道德守则第 2 号——职业道德概念框架》《中国注册会计师职业道德守则第 3 号——提供专业服务的具体要求》《中国注册会计师职业道德守则第 4 号——审计和审阅业务对独立性的要求》《中国注册会计师职业道德守则第 5 号——其他鉴证业务对独立性的要求》等。类似地，美国注册会计师协会的职业道德执行委员会（Professional Ethics Executive Committee，PEEC）也制定了《职业道德守则》，对职业道德原则、行为规则、行为规则解释和道德裁决进行了界定和规范。国际会计师联合会（International Federation of Accountants，IFAC）的国际会计职业道德准则理事会（International Ethics Standards Board for Accountants，IESBA）也制定和颁布了《职业会计师道德守则》(Code of Ethics for Professional Accountants)。

一、职业道德基本原则

审计职业道德基本原则包括诚信、客观公正、独立性、专业胜任能力和勤勉尽责、保密、良好职业行为等。

（一）诚信

诚信是指诚实、守信，审计师言行与内心思想一致，能够切实履行约定。审计师应当在所有的职业关系和商业关系中保持正直和诚实，秉公处事、实事求是，不存在虚假或误导性的陈述、缺乏充分依据的陈述或信息、遗漏或含糊其词的信息等。

（二）客观公正

公正处事，实事求是，不添加任何个人偏见，不由于偏见、利益冲突或他人的不当影响而损害自己的职业判断。

（三）独立性

独立性包括实质上的独立性和形式上的独立性。实质上的独立性是一种内心状态，在提出结论时不受损害职业判断的因素影响，诚信行事，遵循客观公正的原则，保持职业怀疑。形式上的独立性是一种外在表现，一个理性且掌握充分信息的第三方，在权衡所有相关事实后，认为审计没有损害诚信、客观公正。

（四）专业胜任能力和勤勉尽责

审计师应获取并保持应有的专业知识和技能，确保为客户提供具有专业水准的服务；做到勤勉尽责，遵守职业准则的要求并保持应有的职业怀疑，认真、全面、及时地完成工作任务。审计师应通过各种形式，获取专业胜任能力并将其保持在应有的水平。

（五）保密

审计师应对职业活动中获知的涉密信息保密，这要求警觉无意中泄密的可能性；对所在会计师事务所内部的涉密信息保密；对职业活动中获知的涉及国家安全的信息保密；对拟承接的客户向其披露的涉密信息保密；未经客户授权或法律法规允许，不得向第三方披露所获知的涉密信息；不利用涉密信息为自己或第三方谋取利益；职业关系结束后不利用和披露涉密信息。当在符合法律法规要求的情况下，为法律诉讼、仲裁中维护自身权益，接受、答复协会或监管机构的执业质量检查时，审计师可以披露涉密信息。

（六）良好职业行为

审计师应当遵守相关法律法规，避免发生任何损害职业声誉的行为。在向社会公众传递自身信息时，应当客观、真实、得体，不得夸大宣传提供的服务、拥有的资质或获得的经验，不得贬低或无根据地比较他人的工作。

二、职业道德概念框架

（一）含义

职业道德概念框架是解决职业道德问题的思路和方法。利用职业道德概念框架，审计师可以识别对职业道德基本原则的不利影响，评价不利影响的严重程度，必要时采取防范措施消除不利影响或将其降低至可接受的水平。

（二）影响因素

对职业道德基本原则产生不利影响的因素多种多样，影响程度也可能不同。

（1）自身利益。由于某项经济利益或其他利益可能影响审计师的判断或行为。例如，在客户中拥有直接经济利益；收入过分依赖某一客户；低价获取新业务；存在密切的商业关系；涉密信息谋取个人私利；发现往期业务存在重大错误等。

（2）自我评价。在执行当前业务的过程中，审计师的判断需要依赖本人或所在会计师事务所以往执行业务时作出的判断或得出的结论，而审计师可能不恰当地评价这些判断或结论。例如，对财务系统设计或实施服务后，又对该系统的运行有效性出具鉴证报告；为客户编制会计报表，又对会计报表进行审计。

（3）过度推介。倾向客户的立场，导致审计师的客观公正原则受到损害而产生的不利影响。例如，推介客户产品、股份或其他利益；当客户与第三方发生诉讼或纠纷时，为该客户辩护；站在客户的立场上影响某项法律法规的执行。

（4）密切关系。由于与客户存在长期或密切的关系，导致过于偏向客户的利益或过于认可客户的工作。例如，审计师的主要近亲属或其他近亲属担任客户高管；客户高管或具有重要影响的员工曾担任审计项目合伙人；审计师与客户长期存在业务关系等。

（5）外在压力。业务开展过程中迫于实际存在的或可感知到的压力。例如，因不同意见而受到业务解除或解雇、晋升的威胁；服从客户专业判断的压力；晋升受到威胁；收受礼品的威胁等。

（三）解决冲突

如果识别出的不利影响超出可接受的范围，应当通过消除不利影响或将其降低至可接受的范围来予以应对。消除不利影响时，可以针对特定紧密利益或关系采取行动，可以拒绝或终止特定业务活动，也可以调整业务团队成员构成等。

第2节　审计业务准则

一、审计准则的内涵

审计业务准则是审计师实施审计业务活动应当遵守和执行的技术标准，一般称为审计准则。

（一）审计准则的含义

第2章第2节
即测即评

审计准则，又称审计标准或执业准则，是专业审计人员在实施审计工作时，必须恪守的专业行为准则和技术标准，它是审计工作质量的权威性专业评判依据。审计准则是随着审计实践的不断发展而出现的。20世纪40年代，在美国、英国等国家，由于不同企业会计处理方法不统一，审计师进行审计时需要对企业会计处理选取统一的标准，才能针对财务报表是否公允发表审计意见。审计职业推动形成了一般公认会计原则（Generally Accepted Accounting Principle，GAAP），这为审计师发表审计意见提供了条件。同时，不同审计师在开展审计工作时，在工作程序、审计方法或审计报告等方面存在不一致，审计职业界的执业行为质量参差不齐，审计职业声誉难以有效提升。美国于1947年开始制定审计准则。此后，英国、澳大利亚、加拿大、德国、日本等国家也陆续颁布了审计准则。国际会计师联合会的国际审计实务委员会颁布了《国际审计准则》。我国于1996年实施《中国注册会计师独立审计准则》，2006年发布了与《国际审计准则》趋同的48项新的审计准则。为了保持与《国际审计准则》持续全面趋同，2016年颁布了《中国注册会计师审计准则第1504号——在审计报告中沟通关键审计事项》等12项准则。《中华人民共和国国家审计准则》自2011年1月1日起施行。为了适应新时期内部审计的发展要求，《第1101号——内部审计基本准则》于2023年修订并施行。

（二）审计准则的功能

首先，实施审计准则可以赢得社会公众的信任。审计准则是审计师发表审计意见签署最终审计报告的依据。审计工作是根据审计准则的要求进行的，由此向审计委托人表明审计工作已达到了规定的质量标准，审计结论或审计报告是可以为社会所信赖的。审计准则是保证审计行业有序发展的基础。

其次，实施审计准则可以保证审计质量。审计准则提供了制约审计师的行为准则，提供了衡量审计工作的业务质量标准。这促使审计人员谨慎工作，依准则办事，有助于提高审计质量。

最后，实施审计准则可以有效维护审计组织和审计师的合法权益。审计师只要按照审计准则执行审计业务，勤勉尽责，当审计委托人、信息使用者等与审计师在相关审计事宜方面发生争议，或者审计师受到审计委托人、信息使用者或社会公众的指控时，审计准则可以作为审计师维护其合法权益的工具。

二、审计准则的内容

从审计准则的发展历史以及世界各国的审计准则来看，审计准则的内容通常包括一般准则、工作准则和报告准则三个部分。

（一）一般准则

一般准则是关于审计人员资格条件和执业行为的准则，如审计人员应具备的技术条件。审计人员从事审计工作必须具备的学历和职业培训，在一定年限的工作经验基础上通过专门考试，具备分析、判断和表述能力。此外，在执行审计业务的过程中，审计人员还应具备超然、独立的立场，在陈述与表达审计意见时秉持公正的态度。

（二）工作准则

工作准则是审计人员在执行财务报表审计过程中应遵守的准则。工作准则规定的内容主要包括：审计计划的可行性研究；审计的人员与工作分工；审计业务开展时对内部控制系统的了解或测试；充分适当的审计证据的获取；重大错报风险的识别和评估。

（三）报告准则

报告准则是审计人员编制审计报告、选择表达方式和记载必要事项的准则。报告准则规定的内容主要包括：对审计报告应记载事项的规定；对发表审计意见的规定；对补充记载事项的规定；对审计报告报送对象及报送时间的规定。

第 3 节　审计质量控制

执业质量是审计职业的生命线，是审计师行业维护公众利益的专业基础和诚信义务。《会计师事务所质量管理准则第 5101 号——业务质量控制》要求会计师事务所建立健全业务质量控制制度，规范有关财务报表审计和审阅、其他鉴证和相关服务业务的质量控制制度。

一、质量控制目标

会计师事务所应当制定质量控制体系，以合理保证审计业务质量。质量控制的目标是合理保证会计师事务所及其人员遵守职业准则和适用的法律法规的规定，合理保证会计师事务所和审计师出具适合具体情况的报告。

第 2 章第 3 节
即测即评

二、质量控制体系

（一）会计师事务所的风险评估程序

会计师事务所应当设计和实施风险评估程序，以设定质量目标，识别和评估质量风险，并设计和采取措施以应对质量风险。例如，了解相关人员的作为或不作为的影响，确定有哪些不利影响，以及不利影响的程度等。

（二）治理和领导层

治理和领导层应当为质量管理体系的设计、实施和运行营造良好的环境。一是设定会计师事务所在全所范围内形成一种质量至上的文化，树立质量意识，如通过持续高质量地执行业务服务于公众利益；强调职业价值观、职业道德和职业态度的重要性；认同质量责任的承担和质量优先。二是会计师事务所领导层对质量负责、高度重视质量、传递质量至上的执业理念，建立以质量为导向的晋升机制。三是为质量管理体系运行分配相关人员角色、职责、权限。四是提供资源保障会计师事务所对质量的承诺。

（三）职业道德要求

会计师事务所应当制定政策和程序，以合理保证审计项目组及审计人员遵守相关职业道德要求。会计师事务所领导层应在会计师事务所内形成重视相关职业道德要求的氛围，并通过一定的教育和培训将相关政策和程序传达给会计师事务所的员工。

（四）客户关系和具体业务的接受与保持

接受与保持客户关系是审计师开展业务活动的第一个环节，也是防范业务风险的重要环节。审计师应充分考虑客户的诚信程度，合理保证会计师事务所能够胜任该项业务，具有执行该项业务必要的素质、时间和资源，而且在业务中能够遵守相关职业道德要求。

（五）业务执行

在审计业务执行中，应履行与所执行业务相关的责任，合理分配项目资源，恰当运用职业判断并保持职业怀疑。针对业务执行中的困难或争议及时进行讨论或咨询，审计项目组需要咨询复杂的或不熟悉的事项，存在特别风险的事项，超出正常经营过程的重大交易或重大异常交易，管理层施加限制的情况，与违反法律法规有关的情况。

审计项目合伙人应当对审计项目组就相关事项进行咨询承担责任，如困难或有争议的事项，以及会计师事务所政策和程序要求咨询的事项；确定审计项目组成员就相关事项进行了适当咨询；确定咨询结论达成一致意见；确定咨询结论的执行。

针对审计项目开展质量复核，审计项目合伙人应当确定项目质量复核人员；配合项目质量复核人员的工作；与项目质量复核人员讨论重大事项和重大判断；只有在项目质量复核完成后，才可以签署审计报告。

出现意见分歧时，审计项目合伙人应当对按照会计师事务所的政策和程序处理和解决意见分歧承担责任；确定咨询得出的结论已经记录并得到执行；在所有意见分歧得到解决之前，不得签署审计报告。

（六）资源

会计师事务所应当招聘、培养和留住具备专业胜任能力的人员，不断培养和保持高质量人才；能够获取必要的人力资源、技术资源、知识资源，以用于质量管理体系的运行和业务的执行。

（七）信息与沟通

会计师事务所应该能够及时获取、生成和利用与质量管理体系有关的信息，并能够及时与会计师事务所内部或外部各方沟通信息；应该建立信息系统，识别、获取、处理和维护来自内部或外部的相关、可靠的信息，为质量管理体系提供支持。会计师事务所内部、各项目组之间以及与外部之间能够及时交换相关、可靠的信息等。

（八）监控和整改程序

会计师事务所应该开展实质性监控，就质量管理体系的设计、实施和运行情况提供相关、可靠、及时的信息。应该采取适当的行动以应对识别出的质量管理体系的缺陷，使该缺陷能够及时得到整改。应该开展定期和持续的监控活动，评价发现的情况，以确定是否存在缺陷，如有缺陷应识别其根本原因并进行整改。例如，在每个周期内，对每个项目合伙人，至少选择一项已完成的项目进行检查。对承接上市实体审计业务的每个项目合伙人，检查周期最长不得超过三年。应根据监控中发现缺陷的性质和影响，对相关人员进行问责等。

第4节 大数据环境对审计规范体系的影响

一、大数据环境下审计伦理道德的新内涵

在大数据时代，随着信息化、数字化的不断深入，审计工作难度和复杂性不断增强，审计师职业道德体系面临新的变化。大数据环境下数据获取与使用均体现出伦理道德的新的要求，审计职业针对持续获取与分析数据应建立数据伦理道德标准，审计人员必须在数据采集、存储、管理或使用等方面遵循数据伦理道德。审计信息和数据来源于更广泛的社会主体，审计师在获取或使用数据时应合规合法，尊重数据背后的人，确保隐私和安全保护达到期望标准，防止对数据主体产生负面影响。在大数据环境下，审计业务执行需要强调数据质量管理，保证审计决策判断所基于的数据的完整性或准确性，维护数据伦理道德。

第2章第4节
即测即评

二、大数据环境下审计业务准则的新内涵

在大数据环境下，审计人员需要掌握数据分析处理等技术，以此获得满足数量与质量双重要求的审计证据。因此，审计人员应该具备必要的计算机知识，掌握必要的数据获取、分析技术，只有这样才能适应变化多端和日益复杂的审计环境。因此，审计准则需要关注审计人员能否适应大数据环境的能力。

在大数据背景下，数据量急剧增加，审计证据来源更为广泛。尽管审计证据的充分性能得到保证，但仍要考虑审计证据的质量问题。大数据技术使得分析更多地倾向于应用相关关系而非因果关系，审计证据可能从基于因果关系获得转化为基于相关关系获得。因此，审计准则需要关注审计证据的性质变化及其对审计结论的影响。

案　例

审计中的职业道德坚守

某公司开展离任经济责任审计，离任经理不赞成审计意见并起诉了审计师。在实

施审计的过程中，存在以下情况：

审计资料不完整。受公司的主管部门委托，审计师实施离任审计，离任经理以种种借口对其任期内部分重要会计凭证迟迟不作全面移交。在经过数月的反复催促和耐心等待仍然毫无结果的情况下，审计师征得其主管部门的同意，对现存的会计凭证和有关资料进行了查验，并在有关方面的密切配合下，发现部分账面未反映的收支资料。

财务行为不规范。财务资料反映出离任经理在任两年期间公司的净亏损为 279 万元（已剔除不属于其责任的亏损 251 万元）。另外，其牵涉深圳某公司"业务协作"诈骗案，判赔 225 万元（扣划 79 万元）等潜亏项目。离任经理在其任期内多次到某法院收取某公司偿还的投资款（未进账）67 万元，其中除现金 17 万元被取走外，余下 50 万元被划入其另设的银行存款账户，至审计结束时仍然拒绝移交和说明去向。在成本费用方面，抽查凭证过程中发现，仅日期间隔、编号相近，金额相同的发票便有 7 张，其真实性疑点颇多。自批自报前期未报销的"差旅费"达 10.65 万元。

审计沟通异常。面对这些问题，审计师花了大量的人力和时间，反复进行调查、取证、核实，在审计报告中作了客观、公正的反映并提出了若干审计建议，再次敦促离任经理全面移交有关会计资料。但离任经理不顾这些事实的客观存在，以种种理由和"客观原因"进行辩解，一会儿说审计师在审计报告中披露的问题是"违背事实的不实之词"，一会儿又说这些问题是"为了搞活经营不得已而为之"，指责审计师对此没有作出"客观的评价"。而且，在十多次的审计沟通中，离任经理先是来"软"的，提出请审计师喝茶、吃饭，到外面"聊聊"。见"软"的不成，便来"硬"的，说审计师诬陷他，扬言要"告"审计师。

资料来源：肖汉坚，欧穗灵．从一个审计案例谈坚持职业道德准则的重要性．广东审计，1998 (9).

▶思考

1. 在审计业务开展过程中，审计职业道德体现在哪些方面？
2. 面对外部压力，审计师如何坚守审计职业道德？
3. 良好的审计职业道德应该如何保持？

// 思考题 //

1. 审计业务准则的内容包括哪些？
2. 审计市场压价竞争对审计质量造成何种影响？通过哪些途径可以有效缓解这些影响？
3. 如何处理好审计业务执行过程中的保密问题？
4. 实质上的独立性重要，还是形式上的独立性重要？

// 研究型学习与延伸阅读 //

[1] 江伟，李斌．审计任期与审计独立性：持续经营审计意见的经验研究．审计与经济研究，2011，26(2)：47－55.

[2] 李莫愁．审计准则与审计失败：基于中国证监会历年行政处罚公告的分析．审计与经济研究，2017，32(2)：56－65.

[3] 唐建华．风险导向审计思想的历史演进：对美国审计准则发展史的案例研究．审计研究，2009(2)：79－83.

[4] 谢获宝，刘芬芬，惠丽丽．能力不足还是独立性缺失：基于污点审计师审计质量的实证检验．审计研究，2018(3)：71－79.

[5] 张川，娄祝坤，朱梦娇．国家审计人员职业道德控制机制有效吗?：以审计廉政承诺、岗位轮换和违规处罚为例．审计研究，2015(6)：37－46.

[6] 张立民，彭雯，钟凯．“沪港通”开通提升了审计独立性吗?：基于持续经营审计意见的分析．审计与经济研究，2018，33(5)：35－45.

// 第3章 //
审计报告

素养提升

● 专业素养——理解审计报告的专业知识，形成对审计成果的专业认识；理解审计结果，运用审计专业判断形成专业结论的实践能力；提高在审计报告形成过程中所需的沟通和信息处理能力；提高不同报告情形下分析问题和解决问题的能力。

● 思政素养——塑造对审计事业的敬业精神，以“工匠精神”完成审计报告；提升团队协作意识和质量意识，质量保证是审计事业发展的根本。

学习目标

- 了解审计报告的含义和作用，以及审计报告的类型。
- 掌握审计报告要素与内容，了解审计报告示例。
- 掌握关键审计事项的相关内容。
- 掌握非无保留意见的类型。
- 了解审计意见的形成与影响因素。

导　言

本章包括审计报告概述、审计报告的要素与基本内容、关键审计事项、非无保留意见审计报告、审计意见的形成与影响因素等内容。审计报告是审计工作的“产品”，是审计工作成果的最终体现。审计报告具有法定证明效力，对于利益关系人来说都具有十分重要的意义。

第3章思维导图

第1节　审计报告概述

第3章第1节
即测即评

审计报告是审计业务过程的最终结果。纵观注册会计师审计演进历程，审计信息使用者以及审计师的关注重点发生了一系列变化，从关注账簿、报表的真实性，被审计单位的舞弊行为，逐渐转移到财务报表重大错报风险。在大数据环境下，审计信息使用者对于审计信息的质量要求更高，传统意义上“千篇一律式”的审计报告难以满足审计信息使用者的需求，审计报告所涵盖的信息内容随之发生变化。2016年，审计报告开始披露关键审计事项，未来审计报告中将体现更多随时代变迁而变化的内容。

一、审计报告的含义

审计报告，是指注册会计师根据审计准则的规定和审计业务约定书的约定，在执行审计工作基础上以书面形式发表审计意见，向委托人提交的书面文件。注册会计师应当按照审计准则的要求完成审计工作后才能出具审计报告。注册会计师一旦在审计报告上签名并盖章，就表明对其出具的审计报告负责。

二、审计报告的作用

（一）证明审计工作质量

审计报告证明审计师对于审计任务的完成情况，是对审计任务完成情况及其结果所作的总结，明确说明了审计师的审计责任履行情况。例如，审计报告可以表明审计师是否以审计工作底稿为依据发表审计意见；发表的审计意见是否与被审计单位的实际情况相一致；审计工作的质量是否符合审计准则的要求。

（二）鉴证信息对象公允性

审计报告是对被审计单位信息合法性、公允性等发表意见的有形载体。审计报告所表述的意见具有鉴证作用。投资者、债权人、政府监管部门和其他利益相关者可以依据审计报告来判断企业信息是否公允，并作出相关决策。

（三）保护信息使用者的利益

注册会计师通过审计对审计客体出具不同类型的审计意见，信息使用者基于此提高或降低对信息的信赖程度，在一定程度上可以保护信息使用者的利益。例如，投资者为了减少投资风险，在进行投资之前查阅被投资企业的财务报表和审计报告，了解被投资企业的经营情况和财务状况，从而避免因财务报表信息失真导致的损失。

三、审计报告的类型

审计报告按照不同标准，可以划分为不同的类型。

（一）按照审计意见的类型分类

按照审计意见的类型可以将审计意见大致分为无保留意见和非无保留意见。如果注册会计师认为财务报表在所有重大方面按照适用的财务报告编制并实现公允反映，应当发表无保留意见。反之，注册会计师则需要发表非无保留意见，例如保留意见、否定意见或无法表示意见。

（二）按照审计报告使用目的分类

按照审计报告使用目的可分为公布目的审计报告和非公布目的审计报告。公布目的审计报告一般是用于对企业股东、投资者、债权人等非特定利益关系者公布的附送财务报表的审计报告。非公布目的审计报告，受特定使用者委托，一般是用于经营管理、合并或业务转让、融资等特定目的而实施审计的审计报告。

（三）按照审计报告格式分类

按照审计报告格式可分为标准审计报告和非标准审计报告。标准审计报告是指格式和措辞基本统一的审计报告，一般适用于对外公布的审计报告。非标准审计报告是指格式和措辞不统一，可以根据具体审计项目来决定的审计报告。

（四）按照审计报告详略程度分类

按照审计报告详略程度可分为简式审计报告和详式审计报告。简式审计报告，又称短式审计报告，是指审计后所编制的简明扼要的审计报告。简式审计报告反映的内容一般为非特定多数的利害关系人共同认为必要的审计事项，如法律法规或审计准则所要求的事项，具有标准格式。详式审计报告，又称长式审计报告，是指对审计对象所有重要的经济业务和情况都要做详细说明的审计报告，如用于帮助被审计单位改善经营管理。

（五）按照其他标准分类

审计报告还可按照审计的财务报表不同，分为年度财务报表审计报告、中期财务报表审计报告和季度财务报表审计报告等。

第2节　审计报告的要素与基本内容

一、审计报告要素与内容

一般情况下，审计报告包括标题，收件人，审计意见，形成审计意见的基础，管理层对财务报表的责任，注册会计师对财务报表审计的责任，注册会计师的签名和盖章，会计师事务所的名称、地址和盖章，报告日期。审计师根据具体的审计情况，可以在审计报告中对与持续经营相关的重大不确定性、关键审计事项、被审计单位年度报告中包含的除财务报表和审计报告之外的其他信息进行报告。

第3章第2节
即测即评

审计报告的标题一般为“审计报告”。审计报告的收件人是注册会计师按照业务约定书的要求致送审计报告的对象，一般是指审计业务的委托人。审计报告应当按照审计业务的约定载明收件人的全称。注册会计师应当与委托人在业务约定书中约定致送审计报告的对象。

“审计意见”部分，注册会计师需要在说明审计范围的基础上对整套财务报表发表审计意见。其中，对审计范围的表述通常包括：（1）指出被审计单位的名称；（2）说明财务报表已经审计；（3）指出构成整套财务报表的名称；（4）提及财务报表附注，包括重要会计政策和会计估计；（5）指明财务报表的日期或涵盖的期间。审计意见应当使用“我们认为，后附的财务报表在所有重大方面按照适用的财务报告编制基础（如企业会计准则等）的规定编制，公允反映了……”的措辞。

“形成审计意见的基础”部分，具体包括：（1）说明注册会计师按照审计准则的规定执行了审计工作；（2）提及审计报告中用于描述审计准则规定的注册会计师责任的部分；（3）声明注册会计师按照与审计相关的职业道德要求独立于被审计单位，并履行了职业道德方面的其他责任，声明中应当指明适用的职业道德要求，如中国注册会计师职业道德守则；（4）说明注册会计师是否相信获取的审计证据是充分、适当的，为发表审计意见提供了基础。

“管理层对财务报表的责任”部分，具体包括：（1）按照适用的财务报告编制基础的规定编制财务报表，使其实现公允反映，并设计、执行和维护必要的内部控制，使财务报表不存在由于舞弊或错误导致的重大错报；（2）评估被审计单位的持续经营能力和使用持续经营假设是否适当，并披露与持续经营相关的事项（如适用），同时还应当说明在何种情况下使用持续经营假设是适当的；（3）治理层负责监督被审计单位的财务报告过程。

“注册会计师对财务报表审计的责任”部分，具体包括：（1）说明注册会计师的目标是对财务报表整体是否不存在由于舞弊或错误导致的重大错报获取合理保证，并出具包含审计意见的审计报告。（2）说明合理保证是高水平的保证，但并不能保证按照审计准则执行的审计在某一重大错报存在时总能发现。（3）说明错报可能由于舞弊或错误导致。（4）说明在按照审计准则执行审计工作的过程中，注册会计师运用职业判断，保持职业怀疑。（5）通过说明注册会计师的责任，对审计工作进行描述。具体包括：舞弊或错误导致的财务报表重大错报风险；与审计相关的内部控制；会计政策和会计估计的披露；持续经营假设的恰当性；财务报表的总体列报（包括披露）、结构和内容。（6）适用时，进一步描述注册会计师在审计业务中的责任。（7）说明注册会计师与治理层就计划的审计范围、时间安排和重大审计发现等事项进行沟通，包括对注册会计师在审计中识别的值得关注的内部控制缺陷进行沟通。（8）对于上市实体财务报表审计，指出注册会计师就已遵守与独立性相关的职业道德要求向治理层提供声明，并与治理层沟通可能被合理认为影响注册会计师独立性的所有关系和其他事项，以及相关的防范措施（如适用）；说明注册会计师从与治理层沟通过的事项中确定哪些事项对本期财务报表审计最为重要。

审计报告应当由注册会计师签名和盖章，并注明报告日期。签名、盖章有助于进一步增强对于审计信息使用者的透明度，有利于增强注册会计师的责任感。另外，审计报告应载明会计师事务所的名称、地址，并加盖会计师事务所公章。审计报告应当注明报告日期，即审计报告日。审计报告日不应早于注册会计师获取充分、适当的审计证据，并在此基础上对财务报表形成审计意见的日期。审计报告的日期非常重要，注册会计师对不同时段的财务报表日后事项有着不同的责任，而审计报告的日期是划分时段的关键时点。审计实践中，注册会计师签署审计报告的日期通常与管理层签署已审计财务报表的日期为同一天，或晚于管理层签署已审计财务报表的日期。

二、审计报告示例

以下为德勤华永会计师事务所（特殊普通合伙）针对上海汽车集团股份有限公司2021年年度财务报表出具的审计报告。该审计报告提供了注册会计师审计报告的示例。

审计报告

德师报（审）字（22）第P00937号

上海汽车集团股份有限公司全体股东：

一、审计意见

我们审计了上海汽车集团股份有限公司（以下简称“上汽集团”）的财务报表，包括2021年12月31日的合并及公司资产负债表、2021年度的合并及公司利润表、合并及公司现金流量表和合并及公司股东权益变动表以及相关财务报表附注（以下统称“财务报表”）。

我们认为，后附的财务报表在所有重大方面按照企业会计准则的规定编制，公允反映了上汽集团2021年12月31日的合并及公司财务状况以及2021年度的合并及公司经营成果和合并及公司现金流量。

二、形成审计意见的基础

我们按照中国注册会计师审计准则的规定执行了审计工作。审计报告的“注册会计师对财务报表审计的责任”部分进一步阐述了我们在这些准则下的责任。按照中国注册会计师职业道德守则，我们独立于上汽集团，并履行了职业道德方面的其他责任。我们相信，我们获取的审计证据是充分、适当的，为发表审计意见提供了基础。

三、关键审计事项

关键审计事项是我们根据职业判断，认为对本期财务报表审计最为重要的事项。这些事项的应对以对财务报表整体进行审计并形成审计意见为背景，我们不对这些事项单独发表意见。我们确定下列事项是需要在审计报告中沟通的关键审计事项。

（一）整车收入确认

1. 事项描述

如财务报表附注（七）63所示，上汽集团于2021年度整车销售收入计人民币55 696 664万元，金额重大。整车销售收入系上汽集团的关键业务指标之一，整车销售收入是否确认在正确的期间对财务报表影响重大，因此，我们将整车销售收入确认的截止性作为关键审计事项。

2. 审计应对

我们针对与整车销售收入确认截止性相关的上述关键审计事项执行的主要审计程序包括：

（1）了解和评估与整车销售收入确认相关的内部控制，并测试其运行的有效性；

（2）对收入进行截止性测试，检查收入确认的相关合同、发票、经销商电子交易平台记录、发货单、签收记录等文件、单据，关注收入是否在恰当的期间确认，是否存在重大跨期、期后是否存在重大调整；

（3）执行年末存货盘点，关注是否存在异常的已确认销售收入但实际并未发货至经销商处的车辆；

（4）抽取样本或者利用数据分析技术，分析经销商电子交易平台中经销商下单与公司实际发货之间的时间间隔，对间隔时间异常记录进行分析及测试，判断相关收入是否确认于正确的期间；

（5）执行包括分析分产品类型的销售毛利率、分析公司的销售表现与公司所处行业环境是否相符等的分析性复核程序，判断收入金额及毛利率是否出现异常波动的情况；

（6）对整车期后销售退回情况进行测试，关注是否存在重大销售退回，并评估其对财务报表的影响。

（二）产品质量保证金

1. 事项描述

如财务报表附注（七）52 所示，上汽集团于 2021 年 12 月 31 日预提之产品质量保证金余额为人民币 1 419 790 万元，其中主要系整车产品质量保证金余额计人民币 1 215 355 万元，金额重大。上汽集团参照行业惯例对整车业务承担一定年限的质量保证义务，管理层根据合约条款及历史经验，对产品质量保证金予以估计并计提相应准备，需要运用判断和估计。因此，我们将整车业务产品质量保证金作为关键审计事项。

2. 审计应对

我们针对与产品质量保证金相关的上述关键审计事项执行的主要审计程序包括：

（1）了解和评估与确认产品质量保证金相关的内部控制，并测试其运行有效性；

（2）评估产品质量保证金计提政策是否符合行业惯例，是否构成单项履约义务，产品质量保证金的会计处理方法是否符合企业会计准则的相关规定；

（3）评估管理层计提产品质量保证金的方法并复核产品质量保证金的计算

过程；

（4）针对计算所运用的基础数据，如销售数据、历史索赔数据等，与支持性文件进行比较核对；

（5）测试2021年度产品质量保证金的实际支付情况；

（6）与管理层讨论，并通过公开资料查询当前或期后是否存在重大产品缺陷、是否可能对产品质量保证金的计量产生重大影响。

四、其他信息

上汽集团管理层对其他信息负责。其他信息包括上汽集团2021年年度报告中涵盖的信息，但不包括财务报表和我们的审计报告。

我们对财务报表发表的审计意见不涵盖其他信息，我们也不对其他信息发表任何形式的鉴证结论。

结合我们对财务报表的审计，我们的责任是阅读其他信息，在此过程中，考虑其他信息是否与财务报表或我们在审计过程中了解到的情况存在重大不一致或者似乎存在重大错报。

基于我们已执行的工作，如果我们确定其他信息存在重大错报，我们应当报告该事实。在这方面，我们无任何事项需要报告。

五、管理层和治理层对财务报表的责任

上汽集团管理层负责按照企业会计准则的规定编制财务报表，使其实现公允反映，并设计、执行和维护必要的内部控制，以使财务报表不存在由于舞弊或错误导致的重大错报。

在编制财务报表时，管理层负责评估上汽集团的持续经营能力，披露与持续经营相关的事项（如适用）并运用持续经营假设，除非管理层计划清算上汽集团、终止运营或别无其他现实的选择。

治理层负责监督上汽集团的财务报告过程。

六、注册会计师对财务报表审计的责任

我们的目标是对财务报表整体是否不存在由于舞弊或错误导致的重大错报获取合理保证，并出具包含审计意见的审计报告。合理保证是高水平的保证，但并不能保证按照审计准则执行的审计在某一重大错报存在时总能发现。错报可能由于舞弊或错误导致，如果合理预期错报单独或汇总起来可能影响财务报表使用者依据财务报表作出的经济决策，则通常认为错报是重大的。

在按照审计准则执行审计工作的过程中，我们运用职业判断，并保持职业怀疑。同时，我们也执行以下工作：

1. 识别和评估由于舞弊或错误导致的财务报表重大错报风险，设计和实施审计程序以应对这些风险，并获取充分、适当的审计证据，作为发表审计意见的基础。由于舞弊可能涉及串通、伪造、故意遗漏、虚假陈述或凌驾于内部控制之上，未能发现由于舞弊导致的重大错报的风险高于未能发现由于错误导致的重大错报的风险。

2. 了解与审计相关的内部控制，以设计恰当的审计程序。

3. 评价管理层选用会计政策的恰当性和作出会计估计及相关披露的合理性。

4. 对管理层使用持续经营假设的恰当性得出结论。同时，根据获取的审计证据，就可能导致对上汽集团持续经营能力产生重大疑虑的事项或情况是否存在重大不确定性得出结论。如果我们得出结论认为存在重大不确定性，审计准则要求我们在审计报告中提请报表使用者注意财务报表中的相关披露；如果披露不充分，我们应当发表非无保留意见。我们的结论基于截至审计报告日可获得的信息。然而，未来的事项或情况可能导致上汽集团不能持续经营。

5. 评价财务报表的总体列报（包括披露）、结构和内容，并评价财务报表是否公允反映相关交易和事项。

6. 就上汽集团中实体或业务活动的财务信息获取充分、适当的审计证据，以对财务报表发表审计意见。我们负责指导、监督和执行集团审计，并对审计意见承担全部责任。我们与治理层就计划的审计范围、时间安排和重大审计发现等事项进行沟通，包括沟通我们在审计中识别出的值得关注的内部控制缺陷。

我们还就已遵守与独立性相关的职业道德要求向治理层提供声明，并与治理层沟通可能被合理认为影响我们独立性的所有关系和其他事项，以及相关的防范措施（如适用）。

从与治理层沟通过的事项中，我们确定哪些事项对本期财务报表审计最为重要，因而构成关键审计事项。我们在审计报告中描述这些事项，除非法律法规禁止公开披露这些事项，或在极少数情形下，如果合理预期在审计报告中沟通某事项造成的负面后果超过在公众利益方面产生的益处，我们确定不应在审计报告中沟通该事项。

德勤华永会计师事务所（特殊普通合伙）　　中国注册会计师：×××

中国·上海　　（项目合伙人）

中国注册会计师：×××

2022年4月28日

资料来源：上海证券交易所网站.

第3节 关键审计事项

关键审计事项，是指注册会计师根据职业判断认为对本期财务报表审计最为重要的事项。关键审计事项从注册会计师与治理层沟通过的事项中选取。在审计报告中沟通关键审计事项，可以提高审计工作的透明度，能够为财务报表使用者提供额外的信息，以帮助其了解被审计单位、已审计财务报表中涉及的重大判断领域。

第3章第3节
即测即评

一、确定关键审计事项程序

在确定关键审计事项时，注册会计师需要依次判断“与治理层沟通的事项”“注册会计师重点关注的事项”“最为重要的事项”，在此基础上选择关键审计事项，具体过程如图3－1所示。

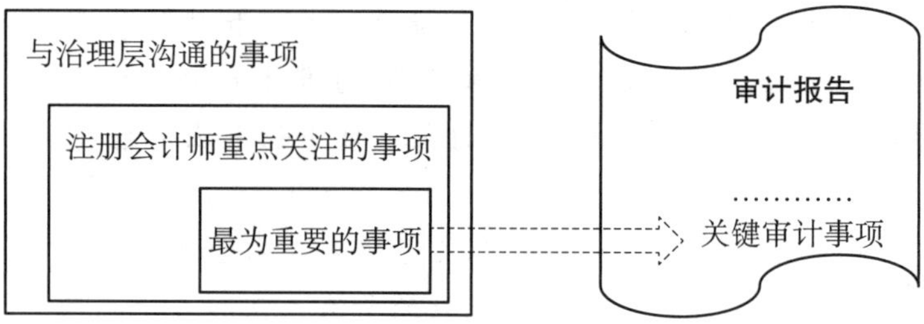

图3－1 确定关键审计事项的程序

首先，确定与治理层沟通的事项。其包括评估的重大错报风险较高的领域或识别出的特别风险（重大非常规交易、管理层凌驾、控制运行有效性）；注册会计师对被审计单位的重要会计政策、会计估计和财务报表披露等重大审计判断（管理层判断依赖）；重大交易或事项对审计的影响（重大或异常交易讨论，管理层作出困难或复杂的判断，经济、会计、法规、行业或其他方面的重大变化）等。

其次，从与治理层沟通的事项中选出注册会计师重点关注的事项。在风险导向审计模式下，重点关注的事项与关键审计事项确定高度相关，确定哪些事项对本期财务报表审计最为重要，这些构成了关键审计事项的基础。重点关注过的领域通常与财务报表中复杂、重大的管理层判断领域相关，会影响总体审计策略以及审计资源分配和审计工作力度。如高级别的审计项目组成员参与审计业务的程度，或者具有行业专长的注册会计师参与；重大技术事项咨询；关联方交易或集团审计限制等。

最后，在注册会计师重点关注的事项中选出最为重要的事项作为关键审计事项。在审计报告中，注册会计师应表述确定为关键审计事项的原因以及审计是如何应对的。针对最为重要的事项，注册会计师与治理层的互动可能更加深入、频繁或充分，这些事项（如重大会计政策的运用）构成重大的注册会计师判断或管理层判断的对象。在审计报告中包含的关键审计事项的数量可能受被审计单位规模和复杂程度、业务和经营环境的性质，以及审计业务具体事实和情况的影响。

二、沟通关键审计事项

以“关键审计事项”为标题，并在该部分使用恰当的子标题逐项描述关键审计事项。关键审计事项是由注册会计师职业判断的，事项的沟通并不影响或改变财务报表整体的审计意见。

导致非无保留意见的事项、可能导致对被审计单位持续经营能力产生重大疑虑的事项或情况存在重大不确定性等，虽然符合关键审计事项的定义，但这些事项在审计报告中专门的部分披露，一般不在关键审计事项部分披露。关键审计事项披露是已经得到满意解决的事项，既不存在审计范围受到限制，也不存在意见分歧的情况。注册会计师应当按照适用的审计准则的规定报告这些事项，并在关键审计事项部分提及形成保留（否定）意见的基础部分或与持续经营相关的重大不确定性部分。

关键审计事项例一：合营企业和联营企业投资组合公允价值计量

1. 事项描述

参见财务报表附注二（29）“重要会计估计和判断——合营企业和联营企业投资组合公允价值计量”、附注四（13）“长期股权投资”。

作为有限合伙人，中芯国际及其子公司（以下简称“中芯集团”）投资于多个投资基金。中芯集团根据权益法将上述投资基金确认为对合营企业和联营企业投资。

上述投资基金持有多项投资组合，投资基金按公允价值计量其投资组合中的投资。这些投资组合中投资的估值主要基于适用的估值方法以及合适的估值假设进行。

考虑到投资基金余额的重大程度、投资组合数量、投资组合中投资估值的复杂程度及估值方法与假设所涉及的管理层判断的重要程度，我们将合营企业和联营企业投资组合公允价值计量识别为关键审计事项。

2. 实施的审计程序

我们对合营企业及联营企业投资组合公允价值计量实施的审计程序包括：

了解、评价及测试估值过程的相关控制，包括管理层对适用的估值方法及使用的估值假设的复核及批准。

在内部估值专家的协助下，评估所使用的估值方法及假设的合适性。我们已基于抽样实施以下程序：

对于在活跃市场买卖的投资，我们将中芯集团采用的公允价值与公开可得市场数据进行比较，以评估公允价值计量的合理性；

对于近期有股权交易的投资，我们查阅最近的投资协议、理解相关投资条款并将中芯集团采用的公允价值与相关协议列明的交易价格进行比较，以评估公允价值计量的合理性；

对于没有直接公开市场报价或近期股权交易的投资组合，我们基于行业知识以及可比公司的信息评估中芯集团所采用的估值方法及估值假设的合理性；

我们测试估值模型所使用的数学计算的准确性。

3. 实施审计程序的结果

基于所实施的审计程序，我们认为获取的审计证据可以支持管理层对合营企业和联营企业投资组合公允价值计量所使用的估值方法及估值假设的合理性。

关键审计事项例二：投资性房地产公允价值计量

1. 事项描述

如财务报表附注“六、合并财务报表主要项目注释”“8. 投资性房地产”所述，截至2020年12月31日，凯瑞德公司投资性房地产账面余额为216 029 100.00元，属于凯瑞德公司的重要资产。凯瑞德公司的管理层聘请具有相关资质的第三方评估机构对投资性房地产的公允价值进行评估，评估涉及重大的会计估计和判断，估计和假设的变化会对被评估的投资性房地产的公允价值产生很大影响。因此，我们将投资性房地产的公允价值计量认定为关键审计事项。

2. 审计应对

我们对于投资性房地产的公允价值计量问题所实施的重要审计程序包括：

（1）了解和评价管理层与投资性房地产相关的关键内部控制设计和运行的有效性；

（2）获取投资性房地产明细表，并结合实地盘点对其进行复核；

（3）通过与评估人员讨论的方式，了解评估人员的胜任能力与专长领域；

（4）询问可能对评估人员客观性产生不利影响的利益和关系是否存在，评价评估人员；

（5）通过沟通，与评估人员就其提供的报告内容等事项达成一致；

（6）复核评价评估报告使用的评估依据和方法是否符合企业会计准则中对公允价值的规定，并就评估方法和重要参数的选取与评估师进行了沟通。

第 4 节　非无保留意见审计报告

一、非无保留意见的含义

非无保留意见包括保留意见、否定意见或无法表示意见。当存在下列情形之一时，注册会计师应当在审计报告中发表非无保留意见：

第 3 章第 4 节
即测即评

（1）审计证据表明财务报表整体存在重大错报。当出现下列情形时，财务报表可能存在重大错报：选择的会计政策与适用的财务报告编制基础不一致；财务报表（包括相关附注）没有按照公允列报的方式反映交易和事项；财务报表没有包括适用的财务报告编制基础要求的所有披露；管理层没有按照适用的财务报告编制基础的要求运用所选择的会计政策；不当运用所选择的会计政策；财务报表的披露没有按照适用的财务报告编制基础列报；财务报表没有作出必要的披露以实现公允反映等。

（2）注册会计师无法获取充分、适当的审计证据，不能得出财务报表整体不存在重大错报的结论。如果注册会计师能够通过实施替代程序获取充分、适当的审计证据，则无法实施特定的程序并不构成对审计范围的限制。下列情形可能导致注册会计师无法获取充分、适当的审计证据（也称为审计范围受到限制）：

1）超出被审计单位控制的情形。被审计单位的会计记录已被毁坏；重要组成部分的会计记录已被政府有关机构无限期地查封。

2）与注册会计师工作的性质或时间安排相关的情形。被审计单位需要使用权益法对联营企业进行核算，注册会计师无法获取有关联营企业财务信息的充分、适当的审计证据以评价是否恰当运用了权益法；注册会计师接受审计委托的时间安排，使注册会计师无法实施存货监盘；注册会计师确定仅实施实质性程序是不充分的，但被审计单位的控制是无效的。

3）管理层施加限制的情形。管理层阻止注册会计师实施存货监盘；管理层阻止注册会计师对特定账户余额实施函证。

二、非无保留意见的类型

注册会计师确定恰当的非无保留意见类型，取决于下列事项：

（1）导致非无保留意见的事项的性质，是财务报表存在重大错报，还是在无法获取充分、适当的审计证据的情况下，财务报表可能存在重大错报。

（2）导致非无保留意见的事项影响的广泛性作出的判断。根据注册会计师的判断，对财务报表的影响具有广泛性的情形包括：不限于对财务报表的特定要素、账户或项目产生影响；虽然仅对财务报表的特定要素、账户或项目产生影响，但这些要素、账户或项目可能是财务报表的主要组成部分；当与披露相关时，产生的影响对财务报表使用者理解财务报表至关重要。表 3－1 列示了注册会计师对广泛性作出的判断，以及对审计意见类型的影响。

表 3－1　非无保留意见类型的确定标准

导致非无保留意见的事项的性质	这些事项对财务报表产生或可能产生影响的广泛性	
	重大但不具有广泛性	重大且具有广泛性
财务报表存在重大错报	保留意见	否定意见
在无法获取充分、适当的审计证据的情况下，财务报表可能存在重大错报	保留意见	无法表示意见

（一）发表保留意见

当存在下列情形之一时，注册会计师应当发表保留意见：

（1）在获取充分、适当的审计证据后，注册会计师认为错报单独或汇总起来对财务报表影响重大，但不具有广泛性。当财务报表整体是公允的，但还存在对财务报表产生重大影响的错报时，才能发表保留意见。如果错报对财务报表产生的影响极为严重且具有广泛性，则应发表否定意见。因此，保留意见被视为在不能发表无保留意见情况下最轻的审计意见。

（2）注册会计师无法获取充分、适当的审计证据以作为形成审计意见的基础，但认为未发现的错报（如存在）对财务报表可能产生的影响重大，但不具有广泛性。因审计范围受到限制而发表保留意见还是无法表示意见，应当考虑有关事项潜在影响的性质和范围以及在财务报表中的重要程度。只有当未发现的错报（如存在）对财务报表可能产生的影响重大但不具有广泛性时，才能发表保留意见。

（二）发表否定意见

否定意见是注册会计师对被审计单位的财务报表整体上的公允性持完全否定态度。在获取充分、适当的审计证据后，如果认为错报单独或汇总起来对财务报表的影响重大且具有广泛性，注册会计师应当发表否定意见。

（三）发表无法表示意见

无法表示意见是注册会计师由于审计范围受到限制，无法形成关于财务报表公允性的审计意见。它是由于存在某些限制而未对某些重要事项取得充分适当的证据，没有完成必要的取证工作，使得注册会计师无法判断问题的是非而出具的一种审计意见。无法表示意见是注册会计师在实施了必要的审计程序后表示意见的一种方式。

如果无法获取充分、适当的审计证据以作为形成审计意见的基础，但认为未发现的错报对财务报表可能产生的影响重大且具有广泛性，注册会计师应当发表无法表示意见。在极其特殊的情况下，可能存在多个不确定事项，可能对财务报表产生累积影响，注册会计师不可能对财务报表形成审计意见。

三、非无保留意见审计报告的内容

（一）导致非无保留意见的事项段

如果对财务报表发表非无保留意见，注册会计师应当直接在审计意见段之后增加一个部分，并使用恰当的标题，如“形成保留意见的基础”、“形成否定意见的基础”或“形成无法表示意见的基础”，说明导致发表非无保留意见的事项。

如果财务报表中存在与具体金额（包括定量披露）相关的重大错报，注册会计师应当在导致非无保留意见的事项段中说明并量化该错报的财务影响。例如，如果存货被高估，注册会计师应说明该重大错报的财务影响，即量化其对所得税、税前利润、净利润和所有者权益的影响。如果无法量化财务影响，注册会计师应当说明这一情况。

如果存在与叙述性披露相关的重大错报，应解释该错报错在何处；应披露而未披露信息相关的重大错报，应当与治理层讨论，或者描述未披露信息的性质；无法获取审计证据，应说明无法获取审计证据的原因。即使发表了否定意见或无法表示意见，注册会计师也应说明其导致的影响。

（二）审计意见段

在发表非无保留意见时，注册会计师应当使用“保留意见”、“否定意见”或“无法表示意见”标题。审计意见段的标题能够使财务报表使用者清楚注册会计师发表了非无保留意见，并能够表明非无保留意见的类型。

当财务报表存在重大错报而发表保留意见时，注册会计师应当说明：注册会计师认为，除了形成保留意见的基础部分所述事项产生的影响外，财务报表在所有重大方面按照适用的财务报告编制基础编制，并实现公允反映。当无法获取充分、适当的审计证据而导致发表保留意见时，注册会计师应当在审计意见段中使用“除……可能产生的影响外”等措辞。

当发表否定意见时，注册会计师应当说明：注册会计师认为，由于形成否定意见的基础部分所述事项的重要性，财务报表没有在所有重大方面按照适用的财务报告编制基础编制，未能实现公允反映。

当无法获取充分、适当的审计证据而发表无法表示意见时，注册会计师应当在审计意见段中说明：由于形成无法表示意见的基础部分所述事项的重要性，注册会计师无法获取充分、适当的审计证据为发表审计意见提供基础，因此，注册会计师不对这些财务报表发表审计意见。

四、强调事项段

审计报告的强调事项段是指审计报告中的一个段落，该段落提及已在财务报表中恰当列报或披露的事项，根据注册会计师的职业判断，该事项对财务报表使用者理解财务报表至关重要。

带强调事项段无保留意见的审计报告属于无保留意见类型的审计报告。但是它与标准无保留意见类型的审计报告的区别在于：注册会计师认为有必要对重要事项加以说明，提醒财务报表使用者关注该事项，因而增加强调事项段。强调事项段不会导致注册会计师发表非无保留意见，未被确定为在审计报告中沟通的关键审计事项。例如，如果存在以下情况，应该在审计意见段之后增加带强调事项段的无保留意见的审计报告：(1) 对持续经营能力产生重大疑虑。如果持续经营假设是合理的，但可能导致对持续经营能力产生重大疑虑的事项或情况存在重大不确定性，充分披露后，应当出具此类型的审计报告；(2) 重大不确定事项。当存在重大不确定事项，但不影响已发表的审计意见时，注册会计师应当出具此类型的审计报告。

拓展阅读　事务所出具上市公司 2023 年度财务报表审计报告汇总表

拓展阅读　上市公司 2023 年度财务报表审计报告情况明细表

第 5 节　审计意见的形成与影响因素

一、审计意见的形成

（一）复核审计工作底稿

在完成审计后，审计项目负责人应当对审计工作底稿进行全面复核、分析，并在此基础上作出综合的结论，以书面形式加以记录，即撰写审计总结，概括地说明审计计划的执行情况及审计目标是否实现。

第 3 章第 5 节
即测即评

（二）被审计单位对审计差错进行调整

审计中发现的会计处理方法与有关会计准则、会计制度的不一致，即审计差错。根据重要性原则，审计项目负责人应初步确定并汇总，并建议被审计单位进行调整。审计差错内容按是否需要调整账户记录可分为核算误差和重分类误差。核算误差是由于不正确的会计核算而引起的误差，可分为建议调整的差异事项和不建议调整的差异事项；重分类误差是由于企业未按有关会计准则、会计制度规定编制财务报表而引起的误差。

（三）确定审计意见的类型和措辞

注册会计师发现重要的需要调整事项，应及时书面通知被审计单位。若被审计单位同意调整，应取得其同意调整的书面确认；对于被审计单位拒绝注册会计师提出的调整，应根据未调整事项的性质和重要程度，确定发表审计意见的类型。

（四）撰写和出具审计报告

审计项目负责人应按照规定的审计意见的类型、措辞和结构编制审计报告。审计报告编制完成后，应经会计师事务所的业务负责人进行复核并提出修改意见。如果发现审计证据不足以支持审计意见，应实施追加审计程序。审计报告经复核、修改定稿后，由注册会计师和会计师事务所签章并致送业务委托人。

二、审计意见的影响因素

注册会计师针对财务报表整体是否不存在由于舞弊或错误导致的重大错报发表审计意见。在得出结论之前，注册会计师应当考虑下列问题：

1. 注册会计师是否已获取充分、适当的审计证据

在得出总体结论之前，注册会计师应当根据实施的审计程序和获取的审计证据，评价对认定层次重大错报风险的评估是否仍然适当。如果对重大的财务报表认定没有获取充分、适当的审计证据，注册会计师应当尽可能获取进一步的审计证据。

2. 评估未更正错报单独或汇总起来是否构成重大错报

对特定类别的交易、账户余额或披露以及财务报表整体而言，错报的金额和性质以及错报发生的特定环境；与以前期间相关的未更正错报对相关类别的交易、账户余额或披露以及财务报表整体的影响等。

3. 评价财务报表是否在所有重大方面按照适用的财务报告编制基础编制

财务报表是否充分披露了选择和运用的会计政策；选择和运用的会计政策是否符合适用的财务报告编制基础，并适合被审计单位的具体情况；管理层作出的会计估计是否合理；财务报表列报的信息是否具有相关性、可靠性、可比性和可理解性；财务报表是否作出充分披露，使财务报表预期使用者能够理解重大交易和事项对财务报表所传递的信息的影响等。

4. 评价财务报表是否实现公允反映

财务报表的整体列报、结构和内容是否合理；财务报表（包括相关附注）是否公允地反映了相关交易和事项等。

案　例

借助大数据技术快速理解审计报告文本信息

2021 年 12 月 21 日，国家审计署审计长侯凯在第十三届全国人民代表大会常务委员会第三十二次会议上做《国务院关于 2020 年度中央预算执行和其他财政收支审计查出问题整改情况的报告》。该报告共 151 155 字，内容较长。为了快速理解该审计报告的重点内容，可以借助文本分析工具 Python，对于该审计报告文本进行词频统计分析，以直观快速地把握该审计报告的主要内容。利用 Python 读入文本后并分词后，使用程序命令（见图 3－2），便可以看到该报告中出现的前 30 个关键词。

视频　利用 Python 进行文本分析

运行该段程序后，可以发现该审计报告一共有 4 586 个词，前五个高频词及对应的频率分别为（问题，204），（整改，134），（亿元，77），（部门，75），（审计，64）。继续使用 Pyecharts 绘图包，还可以将前 30 个高频词以折线图的方式表现出来（见图 3－3）。通过以上操作，可以快速地把握 2020 年度中央预算执行和其他财政收支国家审计问题整改情况。

```
import jieba
from collections import Counter

def read_tex_file(file_path):
    """读取 .tex 文件内容"""
    with open(file_path, 'r', encoding='utf-8') as file:
        return file.read()

def preprocess_text(text):
    """对文本进行分词，仅保留两个字的词语"""
    words = jieba.cut(text)
    filtered_words = [word for word in words if len(word.strip()) == 2]
    return filtered_words

def generate_report(word_freq):
    """生成前30个最常用的两个字的词语报告"""
    most_common_words = word_freq.most_common(30)
    report = {word: freq for word, freq in most_common_words}
    return report

def main(file_path):
    text = read_tex_file(file_path)
    words = preprocess_text(text)

    total_words = len(words)  # 总词数（仅计算两个字的词）

    word_freq = Counter(words)
    report = generate_report(word_freq)

    print(f"总词数（两个字的词语）：{total_words}")
    print("前30个最常用的两个字的词语：")
    for word, freq in report.items():
        print(f"{word}: {freq}")
if __name__ == '__main__':

# 指定要读取的txt文件路径
   file_path = r'C:\Users\santu\Desktop\教材程序与视频\国家审计整改报告.txt'  # 请替换为你的txt文件路径
   main(file_path)
```

图 3-2　程序命令

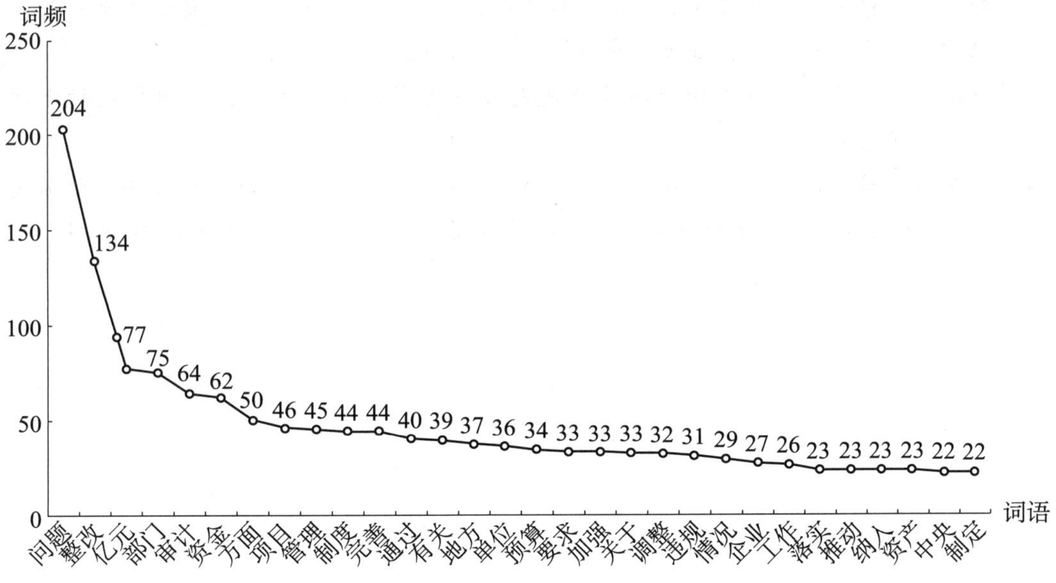

图 3-3　审计报告高频词

思考

1. 大数据技术可以在哪些方面提升审计效率？
2. 在大数据环境下，审计师需要提升哪些能力？

// 思考题 //

1. 审计报告的要素包括哪些？
2. 关键审计事项是否增强了审计的透明度？
3. 保留意见在何种情况下发表？
4. 无法表示意见在何种情况下发表？
5. 资本市场投资者是否会关注审计报告的内容？

// 研究型学习与延伸阅读 //

[1] 刘慧，张俊瑞，孙嘉楠．上市公司未决诉讼、法律环境与审计报告时滞．审计研究，2018(3)：112－120.

[2] 冉明东，徐耀珍．注册会计师审计报告改进研究：基于我国审计报告改革试点样本的分析．审计研究，2017(5)：62－69.

[3] 唐建华．国际审计与鉴证准则理事会审计报告改革评析．审计研究，2015(1)：60－66.

[4] 王艳艳，许锐，王成龙，等．关键审计事项段能够提高审计报告的沟通价值吗?．会计研究，2018(6)：86－93.

[5] 张继勋，蔡闫东，刘文欢．标准审计报告改进、管理层和审计人员的关系与管理层沟通意愿：一项实验证据．审计研究，2016(3)：77－83.

[6] 张继勋，韩冬梅．标准审计报告改进与投资者感知的相关性、有用性及投资决策：一项实验证据．审计研究，2014(3)：51－59.

[7] 张金丹，路军，李连华．审计报告中披露关键审计事项信息有助于提高审计质量吗?：报表盈余和市场感知双维度的经验证据．会计研究，2019(6)：85－91.

// 第4章 //
审计责任

素养提升

● 专业素养——理解审计法律责任的专业知识，形成法律责任认知；了解审计有关的法律法规、方针、政策，具备法治意识；对管理层的会计责任和注册会计师的审计责任形成辩证认识，提升批判性思维和发散性思维，能主动规避法律责任的能力。

● 思政素养——正确看待审计中的舞弊案件，从特定现象中理解审计人员遵纪守法的重要性，了解审计人员需要为自己的过错行为付出代价、承担法律责任；认识不实审计报告的后果，强调遵守职业道德的重要性，明确维护公众利益和市场秩序的社会责任；提升法治和责任意识，正确看待审计公平、公正，依法审计。

学习目标

- 了解审计责任的概念，熟知法律责任、会计责任。
- 了解审计师法律责任的成因。
- 了解审计法律责任的规避。

导　言

本章介绍审计责任基础、审计师法律责任的成因、审计法律责任的规避等内容。随着社会经济发展，审计目标、审计模式、审计方法、审计程序发生了变化，审计责任也发生了变化。

第 4 章思维导图

第 1 节　审计责任基础

注册会计师是市场经济的“经济警察”。审计职业属性决定了它是一个责任重大、容易遭受法律诉讼的行业。一系列震惊行业和社会的重大案件连续出现，蒙受经济损失的审计信息使用者常通过起诉注册会计师及会计师事务所寻求经济补偿，审计主体的法律责任愈显沉重。在这一背景下，全社会都在关注审计责任的变化及影响。

第 4 章第 1 节
即测即评

一、审计责任

（一）概念

审计责任是指注册会计师应承担的专业职责，是注册会计师对委托人应尽的义务，是审计职业赖以生存和发展的基础。

注册会计师应当在审计报告中清楚地表达对财务报表整体的意见，并对出具的审计报告负责。注册会计师应当遵守职业道德规范，按照审计准则的规定，计划和实施审计工作，获取充分、适当的审计证据，并得出合理的审计结论，发表恰当的审计意见。注册会计师通过签署审计报告确认其责任。

由于审计的固有限制导致注册会计师不能对财务报表整体不存在重大错报取得绝对保证，例如，审计中不同测试方法的选择运用、内部控制的局限性、审计证据具备说服性而非结论性、形成审计意见过程中存在大量职业判断等因素，均导致审计结果只能是合理保证，而非绝对保证。

（二）审计责任的演变

20 世纪 80 年代以来，社会公众的反应、司法机构的判例解释，抑或注册会计师职业团体的态度等都发生了很大变化，这导致审计责任出现明显加大的趋势。首先，注册会计师法律诉讼案件增加。由于企业经营失败或者因管理当局舞弊造成破产倒闭的案例剧增，利益相关人损失加重，针对注册会计师未能及时揭示或报告这些问题的指控也随之增加。迫于社会的压力，许多国家或地区的法院判决中逐渐倾向于增加注册会计师的法律责任。其次，注册会计师承担责任的范畴扩大。传统法律责任通常限于经过审计的财务报表符合会计准则或相关法律法规的要求，然而近年来社会各方利益主体加大了注册会计师对被审计单位的差错、舞弊、破产、违法违规行为等多个方面的责任要求，实质上扩大了注册会计师责任的范畴。

二、法律责任

（一）概念

法律责任是指注册会计师在履行审计责任时，未按法律法规、执业准则和职业道德规范执业，出现违约、过失或欺诈等行为而给被审计单位或其他利害关系人造成损失而应该承担的法律后果。

审计责任是注册会计师法律责任的前提，法律责任建立在审计责任的基础上，法律责任承担与否取决于审计责任履行是否正确、充分。审计责任并不等同于法律责任，审计责任演变为法律责任需要经过一定的程序，具备一定的条件。履行审计责任是其职责所在，担负的是对社会公众的责任，法律责任则是对其履行审计责任行为的规范、约束以及对其审计责任履行不当给予的惩罚。如果在执业过程中未严格遵守一般公认的审计准则和职业道德规范，未保持应有的职业谨慎，或存在违约、重大过失、欺诈等行为从而给被审计单位或其他利害关系人造成损失，根据经济损失大小和情节、性质的轻重，需要承担相应的法律责任。

（二）种类

一般而言，注册会计师的法律责任包括行政责任、民事责任、刑事责任，这三种责任可以单独承担，也可以一起承担。行政责任和刑事责任由国家行政机关与司法部门追究，而民事责任则由利益受损方提起民事诉讼而产生。

1. 行政责任

行政责任是指注册会计师违反有关法律法规的规定，但尚未构成犯罪的行为所依法应当承担的法律后果。行政责任分为行政处分和行政处罚。行政处分是对国家工作人员的行政违法行为给予一定的处罚，包括警告、记过、降级、降职、撤职、开除等。行政处罚是指国家行政机关及其他依法可以实施行政处罚权的组织，对违反行政法律、法规、规章，尚不构成犯罪的公民、法人及其他组织实施的一种制裁行为，包括警告、罚款、没收违法所得、责令停产停业、暂扣或者吊销营业执照、行政拘留等。对于注册会计师而言，行政处罚包括警告、暂停执业、吊销注册会计师证书；对会计师事务所而言，行政处罚包括警告、没收违法所得、罚款、暂停执业、撤销等。

2. 民事责任

民事责任是指注册会计师因违反合同义务或者不履行其他法律义务，使他人蒙受损失而依法应承担的民事法律后果。民事责任追究与否主要考虑审计结果导致的影响，因为民事责任主要包括赔偿损失、停止侵害等形式，是针对审计结果产生的不良影响而言的。在各种法律责任形式中，只有民事责任具有为受害人提供经济补偿的功能。注册会计师民事责任认定的实质是依据侵权行为法的逻辑，贯彻民法的公平原则，对一切合理依赖或使用不实审计报告而受到损失的利害关系人承担赔偿责任，注册会计师根据对其过错及过错程度承担相应的赔偿责任。

3. 刑事责任

刑事责任是指注册会计师造成对社会经济的严重危害而应受到刑法制裁的法律后果。刑事责任主要是指按照有关法律程序判处一定的徒刑。刑事责任追究与否要考虑审计的过程和结果。

一般来说，注册会计师因违约和过失可能负行政责任和民事责任，因欺诈可能承担民事责任和刑事责任。

三、会计责任

会计责任是指管理层在治理层的监督下，按照适用的会计准则和相关会计制度的规定编制财务报表。法律法规要求管理层和治理层对编制财务报表承担责任，有利于从源头上保证财务信息的质量。注册会计师与管理层和治理层之间存在信息不对称，管理层和治理层对企业的情况更为了解，更能作出适合企业特点的决策和判断，因此，管理层和治理层应当对财务报表的真实公允性承担完全责任。即便审计过程中注册会计师可能向管理层和治理层提出审计调整的建议，甚至在保持独立的状态下为管理层编制财务报表提供帮助，但是管理层仍然应当对编制财务报表承担完全责任。如果注册会计师在审计中没有发现财务报表的重大错报，也不能因为财务报表已经经过审计而减轻管理层和治理层对财务报表的会计责任。

第 2 节　审计师法律责任的成因

注册会计师承担法律责任的原因是多方面的。有因不理解经营失败和审计失败之间区别而使注册会计师承担责任的，也有注册会计师因违约、过失与欺诈而对审计委托人、被审计单位或其他利益关系的第三人造成损害的。

一、经营失败与审计失败

第 4 章第 2 节
即测即评

经营失败是指企业由于经济或经营条件，如经济衰退、不当的管理决策或出现意料之外的行业竞争等，而无法归还贷款，或无法满足投资者的预期。审计失败是指审计师由于没有遵守公认审计准则的要求而发表了错误的审计意见。例如，审计师可能指派了不称职的助理人员去执行某些审计任务，他们未能发现被审计单位记录中存在的、称职审计师应当发现的重大错报。审计风险是不可避免的，特别是集体舞弊难以被发现，因此即便遵守了审计准则，仍有可能发现不了某项重大舞弊错报。

被审计单位发生经营失败时，可能会牵连注册会计师，导致对注册会计师的法律诉讼。由于不理解经营失败和审计失败之间的差别，财务报表使用者往往会控告会计师事务所。尽管企业经营失败不等于审计失败，但当被审计单位出现经营失败时，特别是如果注册会计师发表了不适当的审计意见，财务报表的使用者往往会指责审计失败。但如果注册会计师遵守执业准则，出具了恰当的审计意见，由于被审计单位自身经营失败导致的损失由被审计单位自行承担，与注册会计师无关，注册会计师不需承担法律责任。

二、违约、过失与欺诈

如果注册会计师因违约、过失与欺诈等行为给审计委托人、被审计单位或其他有利益关系的第三人造成损害时，应当承担法律责任。

（一）违约

违约是指合同一方或多方未能达到合同条款的要求。注册会计师审计业务的合同主要表现为审计业务约定书。如果注册会计师或者会计师事务所没有按照审计业务约定书的要求，按质按时完成委托的审计业务，给委托人造成损失，应承担违约责任。如未能按时完成委托的审计业务，未能为被审计单位保守商业秘密等，注册会计师和会计师事务所应按有关规定赔偿违约损失。

（二）过失

过失是指在一定条件下注册会计师缺少应具备的合理的职业谨慎。判断注册会计师是否存在过失，是以在相同条件下其他合格的注册会计师可做到的谨慎程度为标准。当注册会计师的过失给审计报告使用者造成损害时，应承担过失责任。注册会计师在审计过程中未保持必要的职业谨慎，存在下列情形并导致报告不实的，可认定会计师事务所存在过失：以低于行业一般成员应具备的专业水准执业；制订的审计计划存在明显疏漏；未依据执业准则、规则执行必要的审计程序；在发现可能存在错误和舞弊的迹象时，未能追加必要的审计程序予以证实或者排除；未能合理地运用执业准则和规则所要求的重要性原则；未根据审计的要求采用必要的调查方法获取充分的审计证据；明知对总体结论有重大影响的特定审计对象缺少判断能力，未能寻求专家意见而直接形成审计结论等。过失责任按程度通常可以分为普通过失和重大过失，除此之外，还有共同过失。

1. 普通过失

普通过失，又称一般过失，通常是指执业人员没有保持职业上应有的合理的谨慎，注册会计师在执业过程中没有完全遵守审计专业准则的要求。比如，注册会计师对于应收账款的存在性审计项目，由于函证的数量不够，在没有能够取得必要和充分的函证回函的情况下，就作出了财务报表反映的应收账款项目是真实的审计结论，可视为普通过失。如果被审计单位的内部控制制度本身健全，但由于被审计单位有关人员串通作弊，导致被审计单位内部控制失效。通常情况下，注册会计师查出这种错误的可能性较小，一般会认为注册会计师没有过失或者存在普通过失。如果财务报表有多处错报事项，每一处都不算重大，但综合起来对财务报表的影响却较大（整体可能严重失实），法院一般认为，注册会计师存在普通过失，而非重大过失，因为常规审计程序发现每处较小错报事项的概率也较小。

2. 重大过失

重大过失，是指审计师连最起码的职业谨慎都未保持，根本没有遵守审计专业准则或者没有按专业准则的基本要求执行审计。例如，注册会计师不遵守独立审计准则的规定，对应收账款未采取函证程序，就作出了财务报表反映的应收账款项目真实的结论，应视为重大过失。如果常规审计程序能够发现重大错报，但因工作疏忽而未能将重大错报事项查出来就很可能在法律诉讼中被解释为重大过失。如果注册会计师对被审计单位内部控制制度的评价出现重大误差导致财务报表中的重大错报未能查出来，应承担重大过失责任。

3. 共同过失

审计过程中出现过失时还有一种情况称为“共同过失”，即对他人过失，受害方自己也未能保持合理的谨慎而蒙受损失。比如，被审计单位未能提供编制纳税申报表所必要的信息，后来又被控告未能妥当地编制纳税申报表，这种情况可能使法院判定被审计单位有共同过失。再如，在审计中未能发现现金等资产短缺时，被审计单位以过失为由进行控告，而注册会计师又说现金等问题是由于缺乏适当的内部控制造成的，并以此为由来应对控告。

（三）欺诈

欺诈，是指以欺骗或坑害他人为目的的一种故意的错误行为。例如，注册会计师明知委托单位的财务报表有重大错报，却不予以披露或作出不实的证明，而导致相关第三者受损。与欺诈相关的另一个概念是“推定欺诈”，又称“涉嫌欺诈”，是指虽无故意欺诈或坑害他人的动机，但却存在极端或异常的过失。一般情况下，注册会计师的重大过失被视为推定欺诈。现实中，以下情况都会被界定为欺诈：与被审计单位恶意串通；明知被审计单位对重要事项的财务会计处理与国家有关规定相抵触，而不予指明；明知被审计单位的财务会计处理会直接损害利害关系人的利益，而予以隐瞒或者作不实报告；明知被审计单位的财务会计处理会导致利害关系人产生重大误解，而不予指明；等等。

三、报表使用者的误解

委托者或第三人错误理解会计信息，进而错误决策导致损失，这是委托人或第三人自身知识、理解能力存在不足的结果，这样的损失不应该由注册会计师来承担。来自报表使用者方面的原因还包括报表使用者不能正确地区分会计责任和审计责任，如果报表使用者不能理解会计责任和审计责任之间的区别，也可能把被审计单位管理当局的过错归咎于注册会计师，从而造成注册会计师被控告。

在导致报表使用者产生误解的因素中，审计期望差距是重要因素之一。审计期望差距是指社会公众对审计的看法与注册会计师自身对审计的理解之间存在差异。由于受审计技术和成本的限制，注册会计师不可能查出企业所有的错误和舞弊，但是社会公众认为审计是对财务报表的担保或保证，他们一旦发现所依据的财务报表存在错报和漏报且自身发生了损失，就会向注册会计师提起诉讼要求赔偿。

第 3 节　审计法律责任的规避

第 4 章第 3 节
即测即评

随着法律法规的不断健全和完善，社会公众法律意识的加强，受害方会向导致他们损失的一切相关者提起诉讼，以保护自身的利益。近年来，注册会计师行业发生了一系列震惊整个行业乃至社会的案件，会计师事务所因出具虚假报告造成严重后果而被撤销、没收财产或取消特许业务资格，有的甚至被追究刑事责任。因此，面对注册会计师法律责任的扩展和诉讼案件的急剧增加，如何有效避免法律责任成为整个注册会计师行业的重要问题。

一、规范审计行为

（一）遵守审计准则

高质量的审计工作是免除或减少法律责任的保证。在会计师事务所及注册会计师层面，要避免法律诉讼，最根本的做法是严格遵守执业规范，理解和掌握专业技术标准和职业道德准则的要求，保持较高的执业水平。在执行审计业务过程中，未严格遵守独立审计准则，不执行适当的审计程序，对有关被审计单位的问题未持应有的职业谨慎，为节省时间而缩小审计范围和简化审计程序，都会导致无法发现财务报表中的重大错报。

（二）完善质量控制体系

会计师事务所应按照质量控制体系的要求，建立健全质量控制制度，并将制度推行到每一个人、每一个部门、每一项业务，使注册会计师严格按照专业标准执业，保证整个会计师事务所的工作质量。会计师事务所应严格加强对关键环节的管理，比如独立性、职业谨慎和执业监督等。

（三）审慎承接审计业务

审计失败的一个重要原因就是被审计单位的舞弊，尽管注册会计师严格遵守了执业准则，做到了勤勉尽责，但是仍然不能避免审计失败的发生。因此，为减少审计风险带来的损失，一个有效的方法就是严格选择被审计单位，拒绝没有诚信的客户。如果被审计单位没有正直的品格，必然会蒙骗注册会计师，使注册会计师落入它们设定的圈套。在业务委托前，了解被审计单位的历史，弄清委托的真正目的，明确双方的权利与义务。

（四）增强法律意识

注册会计师承担法律责任的很大一部分原因是缺乏法律意识。因此，需要注重对注册会计师的法律教育，并聘请熟悉注册会计师业务的律师。会计师事务所可以聘请熟悉业务的律师应对不清楚的法律责任、风险，以防范法律诉讼。在执业过程中加强对法律问题的关注，充分考虑律师的建议。在执业过程中，如遇到重大法律问题，应与律师详细讨论潜在风险和相关法律责任。为提高行业抵御风险的能力，可提取风险基金或购买责任保险。

二、完善法律法规

逐步完善注册会计师行业的法律法规的修订工作，营造良好的法律环境，减少对注册会计师的法律诉讼风险。在立法过程中，将法律责任免除的规定纳入法律法规可以有效减少注册会计师的法律责任，对被审计单位管理当局的舞弊行为的处罚及责任承担在相关法律法规中予以明确，也可以使注册会计师避免不必要的法律诉讼。审计行业应该健全审计准则，使注册会计师更好地了解并应对可能存在重大错报的财务报表的审计责任。

三、缩小审计期望差距

会计信息使用者总是希望审计能够提升决策所依据的会计信息的可靠性，他们把注册会计师看成风险分摊者，从而将自己的风险转嫁给注册会计师。由于业务复杂性、时间和成本的约束，审计难以完全保证会计信息的准确无误。审计期望差距是注册会计师审计法律责任形成的重要原因。因此，审计职业界应注重对社会公众的宣传，使他们真正了解审计的本质特征，从而缩小审计期望差距。随着社会公众对注册会计师的职责及审计本质了解的加深，对审计的过高期望也将下降。

案　例

康美药业审计失败案

康美药业股份有限公司（以下简称“康美药业”）2016 年、2017 年、2018 年年度报告存在虚增收入等虚假记载行为。2016 年，虚增营业收入 89.99 亿元，多计利息收入 1.51 亿元，虚增营业利润 6.56 亿元，占合并利润表当期披露利润总额的 16.44%。2017 年，虚增营业收入 100.32 亿元，多计利息收入 2.28 亿元，虚增营业利润 12.51 亿元，占合并利润表当期披露利润总额的 25.91%。2018 年，虚增营业收入 16.13 亿元，虚增营业利润 1.65 亿元，占合并利润表当期披露利润总额的 12.11%。

2016 年 1 月 1 日至 2018 年 6 月 30 日，康美药业通过财务不记账、虚假记账，伪造、变造大额定期存单或银行对账单，配合营业收入造假伪造销售回款等方式，虚增货币资金。2016—2018 年（半），分别虚增货币资金 225.5 亿元、299.4 亿元和 361.9 亿元，占公司披露净资产的 76.74%、93.18%和 108.24%。

康美药业在《2018 年年度报告》中将前期未纳入报表的亳州华佗国际中药城、普宁中药城、普宁中药城中医馆、亳州新世界、甘肃陇西中药城、玉林中药产业园等

6个工程项目纳入表内，分别调增固定资产 11.89 亿元，调增在建工程 4.01 亿元，调增投资性房地产 20.15 亿元，合计调增资产总额 36.05 亿元。

2016 年 1 月 1 日至 2018 年 12 月 31 日，康美药业在未经过决策审批或授权程序的情况下，累计向控股股东及其关联方提供非经营性资金 116.2 亿元用于购买股票、替控股股东及其关联方偿还融资本息、垫付解质押款或支付收购溢价款等。

广东正中珠江会计师事务所（特殊普通合伙）（以下简称“正中珠江”）为康美药业 2016 年、2017 年、2018 年年度报告提供审计服务。2017 年 4 月 18 日、2018 年 4 月 24 日，正中珠江分别为康美药业 2016 年、2017 年财务报表出具了标准无保留的审计意见；2019 年 4 月 28 日，正中珠江为康美药业 2018 年财务报表出具了保留意见。经查，正中珠江出具的审计报告存在虚假记载。2016 年审计收费 430 万元，签字注册会计师为杨某蔚、张某璃；2017 年审计收费 495 万元，签字注册会计师为杨某蔚、张某璃；2018 年审计收费 500 万元，签字注册会计师为杨某蔚、刘某。

根据上述违法行为的事实、性质、情节与社会危害程度，中国证监会依据《证券法》的有关规定：对广东正中珠江会计师事务所（特殊普通合伙）责令改正，没收业务收入 1 425 万元，并处以 4 275 万元罚款；对杨某蔚、张某璃给予警告，并分别处以 10 万元罚款；对刘某给予警告，并处以 3 万元罚款。

在以上行政处罚的基础上，2021 年 11 月 12 日，广州市中级人民法院对作为全国首例证券集体诉讼案的康美药业一案作出一审判决，责令康美药业因虚假陈述侵权赔偿证券投资者损失 24.59 亿元，原董事长、总经理马某田及 5 名直接责任人员、正中珠江及直接责任人员承担全部连带赔偿责任，13 名相关责任人员按过错程度承担部分连带赔偿责任。

▶思考

1. 针对风险较高的审计业务，注册会计师如何避免审计法律责任？
2. 公司经营失败会导致审计法律责任吗？

// 思考题 //

1. 审计责任与法律责任有何异同？
2. 如何缩小审计期望差距？
3. 如何有效规避审计责任？
4. 规避审计责任的最有效途径是什么？

// 研究型学习与延伸阅读 //

[1] 崔云，唐雪松．审计师法律责任风险关注度与真实盈余管理行为．审计研究，

2015(6)：60－69.

[2] 韩冬梅，张继勋．关键审计事项披露与审计人员感知的审计责任．审计研究，2018(4)：70－76.

[3] 胡国柳，李源，赵阳．董事高管责任保险与公司高质量审计服务需求．审计研究，2020(6)：97－105.

[4] 刘更新，蔡利．审计管制、审计责任与审计质量研究：基于法律标准不确性影响的分析．审计研究，2010(3)：67－74.

[5] 刘笑霞．审计师法律惩戒的影响因素与后果研究评述．审计与经济研究，2014，29(2)：38－46.

// 第5章 //

审计目标

素养提升

● 专业素养——形成对审计目标的专业认知；掌握审计基础理论知识，了解审计理论前沿和发展动态，具备与时俱进、运用新技术的能力；具有较强的批判性思维和创新思维，具有一定的科学研究能力。

● 思政素养——把握审计目标的实现，理解审计在中国式现代化建设中的功能发挥，充分体现审计合理保证的价值，为社会经济发展贡献力量；以结果目标为导向，培养实事求是的工作作风，践行社会主义核心价值观。

学习目标

● 了解审计目标的概念、审计目标的演变。
● 了解总体审计目标，掌握重大错报、合理保证等关键内容。
● 熟悉管理层认定的含义和类别。
● 熟悉掌握具体审计目标。
● 了解大数据时代审计目标的变化。

导 言

本章介绍了审计目标概述、总体审计目标、管理层认定、具体审计目标、大数据时代审计目标的变化等内容。

第 5 章思维导图

第 1 节　审计目标概述

一、审计目标的概念

审计目标是审计实施后，预期达到的目的，可分为总体审计目标和具体审计目标。总体审计目标是审计最终的目的，而具体审计目标是总体审计目标的细化。

第 5 章第 1 节
即测即评

二、审计目标的演变

审计作为一种制度约束机制，随着环境的变化而变化。随着审计模式的演变，审计目标大致可以分为三个阶段：查错防弊阶段、真实公允阶段、查错防弊和真实公允性并重阶段。

（一）查错防弊阶段

20 世纪 40 年代之前，审计模式为账项基础审计模式，详细审计为主，审计目标是查错防弊。由于财产所有权与经营权分离，企业股东通过审计了解管理层履职情况，预防管理层的错误、舞弊和欺诈行为。

（二）真实公允阶段

20 世纪 40 年代到 80 年代，审计模式为制度基础审计模式，抽样审计为主，审计目标是验证财务报表的真实公允性。随着社会经济环境的发展变化，投资者的范围扩大到政府或潜在投资者。对审计的要求不仅局限于资产负债表，企业获利受到更多关注，验证财务报表的真实公允性有利于投资决策。

（三）查错防弊和真实公允性并重阶段

20 世纪 80 年代以后，审计职业面临的诉讼逐渐增加，风险导向审计模式随之产生。为了降低审计风险，揭露舞弊仍是投资者的需求，审计需要查错防弊和验证财务报表的真实公允性并重。

第2节　总体审计目标

根据《中国注册会计师审计准则第1101号——注册会计师的总体目标和审计工作的基本要求》的规定，在执行财务报表审计工作时，注册会计师的总体目标是：（1）对财务报表整体是否不存在由于舞弊或错误导致的重大错报获取合理保证，使得注册会计师能够对财务报表是否在所有重大方面按照适用的财务报告编制基础编制发表审计意见；（2）按照审计准则的规定，根据审计结果对财务报表出具审计报告，并与管理层和治理层沟通。

第5章第2节
即测即评

理解总体审计目标时，需要重点把握以下内容。

一、财务报表

财务报表依据某一财务报告编制基础对被审计单位历史财务信息作出结构性表述，包括相关附注信息的披露，旨在反映某一时点的经济资源或义务、某一时期经济资源或义务的变化。财务报表通常是指整套财务报表，有时也指单一财务报表。整套财务报表通常包括资产负债表、利润表、现金流量表、所有者权益（或股东权益）变动表和相关附注。单一财务报表是指其中单一的报表或附注。

披露包括适用的财务报告编制基础所要求的、明确允许的或通过其他形式允许作出的解释性或描述性信息，主要在财务报表附注中反映，也可能在财务报表内反映，或通过财务报表中的交叉索引予以提及。

二、重大错报

错报是指某一财务报表项目的金额、分类或列报，与按照适用的财务报告编制基础应当列示的金额、分类或列报之间存在的差异。如果合理预期某一错报（包括漏报）单独或连同其他错报可能影响财务报表使用者依据财务报表作出的经济决策，则该项错报通常被认为是重大的。是否重大取决于在具体环境下对错报金额或性质的理解，并受财务报表使用者相关信息需求的影响。注册会计师针对财务报表整体发表审计意见，但没有责任发现对财务报表整体影响并不重大的错报。

重大错报风险，是指财务报表在审计前存在重大错报的可能性。重大错报风险分为财务报表层次的重大错报风险和认定层次的重大错报风险。认定层次的重大错报风险由固有风险和控制风险两部分组成。固有风险，是指在不考虑控制的情况下，交易类别、账户余额和披露的某一认定易于发生错报（无论该错报是舞弊还是错误导致的）的可能性。控制风险，是指交易类别、账户余额和披露的某一认定发生了错报，该错报单独或连同其他错报可能是重大的，但没有被内部控制及时防止或发现并纠正的可能性。

如果存在某一错报，该错报单独或连同其他错报可能是重大的，注册会计师将审计风险降低到可接受的低水平而实施审计程序后没有发现这种错报的风险，就构成了审计中的检查风险。

三、合理保证

合理保证，是指注册会计师在财务报表审计中提供的一种高度但非绝对的保证。当注册会计师获取充分、适当的审计证据将审计风险降至可接受的低水平时，就对财务报表是否不存在由于舞弊或错误导致的重大错报获取了合理保证。注册会计师专业服务类型包括鉴证服务和相关服务，其中，鉴证业务中的审计业务提供合理保证，审阅服务提供有限保证，其他鉴证服务提供合理保证或有限保证。相关服务包括商定程序、代编财务信息、税务咨询、管理咨询、会计服务，其不涉及保证程度。

由于审计存在固有限制，审计只能提供合理保证，不能提供绝对保证。审计的固有限制来源于：

（1）财务报告的性质。管理层编制财务报表，需要根据被审计单位的事实和情况运用适用的财务报告编制基础的规定。此外，许多财务报表项目涉及主观决策或判断、评估以及其他适用解释。

（2）审计程序的性质。注册会计师获取审计证据的能力和实务存在局限。例如，管理层或其他人员可能不提供审计证据或审计证据信息不全，管理层蓄意隐瞒，审计无特定的法律权力等。

（3）财务报告的及时性和成本效益的权衡。注册会计师应当在合理时间内以合理成本对财务报表形成审计意见。审计时间越长，审计成本越高。

（4）其他审计固有限制的事项。对于某些审计事项而言，固有限制对注册会计师发现重大错报的潜在影响尤为重要。例如，舞弊，特别是涉及高级管理人员的舞弊或串通舞弊；关联方关系和交易的存在和完整性；违反法律法规行为的发生；可能导致被审计单位无法持续经营的未来事项或情况。

四、财务报告编制基础

适用的财务报告编制基础，是指法律法规要求采用的财务报告编制基础，或者管理层和治理层在编制财务报表时，就被审计单位性质和财务报表目标而言，采用的是可接受的财务报告编制基础。财务报告编制基础分为通用目的编制基础和特殊目的编制基础。通用目的编制基础，是指旨在满足广大财务报表使用者共同的财务信息需求的财务报告编制基础，包括会计准则和会计制度。特殊目的编制基础，是指旨在满足财务报表特定使用者财务信息需求的财务报告编制基础，包括计税核算基础、监管机构的要求和合同约定等。

五、管理层和治理层

管理层，是指对被审计单位经营活动的执行负有经营管理责任的人员。治理层，是指对被审计单位战略方向以及管理层经营管理负有监督责任的人员或组织。在某些被审计单位，管理层包括部分或全部的治理层成员，如治理层中负有经营管理责任的人员，或参与日常经营管理的业主。

管理层和治理层认可与财务报表相关的责任，是注册会计师执行审计工作的前提，是构成注册会计师按照审计准则的规定执行审计工作的基础。

第 3 节　管理层认定

一、管理层认定的含义

第 5 章第 3 节
即测即评

管理层认定，是指管理层针对财务报表要素的确认、计量和列报（包括披露）作出的一系列明确或暗含的意思表述。管理层认定与审计目标密切相关，注册会计师的基本职责就是确定被审计单位管理层对财务报表的认定是否恰当。当管理层声明财务报表已按照适用的财务报告编制基础编制，在所有重大方面作出公允反映时，就意味着管理层对财务报表各组成要素的确认、计量、列报以及相关的披露作出了认定。

当注册会计师针对交易类别、账户余额和披露的某项认定识别出重大错报风险时，该项认定即为相关认定。注册会计师确定某项认定是否属于相关认定，应当依据其固有风险，而不考虑相关控制的影响。

二、管理层认定的类别

管理层对财务报表的认定一般分为两类：（1）关于各类交易、事项及相关披露的认定；（2）关于期末账户余额及相关披露的认定。

（一）关于各类交易、事项及相关披露的认定

（1）发生：记录或披露的交易和事项已经发生，且与被审计单位有关。

（2）完整性：所有应当记录的交易和事项均已记录，所有相关披露均已包括。

（3）准确性：与交易和事项有关的金额及其他数据已恰当记录，相关披露已恰当描述。

（4）截止：交易和事项已记录于正确的会计期间。

（5）分类：交易和事项已记录于恰当的账户。

（6）列报：交易和事项已被恰当地汇总和分解且表达清楚，相关披露是相关、可理解的。

（二）关于期末账户余额及相关披露的认定

（1）存在：记录的资产、负债和所有者权益是存在的。

（2）权利和义务：记录的资产由被审计单位拥有或控制，记录的负债是被审计单位应当履行的偿还义务。

（3）完整性：所有应当记录的资产、负债和所有者权益均已记录，所有相关披露均已包括。

（4）准确性、计价和分摊：资产、负债和所有者权益以恰当的金额包含在财务报表中，与之相关的计价或分摊调整已恰当记录，相关披露已得到恰当描述。

（5）分类：资产、负债和所有者权益已记录于恰当的账户。

（6）列报：资产、负债和所有者权益已被恰当地汇总或分解且表达清楚，相关披露是相关、可理解的。

在认定运用过程中，注册会计师可以选择将关于各类交易、事项及相关披露认定与关于期末账户余额及相关披露的认定综合运用。当发生和完整性认定包含了对交易是否记录于正确会计期间的恰当考虑时，就可能不存在与交易和事项截止相关的单独认定。

第4节 具体审计目标

具体审计目标与被审计单位的管理层的认定密切相关，注册会计师了解认定后，以此作为评估重大错报风险以及设计和实施进一步审计程序的基础。

一、各类交易、事项及相关披露的认定与审计目标

第5章第4节
即测即评

（1）发生。审计目标是确认已记录的交易是真实的，主要解决的问题是管理层是否把那些不曾发生的项目列入财务报表，与财务报表组成要素的高估有关。

（2）完整性。审计目标是确认已发生的交易确实已经记录，所有应包括在财务报表中的相关披露均已包括，主要解决漏记交易（低估）。

（3）准确性。审计目标是确认已记录的交易是按正确金额反映的，相关披露已得到恰当描述，主要解决数据错误。

（4）截止。审计目标是确认接近于资产负债表日的交易记录于恰当的时间，主要解决跨期记录问题。

（5）分类。审计目标是确认被审计单位记录的交易经过适当分类，主要解决会计处理不当问题。

（6）列报。审计目标是确认被审计单位的交易和事项的描述，主要解决模糊或不可理解的问题。

各类交易、事项及相关披露的认定与审计目标的实例，如表5－1所示。

表5－1 各类交易、事项及相关披露的认定与审计目标的实例

认定	举例
发生	如果没有发生销售交易，但在销售日记账中记录了一笔销售，则违反了该目标。若已记录的销售交易是不应当记录的（如发出的商品是寄销商品），则即使发票金额是准确计算的，仍违反了发生目标。
完整性	如果发生了销售交易，但没有在销售明细账和总账中记录，则违反了该目标。
准确性	如果已入账的销售交易是对正确发出商品的记录，但金额计算错误，则违反了该目标，而没有违反发生目标。
截止	如果本期交易推到下期，或下期交易提到本期，则均违反了该目标。

续表

认定	举例
分类	如果将出售经营性固定资产所得的收入记录为营业收入，则违反了该目标。
列报	如果查看公司财务报表附注，发现收入的确认原则未得到准确、清晰的说明，则违反了该目标。

二、期末账户余额及相关披露的认定与审计目标

（1）存在。审计目标是确认记录的金额确实存在，主要解决虚构交易。

（2）权利和义务。审计目标是确认资产归属于被审计单位，负债属于被审计单位的义务，特别是资产类的抵押。

（3）完整性。审计目标是确认已存在的金额均已记录，所有相关披露均已包括，主要解决推迟或提前确认问题。

（4）准确性、计价和分摊。审计目标是资产、负债和所有者权益以恰当的金额包括在财务报表中，与之相关的计价或分摊调整已恰当记录，相关披露已得到恰当描述，主要解决环境变化后金额的公允性问题。

（5）分类。审计目标是资产、负债和所有者权益已记录于恰当的账户，特别是项目性质发生变化后的归类。

（6）列报。审计目标是资产、负债和所有者权益已恰当披露，主要解决披露不清问题。

期末账户余额及相关披露的认定与审计目标的实例，如表 5－2 所示。

表 5－2　期末账户余额及相关披露的认定与审计目标的实例

认定	举例
存在	如果不存在某顾客的应收账款，在应收账款明细表中却列入了对该顾客的应收账款，则违反了该目标。
权利和义务	如果将他人寄售商品列入被审计单位存货中，或将不属于被审计单位的债务记入账内，则违反了该目标。
完整性	如果存在某顾客的应收账款，而应收账款明细表中却没有列入，则违反了该目标。
准确性、计价和分摊	如果存在某顾客的应收账款无法收回，但未充足计提坏账准备，未以净值记录应收账款，则违反了该目标。
分类	如果查看公司资产负债表中的长期借款项目（包括一年内到期的长期借款），则违反了该目标。
列报	长期借款快到期应该在流动负债中列示，把长期借款转为短期借款，则违反了该目标。

三、管理层认定、审计目标和审计程序之间的关系

管理层认定是确定具体审计目标的基础。针对财务报表每一项目所表现出的各项认定，注册会计师相应地确定一项或多项审计目标，然后通过执行一系列审计程序获取充分、适当的审计证据以实现审计目标。管理层认定、审计目标和审计程序之间的关系，如表 5－3 所示。

表 5－3　管理层认定、审计目标和审计程序之间的关系

报表项目	管理层认定	审计目标	审计程序
存货	存在	资产负债表日，已记录的存货均存在	实施存货监盘程序
营业收入	完整性	营业收入包括了所有已发货、客户已签收的交易	检查发货单和销售发票的编号；检查营业收入明细账；追查客户签收单
	准确性	已记录的营业收入基于正确的价格和数量及计算准确	比较价格清单和销售发票上的价格、发货单与销售订单上的数量是否一致；重新计算销售发票上的金额
	截止	销售业务记录在恰当期间	比较上一年度最后几天和下一年度最初几天的发运凭证日期与记账日期
固定资产	权利和义务	资产负债表中的固定资产确实为被审计单位所有	查阅所有权证书、购货合同、结算单和保险单
应收账款	准确性、计价和分摊	以净值记录应收款项	检查应收账款账龄分析表；评估计提的坏账准备是否充足

第 5 节　大数据时代审计目标的变化

在大数据时代，互联网技术、云计算、区块链等与其他领域的交叉融合为审计带来新的机遇和挑战，数字化制造、智能制造等为数据驱动的审计提供了数据资源，信息集成技术、数据分析技术为大数据审计提供了可能性，提高了审计证据获取的效率，能更好地保证审计目标的达成。在大数据时代，审计将充分采用数据挖掘技术、关联分析技术等对多行业、多领域、多范围的数据进行分析，避免抽样审计的不足，更加

第 5 章第 5 节
即测即评

注重数据与企业的关联关系。传统审计主要是从样本局部推到整体，在大数据时代，审计方法从数据验证性分析阶段向数据挖掘分析阶段转变，事后审计向实时审计转变。审计基于全景数据，从抽样分析向关联分析转变，对复杂数据通过分析因果关系，强调效率性。基于数据的分析，开展针对总体规律的审计分析，个体精确性的弱化并不会对结果产生较大影响。

在大数据环境下审计所针对的对象更加广泛，不仅包括被审计单位，也包括与被审计对象相关的其他数据。例如，在针对企业开展年报审计时，与其有联系的企业的物流数据、传感器数据、社交媒体数据等多种类型的数据，均进入审计关注的范畴。

在此背景下，基于大数据技术展开审计的过程中，审计分析、评价的对象的个体精确度有可能弱化，这可能对审计目标的实现产生负面影响，但被审计单位大数据应用不能改变注册会计师制定的审计目标。因此，在大数据时代，审计需要在审计分析和评价对象的个体精确度和总体准确度之间进行有效协调，推进“数据孤岛型、业务封闭型、模式单一型”向“数据一体化、业务一体化、模式一体化”的方向转变和发展。

2023 年，财政部印发了《企业数据资源相关会计处理暂行规定》《关于加强数据资产管理的指导意见》，对于数据资源的管理越来越规范。对于注册会计师而言，需要更多关注企业数据资源“入表”的会计处理以及其他相关信息披露，确保准确反映数据相关业务和经济实质，防范数据资产管理的潜在风险。

案　例

大数据技术在审计中的作用发挥

案例 1：社会保险基金审计

社会保险基金主要包含基本养老保险基金、基本医疗保险基金、失业保险基金、工伤保险基金、生育保险基金，俗称“五险”。审计机关在开展社保基金审计时，面对海量的业务办理和管理，必须以大数据审计作为主要审计手段，配齐配强数据分析人员、强化数据采集转换、深入开展数据分析，通过数据分析与现场审计的联动，真正实现以大数据审计引领现场核查工作。

审计特点：不得不用大数据审计。面对每年上亿笔的业务办理，采用人工方式翻阅业务办理纸质资料进行合规性检查已变得不再可能。被审计单位基本实现业务办理电子化，缴费、领取、报销等业务办理的纸质资料可以提供电子版。

案例 2：扶贫审计

“十三五”期间，扶贫工作成为全国各级审计机关的审计重点之一。经历多年的探索，扶贫审计逐渐形成完善的大数据审计模式，通过广泛采集建档立卡、项目分红、村组干部信息、财政供养人员信息、车辆登记、房产登记、工商注册、教育资助、扶贫小额贷款、新农合、城镇居民医疗保险、城镇居民养老保险等多个部门和领域的有关数据，围绕精准识别、精准帮扶和产业扶贫、健康和养老扶贫、金融扶贫等政策措施落实情况，广泛开展数据分析，以分析结果（疑点数据）作为现场核查的重要参考和指引。

审计特点：通过大数据能够较大拓展审计关注面。以“精准识别”为例，如果没有采用大数据手段，审计只能采用“实地走访”方式，通过与村干部和邻居交谈、查看建档立卡家庭吃住行等情况进行核实。在有限的人力配备和时间限制下，对一个县超过10万建档立卡人员进行“精准识别”审计不具有可能性。通过大数据赋能，这一审计事项由“抽样”变成了“全覆盖”。

案例3：部门预算执行审计

部门预算执行审计工作改变了以往对个别单位进行审计，转而实现对一级预算单位全覆盖，有力助推审计发现共性问题、体制机制问题，提升了审计覆盖面和宏观层次。

究其实现路径，主要是广泛采集财政预算编报、批复下达、指标分解、资金支付和一级预算单位的财务核算等有关数据，根据审计需要扩充采集公车配备、行政事业人员信息、政府采购、办公用房等其他数据。紧紧围绕部门预算执行这一主题，对基本支出、项目支出、三公两费、非税收入管理、政府采购执行、往来款长期未清理等事项开展数据分析，并根据数据分析结果选定现场审计单位。在现场审计阶段，将数据分析疑点线索作为现场核查的重点（甚至是唯一点），改变以往从大量凭证资料中查找问题的做法，直奔主题。

以上三个案例，在某种程度上代表了大数据在审计工作中作用发挥的三个层次。第一个层次，大数据审计解决了新时代“打不开账”的问题，有效支撑了既定审计项目、既定审计目标的实现。第二个层次，在既定审计项目中，通过大数据分析实现审计从“抽样”到“全覆盖”的改变，同时引入大量被审计单位之外的“外围数据”，不断提升审计发现问题的能力。第三个层次，大数据审计的运用，直接推动了审计理念的创新，改变了审计项目计划编制安排工作，使得过去“想都不敢想、做也做不到”的事情变成了现实。三个层次存在递进关系，首先是解决既定审计项目审计目标的实现问题，其次是提升既定审计项目审计目标实现的质量，最后是推动审计项目组织安排方式创新，提升审计宏观层次。可以预见的是，大数据审计不仅能在低层次的应用中发挥作用，也能在更高层次上发挥越来越大的作用。

资料来源：大数据审计之我见：以三个案例浅析大数据在审计中的作用发挥．（2021－04－07）．宿迁市审计局网站．

▶思考

1. 大数据技术在审计中发挥的作用主要体现在哪些方面？

2. 哪些审计场景可以利用大数据技术？

3. 审计如何充分利用大数据技术？

// 思考题 //

1. 审计目标与管理层认定的关系是什么？
2. 不同阶段审计目标的演变是怎样的？

// 研究型学习与延伸阅读 //

[1] 程新生．管理审计目标评析．南开管理评论，1998，1(4)：60－65.

[2] 程新生．论审计环境与审计目标．审计研究，2001(2)：45－47.

[3] 韩晓梅．论审计的社会责任观：关于审计目标的思考．审计研究，2006(2)：59－63.

[4] 唐衍军，蒋尧明．政府审计推进腐败治理研究：基于区块链技术赋能视角．会计与经济研究，2020，34(4)：46－58.

[5] 谢志华．审计变迁的趋势：目标、主体和方法．审计研究，2008(5)：21－24.

[6] 张继勋．关于审计目的和审计目标的探讨．审计研究，2000(4)：29－33.

[7]《中国特色社会主义审计理论研究》课题组．国家审计目标研究．审计研究，2013(6)：3－11.

// 第6章 //

计划审计工作

素养提升

● 专业素养——掌握计划审计工作的专业知识，形成对事物发展规律的专业认知；提升逻辑思维、语言表达、文字写作和团队协作能力，并能从全局分析和讨论问题；能够运用数学、统计学等交叉学科知识，对本专业领域的现象进行定量分析，具有一定的科学研究能力；掌握基于大数据环境下的各种数据分析工具，能进行数据分析和挖掘，识别和应对隐藏的审计风险。

● 思政素养——从中国优秀传统文化中理解审计计划的重要性，理解辩证唯物主义在审计中的运用，由表及里，形成对事物和现象的科学认识和判断；将审计风险与国家安全相结合，深刻理解“统筹发展与安全”的必要性，在新时代中国特色社会主义发展过程中“居安思危”；基于风险导向，运用马克思主义哲学中的唯物辩证法全面了解被审计单位及其环境，以评估重大错报风险，在工作中要抓住重点、分清主次，合理分配审计资源，以提高工作的效率和效果。

学习目标

● 掌握重要性水平的确定、实际执行的重要性以及重要性水平的修改。

● 了解风险识别和评估的概念，了解被审计单位的环境、被审计单位的内部控制；掌握识别和评估重大错报风险；了解审计风险的应对措施。

● 掌握审计计划的相关内容，尤其是总体审计策略和具体审计计划。

● 了解大数据时代的内部控制风险。

导 言

本章首先介绍了审计计划中如何确定重要性水平，阐述审计如何进行风险评估与应对，然后阐述审计计划，最后分析大数据时代的审计风险评估与应对。

计划审计工作是一项持续的过程，注册会计师通常在前一期审计工作结束后即开始开展本期的计划审计工作，并直到本期审计工作结束为止。

第 6 章思维导图

第 1 节　重要性水平

确定重要性水平是计划审计阶段的一项重要工作。何为重要性？如果合理预期错报（包括漏报）单独或汇总起来可能影响财务报表使用者依据财务报表作出的经济决策，则通常认为错报是重大的。对重要性的判断是根据具体环境作出的，并受错报的金额或性质的影响，或受两者共同作用的影响。判断某事项对财务报表使用者是否重大，是在考虑财务报表使用者整体共同的财务信息需求的基础上作出的。

第 6 章第 1 节
即测即评

在计划阶段，对重要性的初步判断是可能存在错报，而又不至于影响财务报表使用者决策的最大金额，目的是计划所要搜集证据的数量。重要性水平的评估影响计划的审计证据数量。判断重要性水平低要比判断重要性水平高需要更多的审计证据。

需要注意的是，注册会计师是根据财务报表每个项目的认定去收集审计证据的，而不是按照财务报表整体收集证据。因此，应当把按照财务报表整体确定的重要性水平分配到报表的各个项目中，然后根据各个报表项目确定的重要性水平计划应收集的审计证据数量。有时，也可以单独确定报表项目的重要性水平。

一、财务报表整体的重要性

注册会计师通过执行审计工作对财务报表发表审计意见，因此，注册会计师应当考虑财务报表整体的重要性。注册会计师在制定总体审计策略时，应当确定财务报表整体的重要性。根据职业判断，注册会计师确定多大程度上的错报会影响财务报表使用者的决策。

（一）重要性基准的职业判断

通常先选定一个基准，再乘以某百分比作为财务报表整体的重要性。在选择基准时，需要考虑的因素包括：财务报表要素（如资产、负债、所有者权益、收入和费用）；是否存在会计主体或使用者特别关注的项目（如财务业绩评价，使用者可能更关注利润、收入或净资产）；被审计单位的性质、所处的生命周期阶段以及所处行业和经济环境；被审计单位的所有权结构和融资方式（例如，如果通过债务而非权益进行融资，使用者可能更关注资产及资产的索偿权，而非被审计单位的收益）；基准的相对波动性。适当的基准取决于被审计单位的具体情况，包括各类报告收益（如税前利润、营业收入、毛利和费用总额），以及所有者权益或净资产。

选择的基准在各年度中通常会保持稳定，但是并非必须保持一成不变。注册会计师可以根据经济形势、行业状况和被审计单位具体情况的变化对采用的基准作出调整。例如，被审计单位处在新设立阶段时，注册会计师可能采用总资产作为基准；被审计单位处在成长期时，注册会计师可能采用营业收入作为基准；被审计单位进入经营成熟期后，注册会计师可能采用经常性业务的税前利润作为基准。

对于以营利为目的的实体，通常以经常性业务的税前利润作为基准。如果经常性业务的税前利润不稳定，选用其他基准可能更加合适，如毛利或营业收入。如果微利或微亏状态是由宏观经济环境的波动或企业自身经营的周期性所导致的，那么可以考虑采用过去 3～5 年经常性业务的平均税前利润作为基准，采用财务报表使用者关注的其他财务指标作为基准，如营业收入、总资产等。

（二）选定基准百分比的职业判断

百分比和选定的基准之间存在一定的联系，经常性业务的税前利润对应的百分比通常比营业收入对应的百分比要高。例如，对以营利为目的的制造行业实体，注册会计师可能认为经常性业务的税前利润的 5%是适当的；而对非营利组织，注册会计师可能认为总收入或费用总额的 1%是适当的。百分比无论是高还是低，只要符合具体情况，都是适当的。

在确定百分比时，除了考虑被审计单位是否为上市公司或公众利益实体外，还需要考虑其他影响因素。例如，财务报表使用者的范围；财务报表使用者是否对基准数据特别敏感（如具有特殊目的财务报表的使用者）等。

二、特定类别交易、账户余额或披露的重要性

随着被审计单位的情况变化，可能存在一个或多个特定类别的交易、账户余额或披露，其发生的错报金额虽然低于财务报表整体的重要性，但可以合理预期将影响财

务报表使用者依据财务报表作出的经济决策，那么这时就需要针对特定类别交易、账户余额或披露确定单独的重要性水平。例如，特定法律法规影响财务报表使用者对特定项目（如关联方交易、管理层和治理层的薪酬）计量或披露的预期，特定监管涉及被审计单位所处行业相关的关键性披露（如制药企业的研究与开发成本），财务报表使用者特别关注财务报表中单独披露的某些特定信息（如新收购的业务）。

三、实际执行的重要性

实际执行的重要性，是指注册会计师确定的低于财务报表整体重要性的一个或多个金额，旨在将未更正和未发现错报的汇总数超过财务报表整体的重要性的可能性降至适当的低水平。如果适用，实际执行的重要性也指注册会计师确定的低于特定类别交易、账户余额或披露的重要性水平的一个或多个金额。

确定实际执行的重要性并非简单机械的计算，而是需要注册会计师运用职业判断，并考虑下列因素：对被审计单位的了解（这些了解在实施风险评估程序的过程中得到更新）；前期审计工作中识别出的错报的性质和范围；根据前期识别出的错报对本期错报作出的预期。

通常，实际执行的重要性为财务报表整体重要性的 50％～75％。如果存在下列情况，注册会计师可能要考虑选择较低的百分比来确定实际执行的重要性：首次接受委托的审计项目；连续审计项目，以前年度审计调整较多；项目总体风险较高，例如处于高风险行业、管理层能力欠缺、面临较大市场竞争压力或业绩压力等；存在或预期存在值得关注的内部控制缺陷。

如果存在下列情况，注册会计师可能考虑选择较高的百分比来确定实际执行的重要性：连续审计项目，以前年度审计调整较少；项目总体风险较低，例如处于非高风险行业、管理层有足够能力、面临较低的市场竞争压力和业绩压力等；以前期间的审计经验表明内部控制运行有效。

注册会计师在计划审计工作时可以根据实际执行的重要性确定需要对哪些特定类别交易、账户余额或披露实施进一步审计程序，即通常选取金额超过实际执行的重要性的财务报表项目。运用实际执行的重要性确定进一步审计程序的性质、时间安排和范围。例如，在实施实质性分析程序时，注册会计师确定的已记录金额与预期值之间的可接受差异额通常不超过实际执行的重要性；在运用抽样审计实施细节测试时，注册会计师可以将可容忍错报的金额设定为等于或低于实际执行的重要性。

四、重要性水平的修改

注册会计师可能需要修改财务报表整体的重要性和特定类别交易、账户余额或披露的重要性水平（如适用）。当出现以下情况时，需要修改重要性水平：审计业务对象发生重大变化（如决定处置被审计单位的一个重要组成部分）；获取了新的信息；实施进一步审计程序时，注册会计师对被审计单位及其经营所了解的情况发生变化。

第 2 节　风险评估与应对

风险导向审计模式要求注册会计师识别和评估重大错报风险，设计和实施审计程序以应对评估的错报风险。

一、风险识别和评估的概念

在风险导向审计模式下，重大错报风险的识别、评估和应对是审计工作的主线。风险的识别和评估是审计风险控制流程的起点，是通过审计程序，识别和评估财务报表层次和认定层次的重大错报风险。其中，风险识别是指找出财务报表层次和认定层次的重大错报风险；风险评估是指对重大错报发生的可能性和后果严重程度进行评估。

第 6 章第 2 节
即测即评

在风险识别和评估中，注册会计师需要充分考虑被审计单位的固有风险、经营风险以及特别风险等因素。固有风险，是指在不考虑控制的情况下，导致特别交易类别、账户余额或披露的某一认定易于发生错报（无论该错报是舞弊还是错误导致的）的因素。经营风险，是指影响被审计单位实现经营目标的不确定性。特别风险，是指注册会计师识别出的符合下列特征之一的重大错报风险：一是根据固有风险对错报发生的可能性和错报的严重程度的影响，注册会计师将固有风险评估为达到或接近固有风险等级的最高级；二是根据审计准则的规定，注册会计师应当将其作为特别风险。

二、了解被审计单位及其环境

（一）总体要求

了解被审计单位及其环境，主要包括组织结构、所有权结构、治理结构、业务模式；行业状况、法律环境与监管环境、其他外部因素；被审计单位财务业绩的衡量和评价；被审计单位对会计政策的选择和运用等。

（二）组织结构、所有权结构、治理结构、业务模式

1. 组织结构

复杂的组织结构可能导致某些特定的重大错报风险，包括财务报表合并、商誉减值以及长期股权投资核算等问题。例如，对于在多个地区拥有子公司、合营企业、联营企业或其他成员机构，或者存在多个业务分部和地区分部的被审计单位，不仅编制合并财务报表的难度增加，还存在其他可能导致重大错报风险的复杂事项，包括对于子公司、合营企业、联营企业和其他股权投资类别的判断以及会计处理等。

2. 所有权结构

注册会计师应当了解所有权结构以及所有者与其他人员或实体之间的关系，考虑关联方关系是否已经得到识别，以及关联方交易是否得到恰当核算。例如，被审计单位是属于国有企业、外商投资企业、民营企业，还是属于其他类型的企业，直接控股母公司、间接控股母公司、最终控股母公司和其他股东的构成，以及所有者与其他人员或实体（如控股母公司控制的其他企业）之间的关系。注册会计师应当了解被审计单位的关联方和关联交易相关信息。

3. 治理结构

良好的治理结构可以对被审计单位的经营和财务运作实施有效的监督，从而降低财务报表发生重大错报的风险。例如，董事会的构成情况、董事会内部是否有独立董事；治理结构中是否设有审计委员会或监事会。注册会计师应当考虑治理层是否能够在独立于管理层的情况下对被审计单位事务（包括财务报告）作出客观判断。

4. 业务模式

（1）经营活动。了解被审计单位经营活动有助于注册会计师识别预期在财务报表中反映的主要交易类别、重要账户余额和列报。需要了解的内容主要包括：主营业务的性质；产品或劳务市场信息；业务的开展情况；电子商务的情况；地区分布与行业细分；关键客户信息；货物和服务的重要供应商；劳动用工安排；关联方交易等。

（2）目标、战略与经营风险。了解被审计单位的目标、战略与经营风险。了解被审计单位的目标和战略，并考虑相应的风险，包括行业发展；开发新产品或提供新服务；业务扩张；本期及未来的融资活动；信息技术的运用等。经营风险是指可能对被审计单位实现目标和实施战略的能力产生不利影响的重要状况、事项等。不同的企业可能面临不同的经营风险，这取决于企业经营的性质、所处行业、外部监管环境、企业规模或业务复杂程度等。

（三）行业状况、法律环境与监管环境、其他外部因素

1. 行业状况

注册会计师应当了解被审计单位的行业状况，主要包括所处行业的市场与竞争，

如市场需求、生产能力和价格竞争，生产经营的季节性和周期性，与被审计单位产品相关的生产技术，能源供应与成本，行业的关键指标和统计数据。

2. 法律环境与监管环境

需要了解法律环境与监管环境的主要原因在于：某些法律法规或监管要求可能对被审计单位经营活动有重大影响，如不遵守将导致停业等严重后果；某些法律法规或监管要求（如环保法规等）规定了被审计单位某些方面的责任和义务；某些法律法规或监管要求决定了被审计单位需要遵循的行业惯例和核算要求。

3. 其他外部因素

了解影响被审计单位经营的其他外部因素，主要包括总体经济情况、利率、融资的可获得性、通货膨胀水平或币值变动等。例如，当前的宏观经济状况以及未来的发展趋势，目前国内或本地区的经济状况（如增长率、通货膨胀率、失业率、利率等）对被审计单位的经营活动的影响，汇率波动或全球市场对被审计单位的经营活动的影响。

（四）被审计单位财务业绩的衡量和评价

被审计单位管理层需要经常衡量和评价关键业绩指标（包括财务的和非财务的），进行预算及差异分析，针对分部信息和分支机构、部门或其他层次的业绩报告与竞争对手的业绩进行比较。此外，外部机构也会衡量和评价被审计单位的财务业绩，如分析师的报告和信用评级机构的报告。

在了解被审计单位财务业绩的衡量和评价情况时，应当关注关键业绩指标（财务的和非财务的）、关键比率、趋势和经营统计数据；同期财务业绩比较分析；预算、预测、差异分析，分部信息和分支机构、部门或其他层次的业绩报告；员工业绩考核与激励性报酬政策；被审计单位与竞争对手的业绩比较等。

如果拟利用被审计单位内部信息系统生成的财务业绩衡量指标，注册会计师应当考虑相关信息是否可靠，以及利用这些信息是否足以实现审计目标。

（五）被审计单位对会计政策的选择和运用

注册会计师需要了解被审计单位重大交易和异常交易的会计处理方法，应当考虑对重大交易和异常交易的会计处理方法是否适当。在缺乏权威性标准或共识、有争议的或新兴领域，注册会计师应当关注被审计单位选用了哪些会计政策，为什么选用这些会计政策以及选用这些会计政策产生的影响。

如果被审计单位变更了重要的会计政策，应当考虑会计政策变更是否是法律、行政法规或者适用的会计准则和相关会计制度要求的变更；会计政策变更是否能够提供更可靠、更相关的会计信息。注册会计师还应当关注会计政策的变更是否得到恰当处理和充分披露。此外，注册会计师还应了解被审计单位是否采用了激进的会计政策、方法、估计和判断等。

三、了解被审计单位的内部控制

（一）内部控制的含义

内部控制是指由治理层、管理层和其他人员设计、执行和维护的体系，以合理保证被审计单位能够实现财务报告的可靠性，提高经营效率和效果，以及遵守适用的法律法规等目标。设计和实施内部控制的责任主体是治理层、管理层和其他人员，组织中的每一个人都对内部控制负有责任。

（二）内部控制的具体内容

内部控制包含五个相互关联的具体内容：内部环境（控制环境）、风险评估、信息与沟通（信息系统与沟通）、控制活动、内部监督。

1. 控制环境

被审计单位的组织文化，管理层对诚信、道德和价值观、风险态度的重视程度；在治理层与管理层分离的体制下，治理层的独立性以及治理层监督内部控制体系的情况；内部权限和职责的分配情况；如何吸引、培养和留住具有胜任能力的人员；如何使其人员致力于实现内部控制体系的目标。

2. 风险评估

风险评估包括识别与财务报告目标相关的经营风险；评估风险的重要程度和发生的可能性；如何应对风险。如果风险是被审计单位风险评估工作应当识别出的风险，则应当了解未能识别出这些风险的原因。

3. 信息与沟通

了解被审计单位的信息处理活动，在这些活动中使用的资源，针对特别交易类别、账户余额或披露的信息处理活动的政策。例如，信息在被审计单位信息系统中的传递情况，包括交易如何生成，与交易相关的信息如何进行记录、处理、更正、结转至总账、在财务报表中报告，以及其他方面的相关信息如何获取、处理、在财务报表中披露；被审计单位的财务报告过程；被审计单位的信息技术环境等。了解如何沟通与财务报表编制相关的重大事项，以及信息系统和内部控制体系中的相关报告责任。

4. 控制活动

识别用于应对认定层次重大错报风险的控制，包括应对特别风险的控制；与会计分录相关的控制，如用以记录非经常性的、异常的交易，以及用于调整的非标准会计分录；注册会计师拟测试运行有效性的控制，包括用于应对仅实施实质性程序不能提供充分、适当审计证据的风险的控制等。

5. 内部监督

其主要包括了解被审计单位实施的持续性评价和单独评价，以及识别出控制缺陷的情况和整改的情况；了解内部审计，包括内部审计的性质、职责和活动；了解在监督内部控制体系的过程中所使用信息的来源，以及管理层认为这些信息足以信赖的依据；根据被审计单位的性质和复杂程度，评价被审计单位对内部控制体系的监督是否适合其具体情况。

四、识别和评估重大错报风险

重大错报风险可能是错误导致的，也可能是舞弊导致的。注册会计师应当在财务报表层次以及各类交易、账户余额和披露的认定层次识别和评估重大错报风险，为设计和实施进一步审计程序提供基础。

在识别和评估重大错报风险时，注册会计师应当实施下列审计程序：(1) 在了解被审计单位及其环境（包括与风险相关的控制）的整个过程中，结合对财务报表中各类交易、账户余额和披露（包括定量和定性披露）的考虑，识别风险；(2) 评估识别出的风险，并评价其是否更广泛地与财务报表整体相关，进而潜在地影响多项认定；(3) 结合对拟测试的相关控制的考虑，将识别出的风险与认定层次可能发生错报的领域相联系；(4) 考虑发生错报的可能性（包括发生多项错报的可能性），以及潜在错报是否足以导致重大错报。

对于某些风险，注册会计师可能认为仅从实质性程序中获取充分、适当的审计证据是不可能或不可行的。这些风险可能与对日常和重大类别的交易或账户余额作出的不准确或不完整的记录相关，对这些交易或账户余额通常可以采用高度自动化处理，不存在或存在很少人工干预。在这种情况下，被审计单位针对这类风险建立的控制与审计相关，注册会计师应当了解这些控制。

五、风险应对

（一）针对财务报表层次重大错报风险的总体应对措施

在风险导向审计模式下，实施审计的过程就是识别、评估和应对财务报表重大错报风险的过程。注册会计师实施风险评估程序之后，便要考虑如何应对评估的重大错报风险问题，包括确定针对评估的财务报表层次重大错报风险的总体应对措施，以及针对评估的认定层次重大错报风险设计和实施的进一步审计程序，以将审计风险降至可接受的低水平。

财务报表层次重大错报风险可能对财务报表的多项认定产生广泛影响，并相应增加注册会计师对认定层次重大错报风险的评估难度。因此，注册会计师评估的财务报表层次重大错报风险以及采取的总体应对措施，对拟实施的进一步审计程序的总体审计方案具有重大影响。

一般来说，针对评估的财务报表层次重大错报风险的总体应对措施可能包括以下几个方面：向项目组协调保持职业怀疑态度的必要性；指派更有经验或具有特殊技能的审计人员；不同审计客户在经营业务、经营风险、财务报告、法规和监管要求等方面可能各具特点，审计人员的选派必须针对客户的特殊性；必要时，还应考虑利用专家的工作。

对财务报表层次重大错报风险较高的被审计单位，应强化对注册会计师的督导，严格复核审计工作。在拟实施进一步审计程序时，应考虑更多的不可预见的因素，避免被审计单位管理层采取规避手段掩盖重大错报。例如，对某些未测试过的、低于设定的重要性水平或风险水平的账户余额和认定实施实质性程序，调整实施审计程序的时间，采取与前期审计不同的抽样审计方法以改变测试样本，不预先告知或选取不同的审计程序实施地点等。

（二）针对认定层次重大错报风险的进一步审计程序

注册会计师应当针对评估的认定层次重大错报风险设计和实施进一步审计程序，包括审计程序的性质、时间安排和范围。

1. 进一步审计程序的概况

（1）进一步审计程序的内涵。进一步审计程序是相对风险评估程序而言的，是指注册会计师针对评估的各类交易、账户余额、列报认定层次重大错报风险实施的审计程序，包括控制测试和实质性程序。实质性程序包括对各类交易、账户余额、列报的细节测试和实质性分析程序。进一步审计程序是获取审计证据的重要手段，注册会计师应当考虑进一步审计程序的性质、时间安排和范围。

（2）进一步审计程序的设计。注册会计师设计和实施的进一步审计程序的性质、时间安排和范围，应当与评估的认定层次重大错报风险具有明确的对应关系，使审计程序更具有目的性和针对性，有的放矢地配置审计资源，提高审计的效率和效果。在设计进一步审计程序时，注册会计师应当考虑：风险的重要性；重大错报发生的可能性；涉及的各类交易、账户余额、列报的特征；被审计单位采用的特定控制的性质，注册会计师是否拟获取审计证据，以确定内部控制在防止或发现并纠正重大错报方面的有效性。如果注册会计师拟在风险评估时预期内部控制运行有效，拟实施的进一步审计程序必须包括控制测试，且控制测试结果会影响实质性程序。

（3）进一步审计程序的总体审计方案的选择。注册会计师针对认定层次重大错报风险拟实施的进一步审计程序的总体审计方案包括实质性方案和综合性方案。实质性方案是指注册会计师实施的进一步审计程序以实质性程序为主；综合性方案是指注册会计师在实施进一步审计程序时，将控制测试与实质性程序结合使用。当评估的财务报表层次重大错报风险属于高风险水平时，拟实施的进一步审计程序的总体审计方案往往更倾向于实质性方案。反之，则采用综合性方案。

注册会计师应当根据对认定层次重大错报风险的评估结果，恰当地选用实质性方案或综合性方案。通常情况下，注册会计师出于成本效益的考虑可以采用综合性方案设计进一步审计程序，即将控制测试与实质性程序结合使用。但在某些情况下（如仅通过实质性程序无法应对重大错报风险）注册会计师必须通过实施控制测试，才可能有效应对评估出的某一认定的重大错报风险。在另一些情况下，注册会计师可能认为仅实施实质性程序是适当的，例如，注册会计师的风险评估程序未能识别出与认定相关的任何控制，或注册会计师认为控制测试很可能不符合成本效益原则。无论选择何种方案，注册会计师都应当对所有重大的各类交易、账户余额、列报设计和实施实质性程序。

2. 进一步审计程序的性质

进一步审计程序的性质取决于进一步审计程序的目的和类型。进一步审计程序的目的包括通过实施控制测试以确定内部控制运行的有效性，通过实施实质性程序以发现认定层次的重大错报。进一步审计程序的类型包括检查、观察、询问、函证、重新计算、重新执行和分析程序。不同的审计程序应对特定错报风险的效力不同。例如，对于与收入完整性认定相关的重大错报风险，控制测试通常更能有效应对：对于与收入发生认定相关的重大错报风险，实质性程序通常更能有效应对。

注册会计师应当根据认定层次重大错报风险的评估结果选择审计程序。评估的认定层次重大错报风险越高，对通过实质性程序获取的审计证据的相关性和可靠性的要求就越高，从而可能影响进一步审计程序的类型及综合运用。例如，当注册会计师判断某类交易协议的完整性存在更高的重大错报风险时，除了检查文件，还可能向第三方询问或函证协议条款的完整性。在确定拟实施的审计程序时，注册会计师应当考虑评估的认定层次重大错报风险产生的原因，包括考虑各类交易、账户余额、列报的具体特征以及内部控制。例如，注册会计师可能判断某特定类别的交易即使在不存在相关控制的情况下发生重大错报的风险仍然较低，此时仅实施实质性程序就可以获取充分、适当的审计证据。如果在实施进一步审计程序时拟利用被审计单位信息系统生成的信息，那么应当就信息的准确性和完整性获取审计证据。例如，注册会计师在执行实质性程序时，使用了被审计单位生成的非财务信息或预算数据，应当获取关于这些信息的准确性和完整性。

3. 进一步审计程序的时间安排

进一步审计程序的时间安排是指注册会计师实施进一步审计程序的时间，或审计证据适用的期间或时点。

理论上，注册会计师可以选择在期中或期末实施控制测试或实质性程序。当重大错报风险较高时，注册会计师应当考虑在期末或接近期末实施实质性程序；采用不通知的方式或在管理层不能预见的时间实施审计程序。如果在期中实施了进一步审计程序，注册会计师还应当针对剩余期间获取审计证据。

在确定何时实施审计程序时，注册会计师应当考虑：

（1）控制环境，良好的控制环境可以抵消在期中实施进一步审计程序的局限性。

（2）何时能得到相关信息，例如，某些控制活动可能仅在期中（或期中以前）发生，而之后可能难以再被观察到。注册会计师如果希望获取相关信息，则需要考虑能够获取相关信息的时间。

（3）错报风险的性质。例如，被审计单位可能为了保证盈利目标的实现而在会计期末以后伪造销售合同以虚增收入，此时注册会计师需要考虑在期末（即资产负债表日）这个特定时点获取被审计单位截至期末所能提供的所有销售合同及相关资料。

（4）审计证据适用的期间或时点，注册会计师应当根据需要获取的特定审计证据，确定何时实施进一步审计程序。如果被审计单位在期末或接近期末发生了重大交易，或重大交易在期末尚未完成，注册会计师应当考虑交易的发生或截止等认定可能存在的重大错报风险，并在期末或期末以后检查此类交易。

（5）编制财务报表的时间，尤其是编制某些披露的时间。

4. 进一步审计程序的范围

进一步审计程序的范围是指实施进一步审计程序的数量，包括抽取的样本量，对某项控制活动的观察次数等。

伴随着重大错报风险的增加，注册会计师应当考虑扩大审计程序的范围。只有当审计程序本身与特定风险相关时，扩大审计程序的范围才是有效的。在确定审计程序的范围时，注册会计师应当考虑：

（1）确定的重要性水平。确定的重要性水平越低，注册会计师实施进一步审计程序的范围越大。

（2）评估的重大错报风险。评估的重大错报风险越高，对拟获取审计证据的相关性、可靠性的要求越高，注册会计师实施的进一步审计程序的范围也越大。

（3）计划获取的保证程度。计划获取的保证程度越高，对测试结果的可靠性要求越高，注册会计师实施的进一步审计程序的范围越大。

（三）控制测试

1. 控制测试的内涵

控制测试，是指用于评价内部控制在防止或发现并纠正认定层次重大错报方面的运行有效性的审计程序。

控制运行的有效性强调的是控制能够在各个不同时点按照既定设计得到一贯执行。了解控制时，注册会计师只需抽取少量的交易进行检查或观察某几个时点，以确定内部控制设计的合理性以及是否得到执行，但是在测试控制运行的有效性时，注册会计师需要抽取足够数量的交易进行检查或对多个不同时点进行观察。通过实施控制测试，注册会计师需要获得充分证据以表明：控制在所审计期间的相关时点是如何运行的；控制是否得到一贯执行；控制由谁或以何种方式执行。

测试控制运行的有效性与控制设计和确定控制是否得到执行所需获取的审计证据虽然存在差异，但两者也有联系。为评价控制设计和确定控制是否得到执行而实施的某些风险评估程序尽管并非专为控制测试设计的，但可能提供有关控制运行有效性的审计证据，注册会计师可以考虑在评价控制设计和获取其得到执行的审计证据的同时测试控制运行的有效性，以提高审计效率。同时，注册会计师应当考虑这些审计证据是否足以实现控制测试的目的。

2. 控制测试的要求

控制测试并非在任何情况下都需要实施。当存在下列情形时，注册会计师应当实施控制测试：在评估认定层次重大错报风险时，预期控制的运行是有效的；仅实施实质性程序不足以提供认定层次充分、适当的审计证据。如果认为仅实施实质性程序获取的审计证据无法将认定层次重大错报风险降至可接受的低水平，注册会计师应当实施相关的控制测试，以获取控制运行有效性的审计证据。

（四）实质性程序

实质性程序，是指用于发现认定层次重大错报的审计程序。实质性程序包括对各类交易、账户余额和披露的细节测试；实质性分析程序。由于注册会计师对重大错报风险的评估是一种判断，可能无法充分识别所有的重大错报风险，并且由于内部控制存在固有局限性，所以无论评估的重大错报风险结果如何，注册会计师都应当针对所有重大的各类交易、账户余额、列报实施实质性程序。

第 3 节　审计计划

审计计划包括总体审计策略和具体审计计划，在审计工作开展过程中，总体审计策略和具体审计计划可以根据实际情况进行调整。

一、总体审计策略

第 6 章第 3 节
即测即评

注册会计师应当制定总体审计策略，以确定审计范围，报告目标、时间安排及所需沟通的性质，审计方向，审计资源，并指导具体审计计划的制订。

（一）审计范围

在确定审计范围时，需要考虑具体事项的影响。例如，编制拟审计的财务信息所依据的财务报告编制基础，包括是否需要将财务信息调整至按照其他财务报告编制基础编制；特定行业的报告要求，如某些行业监管机构要求提交的报告；预期审计工作涵盖的范围，包括应涵盖的组成部分的数量及所在地点；母公司和集团组成部分之间存在的控制关系的性质，以确定如何编制合并财务报表；内部审计工作的可获得性及注册会计师拟信赖内部审计工作的程度；被审计单位使用服务机构的情况，以及注册会计师如何取得有关服务机构内部控制设计和运行有效性的证据；信息技术对审计程序的影响，包括数据的可获得性和对使用计算机辅助审计技术的预期；与被审计单位人员的时间协调和相关数据的可获得性等。

（二）报告目标、时间安排及所需沟通的性质

为计划报告目标、时间安排及所需沟通的性质，需要考虑被审计单位对外报告的时间表，包括中间阶段和最终阶段；与管理层和治理层举行会谈，讨论审计程序的性质、时间安排和范围；与管理层和治理层讨论注册会计师拟出具的报告类型和时间安排以及沟通的其他事项（口头或书面沟通），包括审计报告、管理建议书和向治理层通报的其他事项；与管理层就整个审计业务中审计工作的进展进行的沟通；项目组成员之间沟通的预期性质和时间安排，包括项目组会议的性质和时间安排，以及复核已执行工作的时间安排；预期是否需要和第三方进行其他沟通，包括与审计相关的法定或约定的报告责任等。

（三）审计方向

总体审计策略的制定应当考虑影响审计业务的重要因素，以确定项目组工作方向，包括确定适当的重要性水平，初步识别可能存在较高的重大错报风险的领域，初步识别重要的组成部分和账户余额，评价是否需要针对内部控制的有效性获取审计证据，识别被审计单位、所处行业、财务报告要求及其他相关方面最近发生的重大变化等。具体而言，需要重点考虑：

（1）重要性方面，包括为计划目的确定重要性，在审计过程中重新考虑重要性，

识别重要的组成部分和账户余额。

（2）重大错报风险较高的审计领域。评估的财务报表层次的重大错报风险对指导、监督及复核的影响。

（3）项目组人员的选择（在必要时包括项目质量控制复核人员）和工作分工，包括向重大错报风险较高的审计领域分派具备适当经验的人员。

（4）项目预算，包括考虑为重大错报风险可能较高的审计领域分配适当的工作时间，如何向项目组成员强调在收集和评价审计证据过程中保持职业怀疑的必要性。

（5）以往内部控制运行有效性进行评价的结果，包括所识别的控制缺陷的性质及应对措施。管理层重视设计和实施健全的内部控制的相关证据，包括这些内部控制得以适当记录的证据。

（6）重大变化，包括信息技术和业务流程的变化，关键管理人员的变化等；重大的行业发展情况，如行业法规变化和新的报告规定；会计准则及会计制度的变化。

（四）审计资源

注册会计师应当在总体审计策略中清楚地说明审计资源的规划和调配，包括确定执行审计业务所必需的审计资源的性质、时间安排和范围。向具体审计领域调配的资源，包括向高风险领域分派有适当经验的项目组成员，就复杂的问题利用专家工作等；向具体审计领域分配资源的多少，包括分派到重要地点进行存货监盘的项目组成员的人数，向高风险领域分配的审计时间预算等；何时调配这些资源，包括在期中审计阶段还是在关键的截止日期调配资源等；如何管理、指导、监督这些资源，包括预期何时召开项目组预备会和总结会，预期项目合伙人和经理如何进行复核，是否需要实施项目质量控制复核等。

二、具体审计计划

具体审计计划比总体审计策略更加详细，其内容包括为获取充分、适当的审计证据以将审计风险降至可接受的低水平；项目组成员拟实施的审计程序的性质、时间安排和范围。为获取充分、适当的审计证据，来确定审计程序的性质、时间安排和范围是具体审计计划的核心。

对审计程序的计划贯穿整个审计过程。例如，计划风险评估程序通常在审计开始阶段进行，计划进一步审计程序则需要依据风险评估程序的结果进行。因此，为达到制订具体审计计划的要求，注册会计师需要完成风险评估程序，识别和评估重大错报风险，并针对评估的认定层次的重大错报风险实施进一步审计程序。

注册会计师计划的进一步审计程序可以分为进一步审计程序的总体方案和拟实施的具体审计程序（包括进一步审计程序的性质、时间安排和范围）两个层次。进一步审计程序的总体方案主要是指注册会计师针对各类交易、账户余额和披露决定采用的总体方案（包括实质性方案和综合性方案）。具体审计程序则是对进一步审计程序的总体方案的延伸和细化，它通常包括控制测试和实质性程序的性质、时间安排和范围。在实务中，注册会计师通常单独制定一套包括这些具体程序的“进一步审计程序表”，待具体实施审计程序时，注册会计师将基于所计划的具体审计程序，进一步记录所实施的审计程序及结果，并最终形成有关进一步审计程序的审计工作底稿。完整、详细的进一步审计程序的计划包括对各类交易、账户余额和披露实施的具体审计程序的性质、时间安排和范围，包括抽取的样本量等。

第 4 节　大数据时代的审计风险评估与应对

在大数据时代，通过大数据分析产生的高风险业务领域和薄弱控制点预警信息线索，可以提升审计风险导向定位恰当性，提高审计计划对重点风险环节、重点风险业务的覆盖面和预判准确性，避免了审计资源错配现象，提高了审计效率。

一、大数据时代的风险评估

第 6 章第 4 节
即测即评

传统审计中抽样的运用影响了审计合理保证的程度，而大数据技术为全样本审计给予了技术支撑，降低了审计人员因抽样带来的审计风险。无论是被审计单位的业务流程，还是管理控制的过程，都可以数据化，审计人员若能依据全部的数据样本，立足总体样本的审计，就可以节省人力成本、时间成本，也可以减少审计风险。新技术的应用，给审计人员带来了新的风险，如数据操纵风险、网络安全风险、数据质量风险等。

风险评估是注册会计师开展审计的基础性工作，传统审计通常应用的审计程序为观察、检查、询问、分析等，注册会计师将这些审计程序结合起来，对企业风险管理内部控制和治理程序进行评价，进而提出建议。审计工作涉及的内容较多，任何一个环节出错，都可能加剧审计风险，审计人员只有全面分析，准确把握风险点或风险源，才能保证风险评估的有效性。大数据在风险评估程序应用时，可以通过信息手段合法获取中国证监会、银行、生产部门、人事部门、客户的会计系统记录和业务活动与外部机构的联系等方面的信息，扩大审计样本的采集，实现定性与定量相结合的模式，将审计风险控制在可接受的范围内。审计人员通过获取宏观和微观的企业相关信息，进行横向与纵向对比，建立数据库，观察相关经营成果和绩效情况，分析相关市场变化，及时分析和处理，形成对风险的持续、动态的评估审查，最终对各种风险进行积极的应对（见图 6－1）。

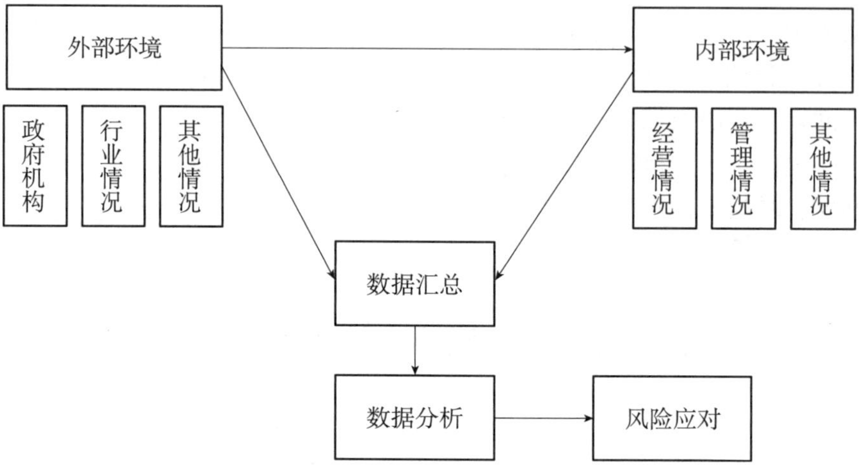

图 6－1　审计数据来源图

在大数据时代，会计师事务所可对接外部的上市公司财务数据库和行业分析资料库，将各行业或产业的财务或非财务数据进行搜集和汇总，建立自己的数据库和数据分析模型，并且将其与被审计单位数据进行对比分析，从而发现异常。此外，大数据审计可以更为广泛地分析非财务信息，甚至可以从电子邮件、新闻报道或社交媒体上截取与被审计单位相关的非财务信息，进而从人力资源、供销关系、内部控制等多方面分析其财务报告错报风险。大数据审计在识别高风险账户、财务造假、企业经营持续性等核心业务中具有强大的风险挖掘和提示作用。

例如，大数据情感分析可以在风险评估中加以应用。文本中的"乐观"或者"悲观"语调往往被文本使用者视为一种"软信息"。正如表达技巧中所言"重要的不是你讲了什么，而是你怎么讲"。词典法是衡量文本情感最通用的一种方法，基于已有的"情感词典"，即可衡量文本中正面、负面词语的相对差异。比如采用致同会计师事务所分别对国华网安和津膜科技的 2021 年审计报告作为文本分析的材料，分析其情感差异，由此揭示致同会计师事务所对不同公司的审计态度。

首先，读入需要分析的材料，以及使用的"情感词典"，如知网情感词典 HowNet（见图 6－2）。分别定义统计文本正面、负面词汇的个数的函数，调用函数即可计算文本的情感倾向（见图 6－3）。即使审计报告中较少的掺杂情感信息，通过分析后依然可以发现，审计报告 1 比审计报告 2 的语调更加正面（见表 6－1）。

```
pos = open(posPath, encoding='utf-8').readlines()
neg = open(negPath, encoding='utf-8').readlines()
```

图 6－2　读入“情感词典”

```
def posi(text):
    num = 0
    words = jieba.lcut(text)
    for word in words:
        if word in pos:
            num+=1
    return num
print('posNum:',posi(text))
```

```
def negs(text):
    num = 0
    words = jieba.lcut(text)
    for word in words:
        if word in neg:
            num+=1
    return num
print('negNum:',negs(text))
```

图 6－3　计算文本的情感倾向

表 6－1　审计报告情感统计

	总词数	正面词汇数	负面词汇数	情感得分（(正面－负面)/总词数）
审计报告 1	6 838	818	732	0.012 6
审计报告 2	5 361	660	632	0.000 5

二、大数据时代的内部控制风险

在大数据时代，内部控制的内容或形式会发生变化，但内部控制目标未变。随着被审计单位业务流程逐渐由线下转到线上，通过流程挖掘技术，全面分析企业的业务流程，对交易过程进行细节分析和关系映射，列示所有业务流程中风险控制点，从而识别出主要风险控制点和控制缺陷。例如，对于收付款模块，可以利用大数据查看后附的银行回单及审批单；依据抽样审计方法，计算机可以筛选出申请人、复核人，与人员权限进行比对，查看是否有超越审批权限或者审批不到位的现象。自动比对审批时间与银行资金划拨时间，并将结果显示在特定的表中。根据异常情况，有效分析每笔收付款是否得到有效审批运用，大数据审计技术可以保留审计轨迹，将抽样结果以电子文档形式保存下来。大数据技术可以更好地捕捉企业内控控制的制定和执行情况，从而提高审计效率，降低审计成本。例如，在存在海量交易数据的客户审计中，更依赖对 IT 系统的控制测试，甚至需要以控制测试为主而不是以细节测试为主。

案　例

大数据技术在风险识别中的运用

大数据技术可以帮助审计师获取第三方大数据平台中关于被审计单位的海量数据，数据分为两类：一类是外部信息，即宏观政策、法律法规、监管环境；另一类是企业自身相关信息，包括经营信息和关联方信息。本案例以四环生物为例探讨网络爬虫技术在风险评估中的运用。

一、设计爬虫审计模块

1. 外部模块

外部模块设计定位四环生物所处行业为生物制药行业，对其行业特点和近年来行业整体发展状况进行信息获取，进一步对行业背景、行业环境进行针对性的大数据收集，并提取相关信息进行归纳分析。对涉及行业政策、法律、监督等信息进行收集，分析外部监管环境变化对行业产生的影响。

2. 内部模块

内部模块主要考虑四环生物经营信息和关联方信息。信息来源于第三方，但属于反映企业生产经营的非结构化信息，包括企业面临的各种诉讼、子公司的抵押或者股权交易、管理层的频繁变更、大众对企业的评价、关联企业的相关信息等。

二、网络爬虫程序运行

对设计好的网络爬虫模块，运用网络爬虫技术进行数据挖掘。基于 Python 平台，在查询企业代码，确定核心关联词“四环生物”，然后在国内最大搜索引擎中快速获取全部相关信息，收集的网络数据包含四环生物 2011—2020 年的全部数据。

1. 实施同行业数据挖掘

对四环生物 2015—2021 年的企业相关政策信息、法律法规信息、生物制品行业（四环生物所处行业）等外部信息进行网络数据爬取，总体挖掘的网络数据如图 6-4 所示。

2. 四环生物经营数据挖掘

首先选择“四环生物”、关联公司名称等关键词进行网络数据爬取，然后对挖掘到的数据进行分类筛选（见图 6-5），特别是对传统审计风险评估程序推测的四环生物存在年度报告披露的实际控制人信息存在虚假记载、关联方交易等问题进行重点筛查，对审计风险做进一步控制。

3. 关联公司经营数据挖掘

通过对四环生物的年报分析，发现其下辖有新疆爱迪新能源科技有限公司、江苏阳光置业有限公司等，总公司常常利用子公司进行利润转移，所以此次对四环生物最主要的两个关联方子公司进行网络爬虫数据挖掘，对其结果进行分析。2011—2021 年江苏阳光置业有限公司数据挖掘结果如图 6-6 所示。

图6-4 公司网络数据挖掘

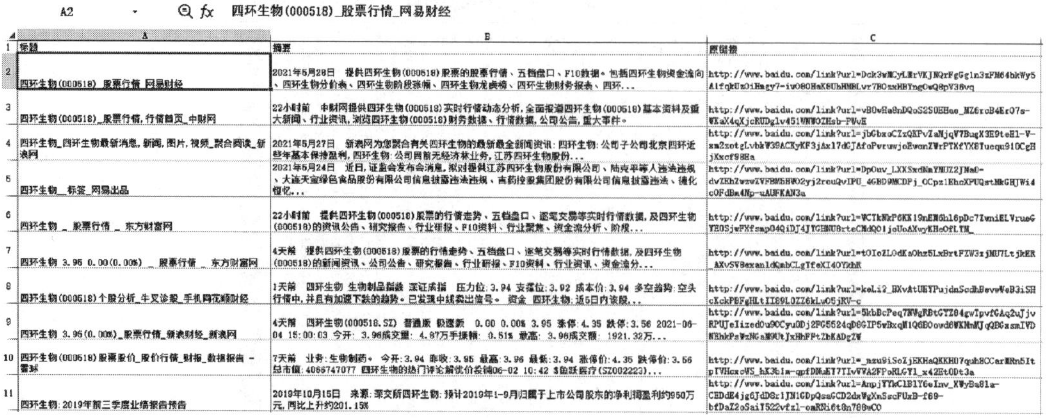

图 6－5　数据分类筛选

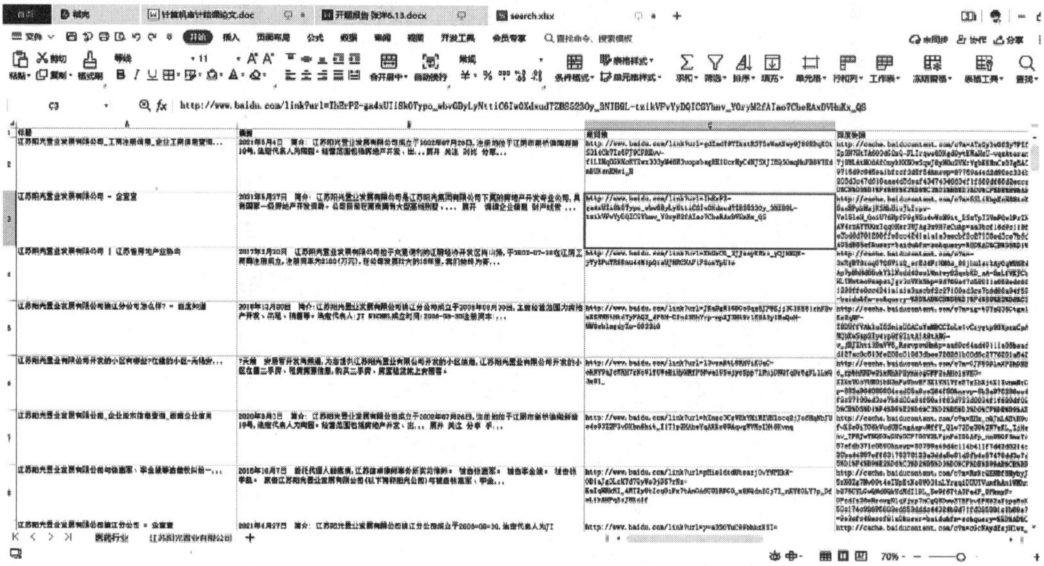

图 6－6　数据挖掘结果

三、网络爬虫数据挖掘结果分析

1. 同行业数据挖掘结果分析

首先，对四环生物同行业信息进行数据挖掘，获得了四环生物 2011—2020 年的收入情况，并与同行业平均收入水平进行了比较（见图 6－7）。然后，筛选获得了 2014 年四环生物交易信息，了解到 2014 年 6 月四环生物股票存在异常大额交易，5 日内资金净流入 5 410.22 万元，占总成交金额的 28.21%，高于行业平均收入水平 384.85 万元。对比 2013 年和 2015 年四环生物主营业务的增长情况可以发现，四环生物有利用关联方交易虚增营业收入，以避免连续三年亏损强制退市的风险。大数据网络爬虫技术扩大了审计范围，对全年交易信息、外部披露事项以及同行业资料数据对比，进行进一步分析评估。通过此类分析可以判断四环生物的风险系数偏高，应对其收入与利润项实施实质性程序。

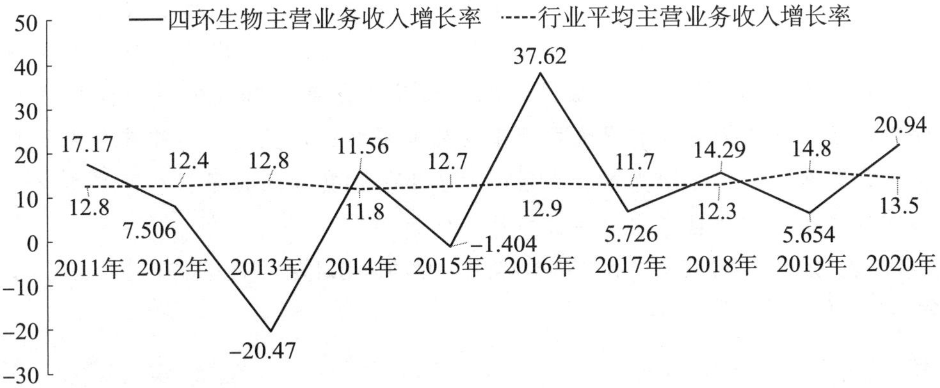

图6-7　四环生物与同行业平均收入水平的对比

2. 四环生物经营数据挖掘结果分析

在大数据网络爬虫技术发掘的非结构化数据中，分析发现四环生物存在大股东操纵上市公司过度投资、侵占公司利益的情况。具体审计证据如下：四环生物及其子公司于2011年6月合计耗资2.4亿元，获得新疆爱迪新能源科技有限公司70.97%股份，试图转型新能源领域。然而2015年底，爱迪股权又以1 100万元折价卖出，四环生物转型宣告失败。传统审计结合网络爬虫技术，获得了主要的审计证据，对四环生物2012—2020年年度营业收入和净利润进行可视化分析（见图6-8），就可以识别相应审计风险。

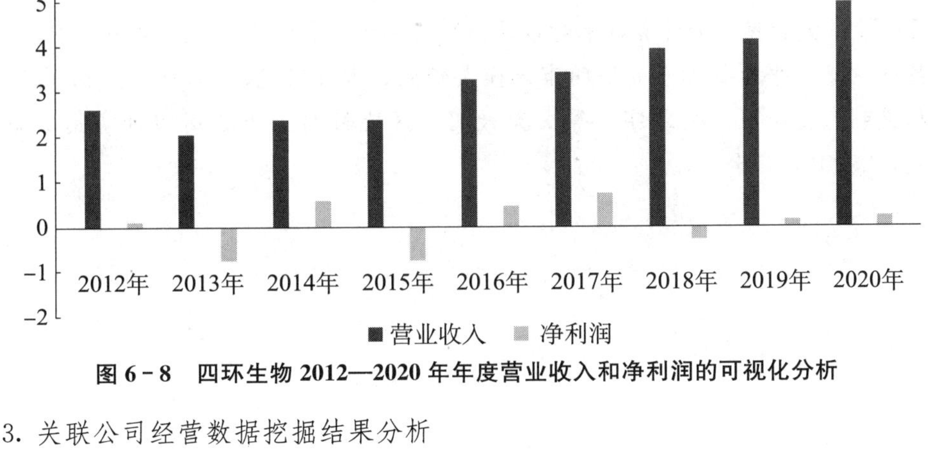

图6-8　四环生物2012—2020年年度营业收入和净利润的可视化分析

3. 关联公司经营数据挖掘结果分析

通过大数据网络爬虫的数据挖掘，此次通过构建四环生物2014—2016年年度营业收入与主营业务收入的横向对比，发现：其一，四环生物可能存在利用关联方交易虚增利润，以避免连续亏损强制退市的风险；其二，在网络爬虫及获取的结果中，分析了其子公司新疆爱迪新能源科技有限公司存在关联方交易，存在大股东侵占上市公司资产的风险。网络爬虫审计证据包括：(1) 在房地产项目的网络大数据爬取信息中，与关联方公司江苏阳光置业有限公司签订了总价超过 5 000 万元的购房合同，交易事项未在当年财务报告中恰当披露。(2) 江苏阳光置业有限公司内部知情人士表示，陆某确为江苏阳光置业有限公司董事长陆某平之子，王某明为江苏阳光置业有限公司董事，孙某帆是江苏阳光置业有限公司董事长陈某芬的儿子。在网络爬虫技术的支持下，可以认定该项目存在关联方交易的问题。

资料来源：张洋．网络爬虫技术在审计风险控制中的运用研究：以江苏四环生物为例．国际商务财会，2022 (2)，62－66，94.

▶思考

1. 网络爬虫技术除了风险评估，还可以应用在哪些方面？
2. 审计风险评估中为什么需要扩大关注视野？

// 思考题 //

1. 重要性的含义是什么？
2. 如何利用大数据技术降低审计风险？

// 研究型学习与延伸阅读 //

[1] 崔春．大数据助推审计基本理论问题发展探讨：基于区块链技术．经济体制改革，2018(3)：85－90.
[2] 陈剑，肖勇波，朱斌．大数据视角下的采购风险评估：基于某服务采购企业的案例分析．系统工程理论与实践，2021，41(3)：596－612.
[3] 秦荣生．大数据、云计算技术对审计的影响研究．审计研究，2014(6)：23－28.
[4] 魏祥健．云平台架构下的协同审计模式研究．审计研究，2014(6)：29－35.
[5] 杨德明，夏小燕，金淞宇，等．大数据、区块链与上市公司审计费用．审计研究，2020(4)：68－79.

// 第 7 章 //

审计程序

素养提升

● 专业素养——掌握审计程序的专业知识，形成对审计方法和技术的专业认知；提升专业胜任能力和实践能力，能充分挖掘审计对象中隐藏的问题；能灵活运用各种审计方法和技术的能力，系统开展审计工作。

● 思政素养——塑造工匠精神、精益求精的态度，运用多元化的审计方法，以保证高水平的审计质量；从对专业问题的思辨中增强创新意识，以高质量审计工作服务经济高质量发展。

学习目标

● 了解审计程序的种类。
● 掌握函证的应用，如函证决策、形式及实施，特别是函证形式的应用。
● 了解存货监盘的总体要求和目的，熟悉存货监盘计划、程序和计价测试。
● 掌握分析程序的应用，如在风险评估、实质性分析程序和总体复核中的应用。
● 了解在大数据环境下，技术对审计程序、审计取证及审计质量的影响。

导　言

本章介绍了审计程序的种类、函证的应用、存货监盘、分析程序的应用、大数据时代的审计程序等内容。

第 7 章思维导图

第1节　审计程序的种类

注册会计师为获取审计证据的审计程序包括检查、观察、询问、函证、重新计算、重新执行和分析程序。

一、检查

检查是对被审计单位内部或外部生成的，以纸质、电子或其他介质形式存在的记录或文件进行审查，或对资产进行实物审查。

第7章第1节
即测即评

检查记录或文件的目的是对财务报表所包含或应包含的信息进行验证，在风险评估程序、控制测试和实质性程序中均可适用。

检查实物资产是指注册会计师对资产实物进行审查，主要用于实质性程序，一般不会用于风险评估程序和控制测试。检查有形资产可为其存在性提供可靠的审计证据，也可以认定资产数量和规格，而且在某些情况下，它还是评价资产状况和质量的一种有用方法，但是不一定能够为权利和义务或计价认定提供可靠的审计证据，要验证存在的资产确实为审计单位所有以及列报金额估价准确，检查有形资产获取的证据本身并不充分，还需要利用其他审计程序。

二、观察

观察是查看相关人员正在从事的活动或实施的程序。观察提供的审计证据仅限于观察发生的时点，而且被观察人员的行为可能因被观察而受到影响，也会限制观察提供的审计证据。因此，在采用观察程序获取审计证据的时候要警惕其本身固有的局限性。

三、询问

询问是以书面或口头方式，向被审计单位内部或外部的知情人员获取财务和非财务信息，并对答复进行评价的过程。询问通常不足以发现认定层次存在的重大错报，也不足以测试内部控制运行的有效性，应当配合实施其他审计程序。

四、函证

函证是直接从第三方（被询证者）获取书面答复以作为审计证据的过程，书面答复可以采用纸质、电子或其他介质等形式。当针对的是特定账户余额及相关认定时，函证常常是相关的程序。但是，函证不仅适用于账户余额，还适用于被审计单位与第三方之间的协议和交易条款。

五、重新计算

重新计算是以人工方式或使用计算机辅助审计技术，对记录或文件中的数据计算的准确性进行核对。重新计算通常包括计算销售发票和存货的总金额，加总日记账和明细账，检查折旧费用和预付费用的计算，检查应纳税额等。

六、重新执行

重新执行是指注册会计师独立执行原本作为被审计单位内部控制组成部分的程序或控制。

七、分析程序

分析程序是通过分析不同财务数据、非财务数据之间的内在关系，对财务信息作出评价。同时，进一步核实识别出的、与其他相关信息不一致或与期望值差异较大的波动或关系。

第 2 节　函证的应用

一、函证决策

（一）函证决策的影响因素

第 7 章第 2 节
即测即评

在作出函证决策时，主要考虑以下因素：

1. 评估的认定层次重大错报风险

询证函回函属于外部审计证据，比被审

计单位内部生成的审计证据更可靠。评估的认定层次重大错报风险水平越高，通过实质性程序获取的审计证据的相关性和可靠性的要求就越高。如果认为某项风险属于特别风险，会计师事务所需要考虑是否通过函证特定事项以降低检查风险。例如，异常或复杂的交易可能导致更高的错报风险，除了检查被审计单位持有的文件凭证外，可能还需要考虑是否向交易对方函证交易的真实性和详细条款。

2. 函证程序与认定

函证程序针对不同的认定，所获取审计证据的证明力是不同的。比如，应收账款函证，可以为应收账款的存在认定、权利和义务认定提供相关可靠的审计证据，不能为应收账款的计价和分摊认定（坏账准备计提）提供证据。为了获取应付账款完整性认定的审计证据，需要获取无重大未记录负债的证据，相应地，向被审计单位主要供应商函证，即使记录显示应付金额为零，相对于选择大金额的应付账款进行函证更有效。

3. 其他审计程序

其他审计程序是指除函证以外的其他审计程序。例如，为了查找财务报表日未入账的应付账款，通过函证程序很难实现，应当实施函证以外的审计程序。为确定函证的内容、范围、时间和方式，应当考虑被审计单位的经营环境、内部控制的有效性、账户或交易的性质、被询证者处理询证函的习惯做法及回函的可能性等。

此外，为确定是否选择函证程序作为实质性程序，可以考虑：被询证者对函证事项的了解程度；预期被询证者回复询证函的能力或意愿；被询证者的担心或顾虑；预期被询证者的客观性，若是关联方，则其回复的可靠性会降低等。

（二）管理层要求不实施函证时的考虑

如果管理层不允许寄发询证函，会计师事务所应当询问管理层不允许寄发询证函的原因，并就其正当性及合理性收集审计证据；评价对评估的相关重大错报风险（包括舞弊风险），以及其他审计程序的性质、时间安排和范围的影响；实施替代程序，以获取相关、可靠的审计证据。如果认为管理层不允许寄发询证函的原因不合理，或实施替代程序无法获取相关、可靠的审计证据，应当与治理层进行沟通，同时考虑管理层是否诚信；考虑是否可能存在重大的舞弊或错误，确定其对审计工作和审计意见的影响。

二、函证形式

函证分为积极式函证和消极式函证两种形式，可分开或结合使用。

（一）积极式函证

积极式函证是指要求被询证者直接向会计师事务所回复，表明是否同意询证函所列示的信息，或填列所要求的信息的一种询证方式。积极式函证又分为两种：一种是在询证函中列明拟函证的具体信息，要求被询证者确认是否正确，其缺点是存在不验证就回函确认的可能。为了避免这种缺点，可采用另一种询证函，即在询证函中要求被询证者填写有关信息或提供进一步信息。在采取积极式函证时，只有收到回函才能为财务报表认定提供审计证据。如果没有收到回函，可能是由于被询证者根本不存在，或是由于被询证者没有收到询证函，也可能是由于询证者没有理会询证函。

（二）消极式函证

消极式函证是指要求被询证者只有在不同意询证函所列示的信息时才直接向会计师事务所回复的一种询证方式，又称否定式函证、反面式函证。对消极式函证而言，未收到回函并不能明确表明预期的被询证者已经收到询证函或已经核实了询证函中包含的信息的准确性。如果询证函中的信息对被询证者不利，则被询证者更有可能回函表示其不同意；相反，回函的可能性就会相对较小。例如，被审计单位的供应商如果认为询证函低估了被审计单位的应付账款余额，则其更有可能回函；如果高估了该余额，则回函的可能性很小。因此，会计师事务所在考虑这些余额是否可能被低估时，向供应商发出消极式函证可能是有用的程序，但是利用这种程序收集该余额高估的证据就未必有效。

当同时存在下列情况时，可考虑采用消极式函证：重大错报风险评估为低水平；涉及大量余额较小的账户；预期不存在大量的错误；没有理由相信被询证者不认真对待函证。

在实务中，会计师事务所可将这两种方式结合使用。以应收账款为例，当应收账款的余额是由少量的大额应收账款和大量的小额应收账款构成时，可以对所有的或抽取的大额应收账款样本项目采用积极式函证，而对抽取的小额应收账款样本项目采用消极式函证。

三、函证实施

（一）对函证过程的控制

当实施函证程序时，会计师事务所应当对询证函保持全过程控制，包括确定需要确认或填列的信息；选择适当的被询证者；设计询证函，包括正确填列被询证者的姓名和地址，以及被询证者直接向会计师事务所回函的地址等信息；发出询证函并予以跟进，必要时再次向被询证者寄发询证函。

1. 函证发出前的控制

在询证函发出前，需要恰当地设计询证函，并对询证函上的各项信息进行充分核对。发出前需要考虑：确保总体的完整性，选择恰当的方法以确定样本规模；核对需要询函信息是否与账簿及文件记录一致；需要银行确认的信息是否与对账单或其他文件信息一致；考虑被询证者对所函证信息是否知情、是否具有客观性、是否拥有回函的授权等；被询证者的单位名称、地址，与通过电话、网站等渠道获取的信息和被审计单位持有的相关信息中的对方单位名称、地址核对；确认回函方式。

2. 函证发出时的控制

（1）邮寄方式发函。为了避免询证函被拦截、篡改等舞弊风险，会计师事务所应当在核实被询证者的联系方式后自行独立寄发询证函，不使用被审计单位本身的邮寄方式或交由被审计单位代发。会计师事务所可以考虑在所发出的询证函上添加不易复制的特定标识，以便在收到回函时与会计师事务所事先留存的复印件或扫描件比对以辨别真伪。

（2）跟函方式发函。如果注册会计师认为跟函的方式（即注册会计师独自或在被审计单位员工的陪伴下亲自将询证函送至被询证者，在被询证者核对并确认回函后，亲自将回函带回的方式）能够获取可靠信息，那么可以采取该方式发送并收回询证函。如果被询证者同意注册会计师独自前往被询证者执行函证程序，那么注册会计师可以独自前往。如果注册会计师跟函时需有被审计单位员工陪伴，注册会计师需要在整个过程中保持对询证函的控制，同时对被审计单位和被询证者之间串通舞弊的风险保持警觉。

（二）不符事项

不符事项，是指被询证者提供的信息与询证函要求确认的信息不一致，或与被审计单位记录的信息不一致。不符事项可能显示财务报表存在错误或潜在错报，会计师事务所应当调查不符事项产生的原因，不符事项是否属于错报甚至是否属于舞弊。在审计抽样的情况下，还应当考虑函证测试未覆盖的剩余部分。

（三）未收到回函

未收到回函，是指被询证者对积极式函证未予回复或回复不完整，或询证函因未被送达而退回。在未收到回函的情况下，应当实施替代程序以获取相关、可靠的审计证据。如果在合理的时间内未收到回函，可以联系被询证者予以跟进，必要时再次发出询证函，以及可能准备实施替代程序。在某些情况下，取得积极式函证回函可能是获取充分、适当的审计证据的必要程序，替代程序不能提供所需要的审计证据，这些情况可能包括：获取的佐证即管理层认定的信息只能从被审计单位外部获取；存在特定舞弊风险因素等。在这些情况下，如果未取得回函，应当确定其对审计工作和审计意见的影响。

第 3 节　存货监盘

在实施审计程序时，需要对被审计单位的相关资产进行监盘，通常包括对存货、库存现金、固定资产等资产进行监盘。

一、存货监盘的总体要求和目的

（一）存货监盘的总体要求

第 7 章第 3 节
即测即评

如果存货对财务报表是重要的，注册会计师应当对存货的存在和状况获取充分、适当的审计证据；在存货盘点现场实施监盘（除非不可行）；对期末存货记录实施审计程序，以确定是否准确反映实际的存货盘点结果。

（二）存货监盘的目的

存货监盘的目的是获取有关存货数量和状况的审计证据，主要是存货的存在认定，对存货的完整性认定以及准确性、计价和分摊认定提供部分审计证据。此外，注册会计师还可能在存货监盘中获取有关存货所有权的部分审计证据，例如，监盘发现某些存货已经被法院查封，其所有权可能受到限制。尽管实施存货监盘，获取有关期末存货数量和状况的充分、适当的审计证据是注册会计师的责任，但这并不能取代被审计单位管理层定期盘点存货、合理确定存货的数量和状况的责任。管理层通常制定程序，对存货每年至少进行一次实物盘点，以作为编制财务报表的基础，并用以确定被审计单位永续盘存制的可靠性（如适用）。

二、存货监盘计划

（一）制订存货监盘计划的要求

注册会计师应当充分了解被审计单位存货的特点、盘存制度和存货内部控制的有效性等情况，并考虑获取、审阅和评价被审计单位预定的盘点程序，在此基础上制订存货监盘计划。为了避免误解并有效地实施存货监盘，注册会计师通常需要与被审计单位就存货监盘问题达成一致意见。

（二）制订存货监盘计划

注册会计师在制订存货监盘计划时应考虑与存货相关的重大错报风险、与存货相关的内部控制的性质、存货盘点程序、存货盘点的时间安排、存货盘存制度、专家协助监盘等。

1. 与存货相关的重大错报风险

存货通常具有较高水平的重大错报风险，影响因素包括：存货的数量和种类；成本归集的难易程度；陈旧过时的速度或易损坏程度；遭受失窃的难易程度等。此外，外部因素也会对重大错报风险产生影响，例如，技术进步可能导致某些产品过时，存货价值易被高估。

2. 与存货相关的内部控制的性质

与存货相关的内部控制涉及被审计单位供、产、销各个环节，包括采购、验收、仓储、领用、加工、装运出库等方面。注册会计师需要根据以下情况考虑存货监盘计划的制订：所有交易都获授权与批准（采购相关），购货订购单预先连续编号、采购价格批准、定期清点购货订购单；所有收货都已记录（存货验收），独立设置具有验收存货实物、确定存货数量、编制验收报告、将验收报告传送至会计核算部门以及运送商品至仓库的部门；存货接触获批准（仓储相关），避免存货意外毁损、盗窃或破坏；存货领用均批准和记录（领用相关），存货领用单定期清点；生产均记录（加工或生产相关），生产报告对产品质量缺陷和零部件使用及报废情况及时作出说明；所有的装运都得到记录（装运出库相关），发运凭证预先编号，定期进行清点。

3. 存货盘点程序

评价被审计单位存货盘点程序是否能合理地确定存货的数量和状况，评价时考虑：盘点的时间安排；存货盘点范围和场所的确定；盘点人员的分工及胜任能力；盘点前的会议及任务布置；存货的整理和排列，对毁损、陈旧、过时、残次及所有权不属于被审计单位的存货的区分；存货的计量工具和计量方法；产品完工程度的确定方法；存放在外单位的存货的盘点安排；存货收发截止的控制；盘点期间存货移动的控制；盘点表单的设计；盘点结果的汇总以及盘盈或盘亏的分析、调查与处理等。如果认为被审计单位的存货盘点程序存在缺陷，注册会计师应当提请被审计单位调整。

4. 存货盘点的时间安排

如果存货盘点在财务报表日以外的其他日期进行，注册会计师除实施存货监盘相关审计程序外，还应当实施其他审计程序以获取审计证据，确定存货盘点日与财务报表日之间的存货变动是否已得到恰当的记录。

5. 存货盘存制度

按照存货数量，存货盘存制度一般可以分为实地盘存制和永续盘存制。如果被审计单位采用永续盘存制，那么注册会计师应在年度中一次或多次参加盘点；如果被审计单位采用实地盘存制，那么注册会计师要参加盘点。

6. 专家协助监盘

在确定资产数量或资产实物状况（如矿石堆），或在收集特殊类别存货（如艺术品、稀有玉石、房地产、电子器件、工程设计等）的审计证据时，注册会计师可以考虑利用专家的工作。

（三）存货监盘计划的内容

1. 存货监盘目标、范围及时间安排

存货监盘的主要目标包括获取被审计单位资产负债表日有关存货数量和状况以及有关管理层存货盘点程序可靠性的审计证据，检查存货的数量是否真实完整，是否归属于被审计单位，存货有无毁损、陈旧、过时、残次和短缺等状况。存货监盘范围的大小取决于存货的内容、性质以及与存货相关的内部控制的完善程度和重大错报风险的评估结果。存货监盘的时间，包括实地观察盘点现场的时间、观察存货盘点的时间和对已盘点存货实施检查的时间等，应当与被审计单位实施存货盘点的时间相协调。

2. 存货监盘的要点

存货监盘的要点主要包括实施存货监盘程序的方法、步骤，各个环节应注意的问题以及所要解决的问题，重点关注盘点期间的存货移动、存货的状况、存货的截止确认、存货的各个存放地点及金额等。

3. 存货监盘的人员

注册会计师应当根据被审计单位参加存货盘点人员分工、分组情况，存货监盘工作量的大小和人员素质情况，确定参加存货监盘的人员以及各组成人员的职责和具体的分工情况，并加强督导。

4. 抽盘存货的范围

在实施观察程序后，如果认为被审计单位内部控制设计良好且得到有效实施，存货监盘组织良好，可以相应缩小实施抽盘的范围。

三、存货监盘程序

（一）评价管理层指令和程序

注册会计师需要考虑：适当控制活动的运用；准确认定产品的完工程度，流动缓慢（呆滞）、过时或毁损的存货项目，以及第三方拥有的存货；在适用的情况下用于估计存货数量的方法；对存货在不同存放地点之间的移动以及截止日前后出入库的控制。除此之外，注册会计师还应考虑无法停止移动的存货。一般而言，被审计单位在盘点过程中停止生产并关闭存货存放地点以确保停止存货的移动，有利于保证监盘的准确性。在特定情况下，被审计单位可能由于实际原因无法停止生产或收发货物。在这种情况下，注册会计师可以根据被审计单位的具体情况考虑其无法停止存货移动的原因及合理性。

（二）观察管理层盘点执行情况

观察管理层盘点执行情况有助于注册会计师获取有关管理层指令和程序是否得到适当设计和执行的审计证据。尽管在盘点存货时最好能保持存货不发生移动，但在某些情况下存货的移动是难以避免的。如果在盘点过程中被审计单位的生产经营仍将持续进行，注册会计师应通过实施必要的检查程序，确定被审计单位是否已经对此设置了相应的控制程序，确保在适当的期间内对存货作出准确记录。获取有关截止性信息（如存货移动的具体情况）的复印件，有助于对存货移动的会计处理实施审计程序。

（三）检查存货

在存货监盘过程中检查存货，虽然不一定能确定存货的所有权，但有助于确定存货的存在，以及识别过时、毁损或陈旧的存货。注册会计师应当把所有过时、毁损或陈旧存货的详细情况记录下来，这既有利于进一步追查这些存货的处置情况，也能为测试被审计单位存货跌价准备计提的准确性提供证据。如果由第三方保管或控制的存货对财务报表是重要的，注册会计师应当：（1）向持有被审计单位存货的第三方函证存货的数量和状况。（2）实施检查或其他适合具体情况的审计程序，如安排其他注册会计师实施对第三方的存货监盘；获取其他注册会计师或服务机构注册会计师针对用以保证存货得到恰当盘点和保管的内部控制的适当性而出具的报告；检查与第三方持有的存货相关的文件记录，如仓储单；当存货被作为抵押品时，要求其他机构或人员进行确认；考虑由第三方保管存货的合理性，检查被审计单位和第三方所签署的存货保管协议的相关条款、复核被审计单位调查及评价第三方工作的程序等。

（四）执行抽盘

（1）双向抽盘。在对存货盘点结果进行测试时，注册会计师可以从存货盘点记录中选取项目追查至存货实物（存在认定），以及从存货实物中选取项目追查至盘点记录（完整性认定），以获取有关盘点记录的审计证据。

（2）避免被审计单位事先了解抽盘范围。注册会计师应当尽可能避免让被审计单位事先了解将抽盘的存货项目。

（3）获取存货盘点记录的复印件。除记录注册会计师对存货盘点结果进行的测试情况外，获取管理层完成的存货盘点记录的复印件也有助于注册会计师日后实施审计程序，以确定被审计单位的期末存货记录是否准确地反映了存货实际盘点结果。

（4）实施抽盘程序时发现差异。抽盘时发现差异，可能表明存货盘点在准确性或完整性方面存在错误。由于是已盘点存货中的一部分，差异很可能意味着存货盘点还存在着其他错误。一方面，应查明抽盘差异的原因，并及时提请被审计单位更正；另一方面，应考虑错误的潜在范围和重大程度，确认是否需要扩大检查范围以减少错误的发生。另外，也可要求被审计单位重新盘点。

（五）存货监盘结束

（1）在存货盘点结束前，注册会计师应当根据盘点现场，确定盘点范围的存货是否均已盘点。取得并检查盘点表单的号码记录，确定其是否连续编号、是否完整。此外，注册会计师对存货盘点结果汇总记录进行复核和评价。

（2）存货盘点日不是资产负债表日的处理。在实务中，注册会计师可以结合盘点日至财务报表日之间间隔期的长短、相关内部控制的有效性等因素进行风险评估，设计和执行适当的审计程序。注册会计师可以实施的程序包括：实地查看，比较盘点日和财务报表日之间的存货信息以识别异常项目；对存货周转率或存货销售周转天数等实施实质性分析程序；双向检查存货盘点日至财务报表日之间的存货采购和存货销售（例如，对存货采购，从入库单查至其相应的永续盘存记录及反向查看；对存货销售，从永续盘存记录查至相应货运单据及反向查看）；测试存货销售和采购在盘点日和财务报表日的截止是否正确。

四、存货计价测试

存货计价测试包括存货单位成本测试和存货跌价准备测试。

（一）存货单位成本测试

针对原材料的单位成本，注册会计师通常基于企业的原材料计价方法（如先进先出法、加权平均法等），结合原材料的历史购买成本，测试其账面成本是否正确，测试程序包括核对原材料采购的相关凭证（主要是与价格相关的凭证，如合同、采购订单、发票等）以及验证原材料计价方法的运用是否正确。

（二）存货跌价准备测试

存货跌价准备测试包括识别需要计提跌价准备的存货项目和检查可变现净值的计量是否合理。首先，识别需要计提跌价准备的存货项目。注册会计师可以通过询问管理层和相关部门（生产、仓储、财务、销售等）的员工，了解被审计单位如何收集有关滞销、过时、陈旧、毁损、残次存货的信息，并为之计提必要的跌价准备。例如，通过存货货龄分析，识别滞销或陈旧的存货。其次，结合存货监盘信息，判断存货跌价准备计算表是否遗漏，检查可变现净值的计量是否合理。

第4节　分析程序的应用

如果注册会计师识别到财务数据和非财务数据之间的不一致，即发现存在矛盾证据，则应当设计进一步审计程序。分析程序运用于风险评估、实质性分析程序和总体复核三个环节，每一个环节获取的审计证据的目的不同。在设计和实施实质性分析程序时，无论单独使用或与细节测试结合使用，注册会计师都应当：考虑针对所涉及认定评估的重大错报风险和实施的细节测试（如有），确定特定实质性分析程序对这些认定的适用性；考虑可获得信息的来源、可比性、性质和相关性以及与信息编制相关的控制，评价在对已记录的金额或比率作出预期时使用数据的可靠性；对已记录的金额或比率作出预期，并评价预期值是否足够精确以识别重大错报（包括单项重大错报和单项虽不重大但连同其他错报可能导致财务报表产生重大错报的错报）；确定已记录金额与预期值之间可接受的且无需作进一步调查的差异额。

第7章第4节
即测即评

一、风险评估中的应用

注册会计师在实施风险评估时，应当运用分析程序，以了解被审计单位及其环境，评估重大错报风险。在这个阶段运用分析程序是强制要求。

注册会计师应该识别那些可能表明财务报表存在重大错报风险的异常变化。应重点关注关键的账户余额、趋势和财务比率关系等方面，对其形成一个合理的预期，并与被审计单位记录的金额、依据记录金额计算的比率或趋势相比较。如果分析程序的结果显示的比率、比例或趋势与注册会计师对被审计单位及其环境的了解不一致，并且被审计单位管理层无法提出合理的解释，或者无法取得相关的支持性文件证据，那么注册会计师应当考虑其是否表明被审计单位的财务报表存在重大错报风险。

与实质性分析程序相比，在风险评估过程中使用分析程序所进行比较的性质、预期值的精确程度，以及所进行分析和调查的范围都不足以提供充分、适当的审计程序。注册会计师可以将分析程序与询问、检查和观察程序结合运用，以获取对被审计单位及其环境的了解，识别和评估财务报表层次及具体认定层次的重大错报风险。

二、实质性分析程序中的应用

分析程序也可以运用于实质性程序。当使用分析程序比细节测试更能有效地将认定层次的检查风险降至可接受的水平时，注册会计师可以考虑单独或结合细节测试运用实质性分析程序。在某些审计领域，实质性分析程序不仅仅是细节测试的一种补充，如果重大错报风险较低且数据之间具有稳定的预期关系，注册会计师可以单独使用实质性分析程序获取充分、适当的审计证据。分析程序的有效性在很大程度上取决于注册会计师形成的预期值的准确性。预期值的准确性越高，注册会计师通过分析程序获取的保证水平将越高。

三、总体复核中的应用

在审计结束或临近结束进行总体复核时，注册会计师应当运用分析程序来确定财务报表整体是否与其对被审计单位的了解一致，主要强调并解释财务报表项目发生的重大变化，以证实财务报表中列报的所有信息与注册会计师对被审计单位及其环境的了解一致，与注册会计师取得的审计证据一致。在总体复核阶段实施的分析程序往往集中在财务报表层次，并非为了对特定账户余额和披露提供实质性的保证。注册会计师在总体复核阶段运用分析程序是强制性要求。

第 5 节　大数据时代的审计程序

随着信息技术的日趋成熟，审计职业与大数据的融合逐渐深入，审计程序也深受其影响。

一、大数据技术对审计程序的影响

第 7 章第 5 节
即测即评

检查、观察、询问、函证等传统审计程序，基本以纸质材料为起点，从中发现审计疑点。随着大数据技术的发展，各行各业的数字化特征更明显，审计程序也受到大数据技术的影响。大数据技术创新了审计程序和方法。例如，在大数据背景下，函证信息获取方式得以创新，可以在授权的基础上直接从网络上访问相应的函证信息，以避免向第三方单位索取函证；信息检查方式得以创新，可以采用大数据技术直接在数据中发现疑点；基于大数据技术，可以直接了解资金运动轨迹，发现重大错报风险等。

二、大数据技术对审计取证的影响

在传统审计模式下，审计取证成本较高。现场审计时，审计人员需要花费大量的时间和精力，利用基础纸质资料进行抽样审计，用样本推断整体。在大数据背景下，审计取证工作开始从人工走向智能，以海量数据作为驱动力，以软件平台作为载体，利用大数据、云计算等技术进行审计取证。审计程序的实施以数据为基础，通过数据挖掘、分析、处理模型及工具等方法，极大地提高审计证据的充分性，降低审计取证的成本。审计取证以整体为基础，从整体角度发现局部难以发现的问题，保证审计证据的充分性和适当性。

三、大数据技术对审计质量的影响

利用大数据技术需要考虑其对审计质量带来的负面影响。由于被审计单位性质和特征差异巨大，通过数据技术获取的信息和数据对于经验不足的审计人员来说，可能难以进行有效甄别，这可能导致审计结果出现偏颇。信息化环境也使得被审计单位舞弊手段更加隐蔽，进而导致一些数据或信息难以追踪，审计也因此面临更大的风险，审计质量面临更大的挑战。此外，随着大数据技术的不断发展，对审计人员的要求也会更高，当审计人员的能力不能达到相关要求时，审计质量将难以保证。

案　例

浑水公司调查瑞幸咖啡的方法

一、案例背景

2020 年 2 月 1 日，著名调查机构浑水公司（以下简称“浑水”）公开了一份来由匿名人士提供的做空报告，这份长达 89 页的报告直指瑞幸咖啡正在捏造公司财务和运营数据。消息公布后，瑞幸咖啡股价直线下跌超过 20%。截至周五收盘，瑞幸咖啡股价跌幅缩窄至近 11%，报 32.49 美元/股。2019 年，瑞幸咖啡的直营门店数量高达 4 507 家，平均每月销售量为 2 760 万份。从海量的数字中发现线索从而定位虚增交易，依靠传统的审计方法和抽样方式显然力不从心，因此亟须审计思维的变革和审计方法的创新。

这份报告的形成不同于传统审计的调研思路和调研体系，调查内容涉及公司及关联方、供应商、客户、竞争对手、行业专家等多个主体。其动用了由92名全职和1 418名兼职员工组成的调研团队，对门店进行了长达11 260小时的录像监控，同时收集了25 000多张小票，以及结合大量内部微信聊天记录，从而形成结论。

二、抽样检测转为全量分析

瑞幸咖啡的定位是互联网咖啡，采用线上运营的推广模式，消费者通过小程序、App和美团平台，可以轻松便捷地利用第三方支付工具或咖啡钱包完成对咖啡的购买，因此对于瑞幸咖啡营业收入方面不仅可以查看财务报表，还可以结合线上数据进行审计。利用大数据及人工智能技术，通过对海量数据建模，高效地完成分析，并智能地进行异常行为预测和判断，再利用可视化、图形化方式进行展现。具体方法如下。

1. 实物验证法

浑水派出的人员通过观察到的数据来推算单个门店每天的订单数量：自提瑞幸咖啡产品的顾客数量＋配送人员取走的瑞幸咖啡纸袋数量＝单个门店每天的订单数量。“我们动员了92名全职人员和1 418名兼职人员在现场进行监控，成功记录了981家门店每日的客流量，覆盖了620家门店100%的营业时间。”“在我们追踪的981家门店中，我们的员工通常都坐在门店里，可以直接观察收款柜台的动向，在记录视频的同时，计算取走瑞幸咖啡产品的顾客数量。我们计算瑞幸咖啡纸袋的数量，知道每个外卖配送人员都可以一次接多个订单（一个订单可以包含多个纸袋，所以我们预估数量可能超过订单的数量）。顾客数量和配送人员取走纸袋的数量的总和可以很好地代表每天每家门店的订单总量。将订单数量乘以每个订单的商品数量1.14，就得到了要验证的关键指标——每家门店每天的销量。”这应该是审计方法中的“观察”，但是，比“观察”的标准要高得多。通过这个方法，浑水取得了瑞幸咖啡销售情况的第一手资料。

2. 票据核实法

在45个城市的2 213家门店中，从10 119位客户那里收集了25 843张客户收据。25 843张收据表示自取单和外卖单每个订单的商品数量分别为1.08和1.75，或综合1.14（置信度为99%）。这标志着单笔订单商品数从2018年第一季度的1.74下降到2019年第四季度的1.14。

App、微信等变成了获取信息的工具。“我们的追踪从2019年第四季度开始。为了比较我们的追踪结果和瑞幸咖啡第三季度的结果，我们使用瑞幸App的日活跃用户数（daily active user，DAU）作为同一时期每家门店每天订单的代理数量。虽然瑞幸咖啡只报告季度门店数量，但我们从瑞幸咖啡的微信官方账号发布的文章中得到了每周的门店数量（它每周发布新开门店的名单）。”“在我们的 2019 年第四季度到 2020 年 1 月的跟踪期间，瑞幸咖啡 App 每家门店的平均 DAU 为 590 人，而瑞幸咖啡 App 2019 年第三季度和第四季度每家门店的平均 DAU 比我们跟踪期间低 11%和 0。我们的跟踪结果很可能低估了 2019 年瑞幸咖啡第三季度和 2019 年第四季度每家店的日销售额。”App 和微信都是与目标单位业务相关的工具，此时也成了调查工具，调查人员通过这些工具搜集与销售情况相关的信息。

3. 对比分析

瑞幸咖啡报告称，2019 年第三季度的净销售价格为每件 11.2 元人民币。在 2019 年 11 月 13 日的财报电话会议上，瑞幸咖啡的 CFO 预估在 2019 年第四季度该价格会提高。但浑水收集的 25 843 张收据表明，净销售价格为 9.97 元，即所报告的数据膨胀率为 12.3%。

4. 下订单

下订单也成了调查的方法。“为了了解线上订单被夸大的规模，我们随机选取了 151 家线下跟踪店来跟踪其线上订单。我们在门店营业时间的开始和结束时分别下了一份订单，以获得当天在线订单数量。我们发现，同一家门店同一天的在线订单数量夸大范围为 34～232 个，相当于平均每天 106 个订单或 72%的平均线下订单量”。通过开始和结束的订单，推论出实际订单情况，从而发现数量夸大的情况。

资料来源：亚东．财务审计实务指南．北京：人民邮电出版社，2021；窦晓飞，李响．大数据审计视角下的瑞幸咖啡案例研究．中国管理信息化，2021，24（18）：57－58.

▶思考

1. 在大数据背景下，传统审计程序面临的冲击包括哪些？
2. 审计如何应对新技术的冲击？
3. 上市公司审计时如何进行重大错报风险评估？

// 思考题 //

1. 函证的应用包括哪些？
2. 存货监盘的目的是什么？
3. 存货监盘程序包括哪些？
4. 分析程序包括哪几个环节？

// 研究型学习与延伸阅读 //

[1] 程平，詹凯棋．基于 RPA 的初步分析性程序审计机器人研究．财会月刊，2021(9)：99－104.
[2] 邓晓岚，余远剑，茅金焰，等．领导干部自然资源资产离任审计的大数据技术应用研究．审计研究，2020(5)：19－29.

[3] 秦荣生．大数据、云计算技术对审计的影响研究．审计研究，2014(6)：23－28.
[4] 徐超，陈勇．大数据技术与方法在审计监督中的应用研究．数量经济技术经济研究，2021，38(5)：135－153.
[5] 徐超，陈勇．区块链技术下的审计方法研究．审计研究，2020(3)：20－28.
[6] 阳杰，应里孟．审计大数据分析人才需求及其培养：基于CDIO理念的模式建构．财会月刊，2019(4)：108－119.

// 第8章 //

审计证据与工作底稿

素养提升

● 专业素养——掌握审计证据与工作底稿的专业知识，形成对审计依据的专业认知；提升语言表达、文字写作和团队协作能力，以形成专业的结论；提升运用专业工作获取信息、分析问题和解决问题的能力；结合大数据、人工智能、区块链等技术，形成批判性思维和创新思维，具有一定的科学研究能力。

● 思政素养——在收集、分析审计证据过程中"辩证唯物主义""实事求是"相结合，透过现象看本质；结合审计证据特征，塑造在获取和分析审计时审计人员应具备的工匠精神和质疑精神，明白审计工作记录是审计证据的载体，以严谨、实事求是的态度来编制审计工作底稿，获取充分适当的审计证据，具有良好的职业操守和独立的审计精神。

学习目标

● 了解审计证据的定义与分类，掌握审计证据的特征，了解不同审计模式阶段对审计证据的要求。

● 掌握审计工作底稿的形式、内容、编制。

● 了解大数据时代审计证据与工作底稿的相关内容。

导　言

审计证据与工作底稿可以明确注册会计师在审计中的责任，也是判断审计质量的重要依据。本章介绍了审计证据、审计工作底稿、大数据时代审计证据与工作底稿等内容。

第 8 章思维导图

第 1 节　审计证据

一、审计证据的定义与分类

（一）审计证据的定义

审计证据，是指注册会计师为了得出审计结论和形成审计意见而使用的信息。审计证据包括构成财务报表基础的会计记录所含有的信息和从其他来源获取的信息，其他来源获取信息包括被审计单位的会议记录、内部控制手册、公司章程、聘请专家、管理层声明等非会计信息。审计证据是注册会计师在执行财务报表审计过程中获得的，只要与形成审计意见有关，都可以作为审计证据。

第 8 章第 1 节
即测即评

审计证据是审计的核心概念，是评价审计事项的事实依据，也是做出审计决定的基础，所有审计结论必须以审计证据为基础。如何获取充分、适当的审计证据是执行审计业务的关键。

（二）审计证据的分类

1. 根据形态分类

根据形态不同，可以分为实物证据、书面证据、口头证据和环境证据。实物证据是指审计人员通过实际观察、实地盘点等方法确定某些实物资产存在性的证据，主要应用于现金、有价证券、存货、固定资产等。书面证据既包括会计方面的证据，例如原始凭证等，也包括一些非会计方面的记录，例如会议记录等。口头证据证明力较弱，主要包括对被审计单位相关人员询问问题整理回答得到的证据。环境证据包括外部的经济环境、监管环境，以及被审计单位的内部状况等。环境证据一般不作为主要证据，但它可以帮助审计人员了解被审计单位和审计事项所处的环境。

2. 根据来源分类

根据来源不同，可以分为外部证据和内部证据。外部证据是指审计人员从其他单位取得的证明审计事项的凭证、账目、报表、合同、文件等。外部证据可以分为未经过被审计单位的外部证据和经过被审计单位的外部证据。在评价经过被审计单位的外部证据时，应该关注被审计单位对其进行伪造、变造的可能性和难易程度等。内部证据是指产生于被审计单位内部的审计证据，例如被审计单位提供的各类会计凭证、会计账簿、其他单位填制的书面资料（填制的发票、收据、对账单等）。内部证据包括经过外部流转的内部证据和不经过外部流转的内部证据。经过外部流转的内部证据可靠性较强，不经过外部流转的内部证据可靠性取决于被审计单位内部控制的强弱。一般而言，内部证据的可靠性不如外部证据。

3. 根据证明力分类

根据证明力不同，可以分为直接证据和间接证据。直接证据对被审计事项具有直接证明力，能单独、直接证明被审计事项的资料和事实，即直接证据。间接证据是指与被审计事项相关但是不能直接用来证明被审计事项的证据，即辅助证据。根据证据所提供的逻辑，可将其划分为正面证据和反面证据。注册会计师决定是否需要对现有证据进行完善，或者在综合评价审计证据时，需要考虑证据的证明力的大小；按照证据的证明力可以划分为充分证明力、部分证明力和无证明力等类型。

二、审计证据的特征

审计证据的充分性和适当性是审计证据的两个基本特征。

（一）审计证据的充分性

审计证据的充分性，是对审计证据数量的衡量，主要与样本量有关，样本量越大，获取的证据越充分。注册会计师需要获取的审计证据的数量受其对重大错报风险评估的影响，并受审计证据质量的影响（见表 8-1）。如果审计证据的质量存在缺陷，注册会计师仅靠获取更多的审计证据数量可能无法弥补其质量上的缺陷。

表 8-1　审计证据充分性的影响因素

影响因素		所需审计证据的数量
重大错报风险的评估	评估的风险水平高	可能较多
	评估的风险水平低	可能较少
审计证据质量	质量高	可能较少
	质量低	可能较多
样本量	样本大	较多
	样本小	较少

（二）审计证据的适当性

审计证据的适当性，是对审计证据质量的衡量，即审计证据在支持审计意见所依据的结论方面具有的相关性和可靠性。

1. 审计证据的相关性

审计证据的相关性是指用作审计证据的信息与审计程序的目的和所考虑的相关认定之间的逻辑联系。由证到账的顺查，适用于完整性认定的错报，不适用于存在或发生认定的错报；由账到证的逆查，适用于存在或发生认定的错报，不适用于完整性认定的错报。特定的审计程序可能只为某些认定提供相关的审计证据，而与其他认定无关；有关某一特定认定（如存货的存在认定）的审计证据，不能替代与其他认定（如该存货的计价和分摊认定）相关的审计证据。不同来源或不同性质的审计证据可能与同一认定相关。

2. 审计证据的可靠性

审计证据的可靠性是指证据的可信程度，受审计证据来源和性质的影响，并取决于获取审计证据的具体环境。各种证据可靠性强弱比较如下：书面证据强于口头证据；直接获取的审计证据比间接获取或推论得出的审计证据更可靠；从外部独立来源获取的审计证据比从内部获取的审计证据更可靠；注册会计师自行获得的证据强于客户提供的证据；内部控制有效时内部生成的审计证据比内部控制薄弱时内部生成的审计证据更可靠；不同来源或者不同性质的证据能相互印证时，证明力更强。表 8-2 列示了不同审计证据的可靠性比较。值得注意的是，审计工作通常不涉及鉴定文件记录的真伪，但是应当考虑用作审计证据的信息的可靠性，并考虑与这些信息生成与维护相关的控制的有效性。

表 8-2　不同审计证据的可靠性比较

可靠性较强	可靠性较弱
书面证据	口头证据
外部证据	内部证据
内部控制有效	内部控制薄弱
直接获取的证据	间接获取的证据
自行获得的证据	客户提供的证据

（三）审计证据的充分性与适当性的关系

审计证据的充分性与适当性之间的关系密切相关。充分且适当的审计证据才有证明力。充分性与适当性是审计证据的两个基本特征，两者缺一不可，只有充分且适当的审计证据才是有证明力的；审计证据的适当性会影响审计证据的充分性。审计证据质量越高，需要的审计证据数量可能越少；审计证据的质量缺陷无法通过数量来弥补。

三、审计模式与审计证据

不同审计模式阶段，审计证据在获取方法、内容与种类等方面具有不同特点。

1. 账项基础审计模式阶段

审计的主要工作是围绕财务记录产生的过程进行的，主要是采取详细审计的方式进行取证。此阶段由于企业规模较小，业务量较少，审计证据全部或者大部分来源于被审计单位内部，注册会计师只要对被审计单位提供的资料进行审查或者询问就可以取得充分、适当的审计证据，包括原始凭证、记账凭证、会计账簿、会计报表等会计记录，种类较为单一，以被审计单位的书面记录为主，辅以少数的口头证据。

2. 制度基础审计模式阶段

伴随企业规模扩大，审计证据的来源范围更广。审计证据除了被审计单位内部的会计资料之外，还包括其他信息，如被审计单位的内部控制有效性相关信息、被审计单位的会议记录等。这一阶段，审计证据开始注重环境证据的搜集。

3. 风险导向审计模式阶段

随着经济的发展，审计风险的迅速扩大，审计中关注的重点变为企业的战略及其实施风险。此阶段采用内外结合的方法搜集审计证据，审计证据包括相关法律、政策或监管环境，与被审计单位相关的第三方以及被审计单位的内部控制制度、企业战略、会计资料以及其他信息等。

第2节　审计工作底稿

一、审计工作底稿的定义与目的

（一）审计工作底稿的定义

审计工作底稿，是指注册会计师对制订的审计计划、实施的审计程序、获取的审计证据，以及得出的审计结论作出的记录。审计工作底稿是审计证据的载体，是审计过程中形成的审计工作记录和获取的资料，可作为审计过程和结果的书面证明，也是形成

第8章第2节
即测即评

审计结论的依据。审计工作底稿记录着审计工作的过程和痕迹，是审计成果的客观体现，审计工作过程中实施的审计程序、获取的证据以及审计结论等进行系统的收集、记录、归类、整理并形成审计工作底稿，作为审计工作档案保存下来。

从承接审计业务开始，在审计计划阶段、审计实施阶段、审计完成阶段，任何一个环节都会形成一系列的审计工作底稿。具体来说，在审计计划阶段，获得被审计单位基本状况、营业执照、政府批文、合同章程和协议、董事会会议纪要等，由注册会计师编制的调查表、审计风险与重要性评价初步评估资料、审计计划、审计程序表、分析性测试表以及审计业务约定书等；在审计实施阶段，针对内部控制测试的程序和结果、交易和金额进行实质性测试的询证函、项目明细表、实物资产盘点表或调节表、分析性测试表、项目差异调整表、调整分录汇总表、试算平衡表、重分类分录汇总表、项目审定表等；在审计完成阶段，期后事项审核表、管理当局声明书、律师声明书、审计报告、已审会计报表等。审计工作底稿可以由注册会计师根据有关资料进行计算、判断以后编制，也可以由被审计单位或者第三方提供并经过注册会计师亲自审核后直接形成。

（二）审计工作底稿的目的

编制审计工作底稿的目的是：提供适当、充分的记录，作为审计报告的基础；提供证据，证明其按照规定执行了审计工作；有助于项目组计划和实施审计工作；有助于项目组的指导、监督与复核审计工作；为以后的审计提供相关资料；便于有经验的注册会计师根据适当的法律法规或其他要求实施外部检查。

二、审计工作底稿的分类

审计工作底稿可以分为综合类工作底稿、业务类工作底稿以及备查类工作底稿。

（一）综合类工作底稿

综合类工作底稿，是指审计人员在审计计划阶段和审计报告阶段为规划、控制和总结整个审计工作并发表审计意见所形成的工作底稿。它主要包括：审计业务约定书、审计计划、审计总结、未审会计报表、试算平衡表、审计差异调整汇总表、审计报告、管理建议书、被审计单位管理当局声明书以及注册会计师对整个审计工作进行组织管理的所有记录和资料。

（二）业务类工作底稿

业务类工作底稿，是指注册会计师在审计实施阶段为执行具体审计程序所形成的审计工作底稿。它包括符合性测试中形成的内部控制问题调查表和流程图、实质性测试中形成的项目明细表、资产盘点表或调节表、询证函、分析测试表、计价测试记录、截止测试记录等。

（三）备查类工作底稿

备查类工作底稿，是指注册会计师在审计过程中形成的、对审计工作仅具有备查作用的审计工作底稿。主要包括：被审计单位的设立批准证书、营业执照、合营合同、协议、章程、组织机构及管理人员结构图、董事会会议纪要、重要经济合同、相关内部控制制度、验资报告的复印件或摘录。备查类工作底稿随被审计单位有关情况的变化而不断更新，应详细列明目录清单，并将更新的文件资料随时归档。

注册会计师在将上述资料归为备查类工作底稿的同时，还应根据需要将其中与具体审计项目有关的内容复印、摘录归入业务类工作底稿的具体审计项目之后。通常情况下，备查类工作底稿是由被审计单位或第三方根据实际情况提供或代为编制，因此注册会计师应认真审核，并对所取得的有关文件、资料标明其具体来源。

三、审计工作底稿的形式、内容与编制

（一）审计工作底稿的形式

审计工作底稿以纸质、电子和其他介质形式存在。随着信息技术的广泛运用，审计工作底稿的形式由传统的纸质形式拓展到电子和其他介质形式。无论审计工作底稿存在于哪种形式，会计师事务所都应当针对审计工作底稿的设计和实施实现下列目的：使审计工作底稿清晰地显示其生成、修改及复核的时间和人员；在审计业务的所有阶段，尤其是在项目组成员共享信息或通过互联网将信息传递给其他人员时，保护信息的完整性；防止未经授权改动审计工作底稿；允许项目组和其他经授权的人员为适当履行职责而接触审计工作底稿。在实务中，为便于复核，注册会计师可以将以电子或其他介质形式存在的审计工作底稿通过打印等方式，转换成纸质形式的审计工作底稿，并与其他纸质形式的审计工作底稿一并归档，同时，单独保存这些以电子或其他介质形式存在的审计工作底稿。

（二）审计工作底稿的内容

一般情况下，审计工作底稿的具体内容包括总体审计策略、具体审计计划、分析表、问题备忘录、重大事项、询证函回函、管理层声明书、核对表、业务约定书、管理建议书、项目组会议记录、有关重大事项的往来函件（包括电子邮件）、对被审计单位文件记录的摘要或复印件、项目组内部或项目组与被审计单位举行的会议记录等，审计工作底稿不包含已被取代的审计工作底稿的草稿和财务报表的草稿、不全面或初步思考的记录、存在印刷错误或其他错误而作废的文本、重复的文件记录等。

其中，分析表是指对被审计单位财务信息执行分析程序的记录。例如，记录对被审计单位本年度月收入与上一年度的同期数据进行比较的情况，记录对差异的分析等。问题备忘录是指对某一事项或问题的概要的汇总记录。在问题备忘录中，注册会计师通常记录该事项或问题的基本情况、执行的审计程序或具体审计步骤，以及得出的审计结论。例如，有关存货监盘程序或审计过程中发现问题的备忘录。核对表是指会计师事务所内部使用的、为便于核对某些特定审计工作或程序的完成情况的表格。

在记录已实施审计程序的性质、时间安排和范围时，注册会计师应当记录：测试的具体项目；事项的识别特征；审计工作的执行人员及完成审计工作的日期；审计工作的复核人员及复核的日期和范围。

（三）审计工作底稿的编制

1. 审计工作底稿的要素

审计工作底稿的要素包括：标题；被审计单位名称；审计项目名称；审计项目时点或期间；审计过程记录；审计结论；审计标识及其说明；索引号及编号；编制者姓名及编制日期；复核者姓名及复核日期；其他应说明事项。

其中，审计结论是注册会计师需要根据所实施的审计程序及获取的审计证据得出结论，并以此作为对财务报表形成审计意见的基础。审计标识及其说明是审计工作底稿中可使用的各种审计标识，应说明其含义，保持前后一致。索引号及编号是审计工作底稿需要注明的索引号及顺序编号，相关审计工作底稿之间需要保持清晰的钩稽关系。索引号是指注册会计师为了便于审计工作底稿的分类、归类和引用，对于某一审计事项的审计工作底稿以固定的标记和编码加以表示所产生的一种特定符号。

在审计过程中，要注意重大事项及相关重大职业判断和具体项目或事项的识别特征。注册会计师应当根据具体情况判断某一事项是否属于重大事项。重大事项通常包括：引起特别风险的事项；实施审计程序的结果，该结果表明财务信息可能存在重大错报，或需要修正以前对重大错报风险的评估和针对这些风险拟采用的应对措施；导致注册会计师难以实施必要审计程序的情形；导致出具非无保留意见或带强调事项段的审计报告的事项。

2. 审计工作底稿编制的总体要求

审计工作底稿应当使得未曾接触该项审计工作的、有经验的专业人士清楚了解审计程序、审计证据与审计结论三个方面的内容，具体而言：按照审计准则和相关法律法规的规定实施的审计程序的性质、时间安排和范围；实施审计程序的结果和获取的审计证据；审计中遇到的重大事项和得出的结论，以及在得出结论时作出的重大职业判断。

有经验的专业人士，是指会计师事务所内部或外部的具有审计实务经验，并且对下列方面有合理了解的人士：审计过程；审计准则和相关法律法规的规定；被审计单位所处的经营环境；与被审计单位所处行业相关的会计和审计问题。

3. 审计工作底稿编制的基本要求

审计工作底稿作为注册会计师在整个审计过程中形成的审计工作记录资料，在编制上应满足以下两个方面的要求：其一，在内容上应做到资料翔实、重点突出、繁简得当、结论明确；其二，在形式上应做到要素齐全、格式规范、标识一致、记录清晰。具体包括：记录在审计工作底稿上的各类资料来源要真实可靠，内容完整；审计工作底稿应力求反映对审计结论有重大影响的内容；审计工作底稿应当根据记录内容的不同，对重要内容详细记录，对一般内容简单记录；按审计程序对审计项目实施审计后，注册会计师应在审计工作底稿中对该审计项目明确表达其最终的专业判断意见；构成审计工作底稿的基本内容应全部包括在内；审计工作底稿所采用的格式应规范、简洁，虽然审计准则未对审计工作底稿格式做出规范设计，但有关审计工作底稿的执业规范指南给出了参考格式；审计符号的含义应前后一致，并明确反映在审计工作底稿上；审计工作底稿上记录的内容要连贯，文字要端正，计算要准确。

四、审计工作底稿的归档

对每项具体审计业务，审计人员应当将审计工作底稿归整为审计档案。在审计报告日后将审计工作底稿归整为最终审计档案是一项事务性工作，不涉及实施新的审计程序或得出新的结论。

（一）审计工作底稿的变动

如果在归档期间对审计工作底稿做出的变动属于事务性的工作，那么注册会计师可以做出变动，包括删除或废弃被取代的审计工作底稿；对审计工作底稿进行分类、整理和交叉索引；对审计档案规整工作的完成核对表签字认可；记录在审计报告日前获取的、与项目组相关成员进行讨论并达成一致意见的审计证据。在归档期后对审计工作底稿变动的两种情形包括：一是注册会计师已实施了必要的审计程序，取得了充分、适当的审计证据并得出了恰当的审计结论，但审计工作底稿的记录不够充分；二是审计报告日后，发现例外情况要求注册会计师实施新的或追加审计程序，或导致注册会计师得出新的结论。无论修改或增加审计工作底稿的性质如何，注册会计师均应当记录：修改或增加审计工作底稿的理由；修改或增加审计工作底稿的时间和人员，以及复核的时间和人员。审计工作底稿的变动需要严格区分为归档期间的变动和归档期后的变动，这种变动属于性质完全不同的内容。

（二）审计工作底稿归档的期限

《质量控制准则第 5101 号——会计师事务所对执行财务报表审计和审阅、其他鉴证和相关服务业务实施的质量控制》要求会计师事务所制定有关及时完成最终业务档案归整工作的政策和程序。审计工作底稿的归档期限为审计报告日后 60 天内。如果注册会计师未能完成审计业务，审计工作底稿的归档期限为审计业务中止后的 60 天内。如果针对客户的同一财务信息执行不同的委托业务，出具两个或多个不同的报告，会计师事务所应当将其视为不同的业务，根据会计师事务所内部制定的政策和程序，在规定的归档期限内分别将审计工作底稿归整为最终审计档案。

（三）审计工作底稿的保管

对审计工作底稿的分类整理和汇集归档构成审计工作底稿整理工作的全部内容。审计档案是注册会计师在规划审计工作、实施审计程序、发表审计意见和签署审计报告过程中形成的工作底稿记录，并综合整理分类后形成的档案资料。

审计工作底稿按照一定的标准归入审计档案后，应交由会计师事务所档案管理部门进行管理。会计师事务所应建立审计档案保管制度，以确保审计档案的安全、完整。会计师事务所应当自审计报告日起，对审计工作底稿至少保存 10 年。如果注册会计师未能完成审计业务，会计师事务所应当自审计业务中止日起，对审计工作底稿至少保存 10 年。在完成最终审计档案的归整工作后，注册会计师不应在规定的保存期限届满前删除或废弃任何性质的审计工作底稿。

第 3 节　大数据时代审计证据与工作底稿

在大数据时代，数据是基础，审计证据及其取证等都发生了一定程度的改变。新技术的有效应用可以极大地降低数据的采集成本、存储成本、传递成本以及整合处理成本，同时各项工作的实效性以及精准性也会得到极大的提升。

第 8 章第 3 节
即测即评

大数据环境使审计证据的数量增多。在大数据的背景下，财务系统、业务系统中的各种财务数据、业务数据、各种基础信息数据不再孤立存在，审计人员运用大数据技术，将表面看似相对独立的财务数据、业务数据、各种基础信息数据等汇入数据分析平台，发现数据之间的关联，形成审计证据，以此为基础的审计证据的数量也会呈现爆炸式增长。例如，审计物流企业过程中搜集审计证据时可将视频信息纳入其中，通过观察视频针对货品出入库情况进行取证，用以审计入库单的存在性、真实性；应用射频识别（RFID）对物流企业存货量进行取证，明确存货管理成本；应用全球定位系统（GPS）对货品运输信息进行收集处理，实现发出信息取证目标。

在大数据环境下，传统审计证据的取证形式将受到冲击。审计环境将产生更多的无纸化数据，注册会计师在搜集审计证据的时候，获得的审计证据将会以“无形证据”的形式出现。审计取证对象的载体已经由传统纸质账簿、凭证逐渐转换为电子数据信息等，发现问题的方式由观察、调阅等过渡到数据库查询、信息比对等，大数据专属的采集方法极大地融入审计取证方式。大数据贯穿审计的全过程，数据实时产生，审计证据实时获取可以实现。

在大数据时代，虽然审计证据来源更广，审计证据获取难度、质量保证方面也面临挑战。大数据技术所提供的多样且实时变化的数据信息使得审计证据质量难以保证。在传统审计方式下，审计人员基于因果关系搜集审计证据，而大数据技术使得数据分析更多地倾向于相关关系，审计人员从依据因果关系搜集和发现审计证据，转变为利用相关关系来搜集和发现审计证据。因此，审计人员应当更加有针对性地收集和分析大数据，减少误差，增强审计证据的适当性。

在大数据时代，审计工作底稿呈现出新的表现形式。随着大数据技术的发展，电子化、信息化工作底稿已经普遍得到应用。相比于传统的审计工作底稿而言，电子化工作底稿可以通过网络的传输实现共享，方便会计师事务所质量部门、项目经理和审计部门等人员进行检查，大大提高了审计工作底稿的质量，同时可以更方便会计师事务所审计人员共享资料。

数据成为推动经济发展的关键生产要素。2021 年 4 月，《注册会计师行业信息化建设规划（2021—2025 年）》提出行业信息化未来五年的建设目标为“标准化、数字化、网络化、智能化”。2023 年 3 月，中国注册会计师协会发布《注册会计师审计数据规范 公共基础》《注册会计师审计数据规范 总账》《注册会计师审计数据规范 销售》和《注册会计师审计数据规范 银行流水》等 4 项注册会计师审计数据规范。为推动构建行业数据标准体系，2023 年 12 月，中国注册会计师协会印发了《行业管理服务数据规范 注册管理》。

案 例

大数据技术在亚太实业审计中的应用

2016 年 2 月，中国证监会发布信息公布了关于处理海南亚太实业发展股份有限公司（以下简称“亚太实业”）信息披露违规行为的结果。亚太实业 2010—2012 年财务报告由国富浩华会计师事务所出具，2013—2014 年财务报告由瑞华会计师事务所（以下简称“瑞华”）出具，两家会计师事务所均出具无保留意见审计报告。2017 年 1 月，中国证监会发布对瑞华及亚太实业 2013 年度审计报告签字注册会计师“中国证监会行政处罚决定书”。

在亚太实业审计失败的案例中，瑞华根据亚太实业提供的相关资料认定其重要性水平仅为 120 万元，没有正确评估审计风险，进而导致了审计失败。采用网络爬虫技术从政策环境、行业环境、经营环境、关联方交易等方面对亚太实业 2009—2016 年的互联网数据进行挖掘，并分析相关信息对判别企业财务状况的作用，可以为评估审计风险提供支撑。

一、利用网络爬虫技术获取亚太实业审计数据的过程

利用基于 Python 语言的 Anaconda 软件平台来收集和挖掘亚太实业的网络数据。设计了两套爬虫代码，抓取互联网大数据中包含亚太实业 2009—2016 年的所有信息。一套代码主要用于挖掘与亚太实业有关的政策数据、行业数据以及经营数据。在分析过程中，发现亚太实业与关联公司兰州同创嘉业房地产开发有限公司（以下简称“同创嘉业”）存在大量交易，因此，设计了另一套代码来挖掘亚太实业旗下关联子公司大数据信息。测试中筛除所有广告以及垃圾网站，剩余有效信息共计 758 条数据，Excel 输出结果 76 页，获得政策数据测试结果 14 条，行业数据测试结果 34 条，经营数据测试结果 125 条。关联方数据测试中，发现亚太实业与同创嘉业在 2009—2016 年数据测试结果 139 条，筛选审计证据 5 条。政策数据、行业数据以及经营数据爬虫运行代码如图 8-1 所示，关联方数据爬虫运行代码见图 8-2。

```
import requests
from bs4 import BeautifulSoup
import pandas as pd
import time
from tqdm import tqdm

class Baidu(object):
    def __init__(self):
        self.headers = {

'Accept':'text/html,application/xhtml+xml,application/xml;q=0.9,image/webp,image/apng,*/*;q=0.8'
,
'Accept-Encoding':'gzip, deflate',
'Accept-Language':'zh-CN,zh;q=0.9',
'Cache-Control':'max-age=0',
'Connection':'keep-alive',
'Host':'www.baidu.com',
'Upgrade-Insecure-Requests':'1',
'User-Agent':'Mozilla/5.0 (Windows NT 10.0; WOW64) AppleWebKit/537.36 (KHTML, like Gecko)
Chrome/63.0.3239.132 Safari/537.36'
        }
        self.titles = []
        self.links = []
        self.contents = []
```

图 8-1　政策数据、行业数据以及经营数据爬虫运行代码

```
    def spider(self,text):
        sp = BeautifulSoup(text,'lxml')
        divs = sp.find_all('div',class_='result c-container')
        for div in divs:
            title = div.find('h3').text.strip()
            link = div.find('h3').find('a')['href']
            content = div.find('div',class_='c-abstract').text.strip()

    def save_to_file(self):
        df = pd.DataFrame([self.titles,self.links,self.contents])
        df = df.T
        df.columns = ['标题','链接','内容']
        df.to_excel('亚太实业.xlsx',index=None)

baidu = Baidu()
for i in tqdm(range(76)):
    time.sleep(3)
    url                                                                                              =
'http://www.baidu.com/s?wd=%E4%BA%9A%E5%A4%AA%E5%AE%9E%E4%B8%9A&pn='+str(i*10)+'
&oq=%E4%BA%9A%E5%A4%AA%E5%AE%9E%E4%B8%9A&ie=utf-8&gpc=stf%3D1230739200%2C145
1491200%7Cstftype%3D2&tfflag=1'
    text = baidu.download(url)
    baidu.spider(text)
baidu.save_to_file()
```

图 8－2　关联方数据爬虫运行代码

运用网络爬虫技术在互联网搜索到的 2009—2015 年亚太实业相关的信息（亚太实业财务舞弊时间为 2009—2015 年）如图 8－3 所示。

亚太实业:对公司具有重大影响事项的提示性公告_亚太孚	http://www	2015年11月19日 - 20,431,612.00元,导致同创嘉业2013年虚减营业收入9,741,483.00元。因亚太实业持有同创嘉:
相股识图_镜泉水_淘股吧	http://www	2009年10月20日 - 7月29日,*ST联油公告称,公司已实施《兰州亚太工贸集团有限公司债务代偿方案》和《兰州亚太
ST亚太:关于控股子公司签订工程施工、工程委托监理合	http://www	2014年11月13日 - 一、合同风险提示 1、2010 年3月27日,本公司控股子公司兰州同创嘉业房地产开发有限公司(下
ST亚太:关于控股子公司签订工程施工、工程委托监理合	http://www	2011年8月27日 - 一、合同风险提示 1、2010 年3月27日,本公司控股子公司兰州同创嘉业房地产开发有限公司 (下
兰州中院_标签_网易财经	http://www	2010年5月27日 - 网易财经5月27日讯 据深圳交易所公告称,兰州亚太收到兰州市中院于2010年5月20日的裁定,兰州
ST亚太:2009年年度报告 2010-04-28 - 道客巴巴	http://www	2014年12月17日 - 同创嘉业本年度为公司造成了 19.87 万元的亏损。 海南亚太实业发展股份有限公司 2009 年年
海南联合油脂科技发展股份有限公司第五届董事会2009年	http://www	2009年7月29日 - 8、评审基准日:指对同创嘉业公司帐面资产和负债进行评审的基准日期,即2009年6月30日。 9、i
海南亚太实业发展股份有限公司 - 道客巴巴	http://www	2015年3月27日 - 同创嘉业 指 兰州同创嘉业房地产开发有限公司 天津绿源 指 天津市绿源生态能源有限公司 济南
综述:7月6日深市上市公司公告早间快递_网易财经	http://www	2010年7月6日 - 2010年7月2日,*ST亚太控股子公司兰州同创嘉业房地产开发有限公司收到天津市第二中级人民法院
海南联合油脂科技发展股份有限公司第五届董事会2009年	http://www	2009年7月29日 - 8、评审基准日:指对同创嘉业公司帐面资产和负债进行评审的基准日期,即2009年6月30日。 9、i
海南联合油脂科技发展股份有限公司第五届董事会2009年	http://www	2009年7月29日 - 8、评审基准日:指对同创嘉业公司帐面资产和负债进行评审的基准日期,即2009年6月30日。 9、i
海南联合油脂科技发展股份有限公司第五届董事会2009年	http://www	2009年7月29日 - 8、评审基准日:指对同创嘉业公司帐面资产和负债进行评审的基准日期,即2009年6月30日。 9、i
海南亚太实业发展股份有限公司2009年年度报告摘要_财	http://www	2010年4月28日 - (5)2009 年9 月3 日,公司与兰州亚太在兰州市工商行政管理局办理了兰州亚太持有兰州同创嘉业
(05/26)晚间沪深上市公司重大事项公告最新快递 _ 东フ	http://www	2010年5月26日 - (000691)*ST亚太公布诉讼公告:2010年3月19日至2010年4月21日,兰州亚太工贸集团有限公司分
05月26晚间证券信息快报 - 谈股论金 - 华声论坛	http://www	2010年5月26日 - ★中财网讯:(000691)*ST亚太公布诉讼公告:2010年3月19日至2010年4月21日,兰州亚太工贸集团
[中报]亚太实业:2013年半年度报告- CFI.CN 中财网	http://www	2013年8月9日 - 对兰州同创嘉业 价值人民币 13422689.10 元的 股权查封是上年 度查封逾期后的 再次查封,该
[转载]关注一只潜在黄金概念股_飞雪_新浪博客	http://www	2011年6月21日 - 亚太工贸通过受让第一大股东北京大市百分百股权及其他方式增持公司股份成为实际控制人,亚太
股海导航 9月11日沪深股市公告提示_网易财经	http://www	2014年9月11日 - 2009年9月3日,兰州亚太工贸集团有限公司持有的兰州同创嘉业房地产开发有限公司的股权过户手

图 8－3　运用网络爬虫技术在互联网搜索到的 2009—2015 年亚太实业相关的信息

搜索到的结果主要包括主题、链接、信息来源的时间、信息主要内容，审计师可以根据时间或内容吻合度分类，对结果进行筛查，对有疑问的审计证据进行提取分析，右侧的审计内容主要是方便审计人员更进一步了解该主题内容，链接是该来源的具体网页，审计人员可以随意调取并保存至网络爬虫的数据库，保存的内容可以直接用 Excel 导出，大大提升审计人员的效率，方便审计人员进行审计程序。

二、审计数据分析

1. 政策环境与行业环境分析

利用网络爬虫技术获取的政策和行业测试数据表明，2010—2015 年我国房地产行业受到了宏观调控的影响，房地产企业的整体利润水平基本上是下降和持平的，而亚太实业的房地产收入与行业的收入趋势相反并且变化幅度较大。如果注册会计师能根据这一矛盾证据，对风险进行重新评估，进一步调整实质性审计程序，提高识别出营业收入的概率，有可能就会减少审计失败发生的可能性。

2. 经营环境分析

在爬取亚太实业信息的过程中，发现其为控股公司天津绿源提供金额为 1 980 万元和 4 480 万元的两笔连带担保责任商业贷款，这两笔贷款均已逾期且银行予以追偿。亚太实业在 2008 年对这两笔贷款计提对应的预计负债共计 2 000 万元，但是根据借款协议，如果最终承担的债务超过 2 000 万元，则超额部分的债务由亚太实业代为支付。2014 年，天津绿源清算流程结束，天津市西青区人民法院的民事裁决书显示，天津绿源尚未清偿的贷款共计 4 844.11 万元，根据协议，亚太实业应承担连带赔偿责任，但是亚太实业并没有按照会计准则继续计提减值准备。虽然该项担保事项没有成为亚太实业审计失败的原因，但是注册会计师在得知这一情况后应提高审计风险评估。2016 年 4 月，亚太实业发布公告声称对天津绿源诉讼事项全额计提预计负债并相应调整 2014 年年度会计报表。按照谨慎性原则，在 2014 年亚太实业就应该对该事项计提预计负债。

除了为天津绿源提供担保引发诉讼外，2010 年 5 月和讯新闻报道了《为 300 余万“反目” *ST 亚太被父算计“新生活”落空》、2012 年杭州新闻网报道了《亚太实业历史遗留问题如一团乱麻 涉矿消息真假难辨》。这些报道从不同的角度对亚太实业经营情况进行了评价，认为企业存在较大的经营风险。若注册会计师在对亚太公司进行审计时注意到这些信息，重新进行实质性测试，也许审计失败就不会发生。

3. 关联方交易分析

对亚太实业关联方企业爬取的 139 条数据进行分析发现，5 条信息包含重要关联企业同创嘉业的未决诉讼内容。未决诉讼为劳务合同纠纷，原告李某某 2014 年 10 月 2 日完成全部永登亚太玫瑰园 A03 号楼工程施工任务，甘肃第四建设集团有限责任公司第三建安公司拖欠 27 万元的劳务费。故原告诉至法院要求同创嘉业作为相关责任方支付赔偿款。同创嘉业在辩护中说与被告甘肃第四建设集团有限责任公司之间就该工程签订了合同，但是因为工程还未验收，没有达到付款条件。但亚太实业 2014 年年报披露永登亚太玫瑰园 A03 号楼已经完工并验收合格，确认了收入。中国证监会在对亚太实业调查过程中发现，2015 年 6 月 11 日，A03 号楼尚未取得竣工验收备案表。如果注册会计师在审计过程中能够获知未决诉讼的信息，就会提高识别审计风险的有效性，通过实质性测试程序正确判断该事项是否存在舞弊行为。

资料来源：王秋菲，栾丹，张洛迪．网络爬虫技术获取审计证据的应用研究：以亚太实业审计为例．会计之友，2020（17）：131－136.

思考

1. 在大数据时代，审计证据的来源有哪些？
2. 大数据技术获得的审计证据的适当性有哪些变化？

// 思考题 //

1. 审计工作底稿的内容包括哪些？
2. 在大数据时代，审计证据与工作底稿的相关内容包括哪些？

// 研究型学习与延伸阅读 //

[1] 程铖，李睿．电子数据审计取证模式研究．审计研究，2016(5)：8－13.
[2] 耿建新，朱友干．与公允价值确认相关的审计证据研究．审计研究，2008(5)：50－54.
[3] 刘笑霞，李明辉．审计师关注客户所在地区社会信任水平吗?：基于 Pecking Order 模型的研究．管理工程学报，2021，35(2)：113－129.
[4] 武恒光．审计证据、审计风险及不规则关系研究：基于一个舞弊博弈模型的分析．审计与经济研究，2010，25(4)：21－28，36.
[5] 谢盛纹．审计证据、审计风险与合理保证：一个哲学视角的分析框架．审计研究，2006(3)：64－68.

// 第 9 章 //

审计抽样

素养提升

● 专业素养——掌握审计抽样的专业知识，形成对审计局限的专业认知；将审计程序与审计抽样相结合，提升信息获取与分析专业基础的能力；提升解决复杂审计实务难题的能力及创新能力，以具备综合应用能力，实现对专业能力的拓展。

● 思政素养——认识在审计抽样中保持应有的职业素养的重要性，强化审计人员职业素养；了解最新审计技术手段，思考技术变革对审计工作带来的影响，未来应如何应对审计领域的最新变化，树立不断进取、锐意创新的精神和科学研究的态度。

学习目标

- 了解审计抽样的含义，掌握审计抽样的种类、审计抽样的适用范围。
- 掌握审计抽样在控制测试中样本设计、选取样本和评价样本结果的阶段。
- 掌握审计抽样在细节测试中样本设计、选取样本和评价样本结果的阶段。
- 了解大数据时代审计抽样面临的新变化，以及审计抽样的作用。

导　言

本章介绍了审计抽样概述、审计抽样在控制测试中的运用、审计抽样在细节测试中的运用、大数据时代的审计抽样。

第 9 章思维导图

第 1 节　审计抽样概述

一、审计抽样的含义

审计抽样是审计人员进行的审计程序，也是对总体 100%以下的样本实施的审计程序，所有抽样单元都有机会被选中并为审计人员在总体上得出结论提供依据。抽样的总体是指审核人员从中选择样本并期望得出结论的数据集。抽样单位是指构成总体的单个要素。

第 9 章第 1 节
即测即评

抽样是一个广泛适用的概念，不仅可以用于审计人员，也可以用于民意调查、市场分析或科学研究。然而，审计中的验证抽样不同于其他行业的抽样。例如，一个样本验证可提供进一步证据、判断账户结余的准确性，并且验证通常只考虑评价该账户的余额是否有明显错误的信息，而不需要确定初始金额，初始金额在开始抽样之前已经被记录完毕。当抽样用于民意调查、市场分析或科学研究时，抽样开始之前，通常不会积累、汇编或汇总类似的初始数据。

二、审计抽样的种类

（一）按技术分类

1. 统计抽样

统计抽样是指根据概率论原理确定随机控制的样本量，随机选取样本，根据样本审查结果外推总体的审计抽样技术。统计抽样具有以下特点：第一，随机选取样本。第二，利用概率论对抽样结果进行评估，包括计量抽样风险。统计抽样有助于审计人员有效地设计样本，测量所获得证据的充分性，并定量评价样本的结果。但是统计抽样可能会导致额外的成本。首先，统计抽样需要特殊的专业技能，因此使用统计抽样意味着审计人员培训的额外支出。其次，统计抽样要求样本的不同元素符合统计要求，这会导致额外的支出。使用审计抽样可适当减少统计抽样的费用。

2. 非统计抽样

非统计抽样，是指确定抽样样本量，选择样本，根据审计人员的实务经验和判断能力来估计整体的审计抽样的审计抽样方法。如果正确使用这个方法，就可以像统计抽样方法一样提供充分和适当的证据。

3. 统计抽样与非统计抽样的区别

首先，在抽样风险的度量中，统计抽样可以用数学方法量化抽样风险，从而使抽样风险的计算更加准确，而非统计抽样是不能量化抽样风险的。

其次，在确定样本大小时，可以用判断的方法提取并计量样本。由于样本的大小不准确，统计样本采用严格的数学抽样方法，从而使样本的计量是正确的。

最后，在方法上，审计抽样可以使用统计抽样方法，也可以使用非统计抽样方法，但统计抽样只能按照随机抽取的原则进行。

（二）按内容分类

1. 属性抽样

属性抽样是根据控制的目的和特点所使用的审计抽样，其目的是估计与总体控制相比的偏差率或错误数。属性抽样用于内部控制的符合性测试，以确定被控制单元内部控制的有效性。因此，在属性示例中，无论交易的大小，每个事件偏离权限控制的权重都是相同的。

属性抽样属于统计抽样的一种方法，具体有固定样本规模抽样、发现抽样等。例如，测试“赊销是否有赊销管理员批准”这一属性时，可用属性抽样方法。

2. 变量抽样

变量抽样，是指为控制审计对象的总货币金额采取的实质性测试抽样方法。在实际审计中使用的稽查抽样方法，是一种变量抽样方法，主要用于详细调查所记录的数额是否合理。变量抽样需要思考如下问题：金额是多少？账户有无重大错报？

变量抽样的目的是获得未知的未来实际货币总量的证据，因此用于实质性测试。在变量抽样时，必须满足大数定律对大样本的要求，因此样本规模需要足够大。

3. 货币单位抽样

货币单位抽样是一种统计抽样方法，使用属性抽样原则，得出关于货币数量的结论。因此，总体中选择每个货币单位的概率等于该货币单位的数量与总体数量的比例。项目金额越大，被选中的可能性就越高。这种方法主要用于实质性测试。

三、审计抽样的适用范围

审计抽样通常不运用在风险评估过程中。当被审计的操作留下痕迹时，可以考虑使用审计抽样。对于不留下操作痕迹的控制，使用验证抽样是不合适的。当被审计单位使用信息处理技术和其他交易信息技术，审计人员只需测试信息技术一般控制，就可以获取有效控制信息技术应用的证据。对于实质性细节测试，可以使用审计抽样。

审计抽样不适用于实施实质性分析程序。

第 2 节　审计抽样在控制测试中的运用

将审计抽样应用到控制程序上有两种方法。一种方法是发现抽样。如果审计人员希望控制足够高以保证效率的话，可以用这种方法确保控制的有效性。发现抽样中，预期变化的总数与核查人员估计为零。如果样本出现偏差，则停止抽样。如果样本没有检测到偏差，可以认为总体偏差率可接受。另一种方法是属性估计抽样，估计在测试中偏差的频率，或者控制出错发生的频率。

第 9 章第 2 节
即测即评

在控制测试中进行审计抽样可以分为样本设计、选取样本和评价样本结果三个阶段。

一、样本设计阶段

（一）确定测试目标

审计人员执行控制以证明控制是有效的，并协助评估计划中规定的风险评估水平。只有当审计人员认为控制是合理的，且有证据表明严重的错误需要在最高水平上预防、发现和纠正时，他们才会检查控制活动的有效性。控制有效性的定性评估可以根据高、中、低水平进行。在详细审查控制目标与内部控制策略和程序后，审计人员发现了控制有效性的证据。

（二）定义总体、抽样单元、偏差、测试期间

1. 定义总体

在进行审计时，审计人员必须考虑整体一致性。同质性意味着综合体中的所有项目都必须具有相同的特征。例如，如果被审计单位出口和内销的处理方式是不同的，审计人员必须分别评估两种不同的控制情况，然后计算两种不同的总量。例如，虽然被审计单位的所有分支机构经营方式相同，但每个分支机构由不同的人员管理。如果审计人员对每个部门的内部控制和员工感兴趣，那么每个分支机构都可以被视为一个单独的被审计单位。此外，如果审计人员不负责一个分支机构，而是负责所有被审计单位的运作，且每个分支机构的控制足够同质化，则可以将控制单位视为一个单独总体。

在编制财务报告时，审计人员应确保其充分性和完整性。首先，应根据总体特征制定具体的审计目标。例如，测试现金支付的控制是否有效，如果从已经授权的项目中抽查样本，则审计人员无法辨别控制偏差。因为总体不包含已支付但未授权的项目。在这种情况下，为了确认未经授权的现金支付，审计人员应将已进行现金支付的项目作为总体。其次，审计人员还应考虑总体的完整性，包括总体实物完整性。例如，如果审计人员定义了某一特定时期的现金支付总额，则实物价值代表该时期的现金支付总额。

2. 定义抽样单元

由审计人员定义的抽样单位是为审计测试的目的量身定制的。在控制测试中，审计人员根据要执行的控制定义抽样单元。抽样单元通常是一份文件、记录或记录中的一行，这些资料可以提供控制操作的证据。例如，如果控制的目的是确定付款是否被授权，并且所建立的控制要求授权人员在付款前签署付款文件，则可以将抽样单元定义为每一份付款文件。如果付款单据包含多个发票，并且建立的控制要求对每个发票单独授权，则与发票相对应的付款单据上的信用额度可以定义为抽样单元。

过于宽泛的抽样单元的定义可能导致效率低下。例如，如果审计人员使用发票作为抽样单位，就必须检查发票上所有的元素。如果审计人员使用发票的每一行作为抽样单元，则只需要检查所选行所代表的元素。如果定义抽样单元的两种方法都适合测试的目的，则使用每一行作为抽样单元会更有效。在这种情况下，由审计人员定义的抽样单元是现金支付单据的每一行。

3. 定义偏差

在控制测试中，误差是指控制偏差。审计人员必须仔细定义要进行的控制和可能的偏差。审计人员应在了解内部控制的基础上，确定哪些特征可以证明被测试控制的功能，从而相应地定义误差构成。在评估控制措施的有效性时，审计人员应考虑他认为必要的一切因素。例如，已建立的控制要求每次付款都附有证明文件，如发票、收据、验收报告和采购订单，并且发票盖“支付”章。审计人员则认为盖有“已付”的发票足以证明控制是有效的。在这种情况下，偏差可以定义为缺乏“已付”的发票和验收报告等证明文件而支付的款项。

4. 定义测试期间

由于期中测试获取的证据只与控制截止期中测试时点的运行有关，所以审计人员通常在期中实施控制测试。然而，审计人员还需要确定如何获取关于剩余期间的证据。

（1）整个被审计期间。

在设计控制测试的审计样本时，审计人员通常将控制扩展到剩余期间的交易，以获得额外的证据。在这种情况下，整个审计期间的交易则是审计抽样的总体。

1）初始测试。审计人员可以将总体定义为涵盖整个审计期间的交易，但在中期进行第一次测试。在这种情况下，审计员可以估计在总体的剩余期间将发生的交易数量，并在期末审计时审查中期审查后发生的所有选定交易。例如，如果被审计单位在当年的前 10 个月开具了编号从 1 到 10000 的发票，则审计人员可以据此估计，在该年度剩余的 2 个月内，可能开具 2 500 张发票，故审计人员在选取样本时可用 1 到 12500 作为编号。在所选取的发票中，编号小于或等于 10000 的样本可以在期中进行审计，剩余的样本则在期末进行审计。

2）估计总体。在估计总体规模时，审计人员可考虑诸如上一年同期的实际情况、变化趋势和交易的性质等因素。在实践中，审计人员可能会高估剩余项目的数量。在年底，如果与选定的部分数字相对应的操作没有执行（因为实际执行的操作数量低于预期数量），则可以用其他交易代替。鉴于这种可能性，审计人员可能会选择更多的项目，并在必要时将不必要的项目作为替代项目进行审查。

审计人员也可能低估了剩余项目的数量。如果低估了剩余项目的数量，则无法选择某些交易，因此样本不能代表审计人员定义的总体。在这种情况下，审计人员可以重新定义总体以排除未抽样的项目。对于重新定义的总体，审计人员可以执行替代程序，例如，将期中未能包括的项目作为独立样本进行测试，或进行 100%验证，或要求提供剩余期间的信息。审计人员评估各种替代程序的有效性，在此基础上选择最适合具体情况的方法。

（2）从年初到期中测试日。

将整个审计期间的所有交易包括在样本的总体中通常是无效的，有时可以通过使用替代方法来提高控制期间剩余时间的有效性。在这种情况下，审计人员应制定详尽的审计区间，自今年年初到期中，并确定获取哪些证据时需要考虑下列因素：所涉及的认定的重要性；期中进行测试的特定控制；自期中以来控制发生的任何变化；中期控制测试结果；剩余期间的长短；剩余期间内实施实质性程序的结果，控制运行相关的证据。

审计人员在收集证据时，应当获取包含在剩余期间发生的重大变化的性质和程度的证据，包括工作人员的变化。在发生重大变化的情况下，审计人员应审查其内部控制，并考虑对变化后的控制进行测试。审计人员还可以考虑在剩余期间实施实质性分析程序或细节测试。

二、选取样本阶段

（一）确定抽样方法

在选择样本时，只有在从抽样总体中选择具有代表性的样本的情况下，审计人员才能得出对总体推断的结论。审计人员应在统计抽样中使用适当的随机抽样方法，如通过简单随机或系统随机方法选择样本。在非统计抽样中，审计人员通常使用判断抽样方法。

（二）确定样本规模

1. 影响样本规模的主要因素

（1）可接受的信赖过度风险。与样本量相比，可接受的信赖过度风险与样本量反向变动。审计人员可接受的信赖过度风险越低，样本量就越大。相反，审计人员能够接受的信赖过度风险越高，样本量就越小。由于控制测试是控制良好运行的主要证据来源，故信赖过度风险应确定在一个相对较低的水平。通常情况下，相对较低的水平是指 5%～10%的信赖过度风险。

（2）可容忍偏差率。可容忍偏差率是审计人员可以接受的最大偏差数量，如果偏差超过这个数量，将减少或消除对内部控制的信赖。可容忍偏差率与样本规模变动方向相反。在确定可容忍偏差率时，审计人员应考虑到计划评价的控制的有效性。审计人员在风险评估中依赖控制操作的有效性，确定的可容忍偏差率越低，控制范围越广，样本量越大。

（3）预计总体偏差率。预计总体偏差率与样本量变动方向相同。在既定可容忍偏差率下，预计总体偏差率越高，所需的样本量就越大。预计总体偏差率不应超过可容忍偏差率，如果预计总体偏差率过高，意味着控制的有效性较低，审计人员通常决定不进行控制，而是采用更实质性的程序。在考虑总体特征时，审计人员应根据所掌握的相关控制信息或对有限数量的总体要素的审查来评估预期的偏差率。

（4）总体规模。总体规模对样本规模的影响几乎为零。审计人员通常将抽样单元超过 5 000 个的总体视为大规模总体。比起规模较小的总体，大规模总体的实际容量对样本规模几乎没有影响。

2. 确定样本量

当使用统计抽样方法时，审计人员需要量化影响样本量的因素，并使用计算机程序或专门的抽样量表来确定样本量。

（三）选取样本并对其实施审计程序

审计人员应当针对选取的样本实施与之相适应的审计程序，用以发现并记录样本中存在的控制偏差。

三、评价样本结果阶段

（一）计算偏差率

1. 样本偏差率的计算

$$\text{样本偏差率}=\frac{\text{偏差数量}}{\text{样本规模}}$$

2. 推断总体偏差率

样本偏差率就是总体偏差率的最佳估计。在控制测试中，审计人员无须另外推断总体偏差率，但必须考虑抽样风险的影响。

如果在样本中发现偏差，审计人员需要根据偏差率和偏差发生的原因，考虑控制偏差对审计程序和效果的影响。

（二）考虑抽样风险

1. 确定总体偏差率上限

一般来说，在统计样本中，审计人员直接使用公式、表格或计算机程序计算在一定程度的过度风险下可能出现的偏差率的上限。

（1）使用统计公式评价样本结果。

$$\text{总体偏差率上限}=\frac{\text{风险系数}}{\text{样本量}}$$

（2）使用样本结果评价表。审计人员可以使用样本结果评价表评价统计抽样的结果。

2. 形成对总体的结论

计算出估计的总体偏差率上限后，审计人员通常可以按表 9－1 进行判断。

表 9－1 总体偏差率与审计人员判断

总体偏差率上限低于可容忍偏差率	• 总体可以接受 • 结论：样本结果支持计划评估的控制有效性
总体偏差率上限大于或等于可容忍偏差率	• 总体不能接受 • 结论：样本结果不支持计划评估的控制有效性，修正评估的重大错报风险
总体偏差率上限低于但接近可容忍偏差率	• 考虑是否接受 • 结论：考虑是否需要扩大测试范围，进一步证实计划评估的控制有效性和重大错报风险水平

（三）考虑偏差的性质和原因

审计人员还应审查所观察到的任何偏差的性质和原因，并评估其对审计程序的目的和审计其他方面可能产生的影响。即使样本评估的结果是可接受的，审计人员也应该对所有控制偏差进行定性分析。审计人员对偏差的性质和原因的分析包括：是有意还是疏忽？是误解规定还是粗心？这种情况经常发生还是偶然发生？它是系统的还是随机的？

第一，如果审计人员发现许多偏差具有同样的特征，如交易类型、地点、生产环节等，则需要评估是否该特征是引起偏差的原因，是否还有其他具有相同特征的差异而未被发现。在这个阶段，审计人员应该将所有具有共同特性的项目划分为一层，并对该层上的所有项目实施审计程序，以识别潜在系统性偏差。

第二，如果对偏差的分析表明存在故意违反既定内部控制政策或程序的情况，审计人员应考虑重大舞弊存在的可能性。在这种情况下，审计人员应确定所进行的控制测试是否提供了足够的审计证据，是否需要获取额外的证据，是否需要实质性的程序来处理潜在重大错报风险。

第三，审计人员有两种处理方法。其一，扩大样本以收集更多证据；其二，认为控制未能起到有效作用，样本的结果不能证实计划控制的有效性和重大错报风险的评估水平，所以增加有关账户的实质性程序。

第四，审计人员还应考虑违规行为对财务报表的直接影响。控制偏差虽然增加了错报风险，但不一定导致财务报表不准确。当某项控制偏差容易导致错报，控制该项偏差就更为重要。

（四）得出总体结论

在计算偏差率，考虑抽样风险，分析偏差的性质和原因之后，审计人员需要运用职业判断得出总体结论。

如果样本结果及其他相关审计证据支持计划评估的控制有效性，从而支持计划的重大错报风险评估水平，审计人员可能不需要修改计划的实质性程序。

如果样本结果不支持计划控制的有效运行和重大错报风险的评估水平，则审计人员通常有两种选择。第一种是进一步测试其他控制活动（如补偿性控制），以确保控制有效运行和重大错报风险的评估水平；第二种是提高重大错报风险评估水平，同时需要修订实质性程序的性质、时间安排和范围。

【例 9-1】

采用固定样本抽样评估甲企业原材料采购和对外付款的执行情况。首先，根据甲企业《原材料采购业务流程》及其相关实施细节，了解关于原材料采购的操作方式及实施方式：企业原材料采购部门根据采购合同、商品入库验收单和发票，填写付款申请，按照规定权限审批后提交财务部门；财务部门审查付款申请、发票等相关凭证，按照资金支付审批权限批准后，及时组织资金付款。

1. 确定审计目的和审计抽样总体

此次审计目的是查明甲企业实际执行对外付款的程序是否符合规定。

假设审计抽样总体是 2015 年该企业原材料采购全部对外付款业务，数量为 2 200 笔。会计凭证后 5 位数形成随机抽样表（见表 9-2）。假设总体编号规则采用 4 位数，前两位由 01～12 的整数组成，后两位由 01～30 的整数组成。

表 9-2　部分随机数表

	1	2	3	4	5	6	7	8	9	10
1	10822	01212	20822	21009	85222	10222	06121	58231	56852	81022
2	52066	56526	10612	32066	12091	50215	12075	69521	90111	52333
3	10216	19326	90220	50226	31206	10276	22256	51120	52001	64111
4	11055	16259	01155	31555	11102	11255	63254	01129	13064	56222
5	88023	10023	28023	19123	36021	81023	64032	54211	13221	88333
6	10269	12269	70261	10119	22335	08269	90060	23632	21006	01292
7	22932	29329	11232	92932	11002	22932	88789	66999	54000	10101
8	61227	39051	19351	19001	56321	61122	66951	88258	12210	20202
9	66023	11103	16023	22023	66502	66023	22266	23100	21100	30303
10	11010	19230	22239	11039	20008	12345	88123	63641	11111	40404

2. 定义“误差”标准

审计人员根据如下标准，认定业务是否违反内控制度，只需满足一条即可：(1) 付款申请缺少采购合同；(2) 缺少商品入库验收单；(3) 缺少采购发票；(4) 付款审批权限不当；(5) 付款支付日期在资金审批日期之前。

3. 确定样本量

固定抽样中最重要的步骤是确定样本规模。根据不同情况、业务发生的不同频率，审计抽样的样本是不同的。

虽然样本量在不同情况下不同，但遵从的基本原则是一样的：每年一次的业务至少抽取 1 笔；每年一次以上至每月一次的业务至少抽取 2 笔；每月一次以上至每周一次的业务至少抽取 5 笔；每周一次以上至每天一次的业务至少抽取 15 笔；每天多次的业务至少抽取 5 笔。考虑甲企业原材料采购是每天发生多次的业务，故应当至少抽取 25 笔。同时，还需要视审计过程是否发现重要问题或线索决定是否增加额外样本量。

4. 选取并审查样本

(1) 选样。选出要审查的 25 个样本。按照会计凭证号进行抽样，由于凭证号在系统中已自动生成，可以采用随机数选样法选样，使总体 2 200 笔付款业务中各笔业务被选取的概率相等。按照上述规则，即前两位数为 01～12 的任意数，后两位数为 01～30 的任意数。从表 9-2 第一行第一列开始，用前 4 位随机数逐行向右查找，选取的样本编号为 1212、1009、0222、1022、0612、0215、0111、0216、1206、1120、1102、1129、0023、1023、0119、1006、1002、0101、1227、1122、0202、1103、1100、0008、1111 的 25 笔记录作为审计样本。

(2) 审查。参照“误差”标准，检查上述 25 笔审计样本的付款申请是否存在下述问题：缺少采购合同；缺少商品入库验收单；缺少采购发票；付款审批权限不当；付款支付日期在资金审批日期之前等。

（3）记录。在工作底稿中详细记录误差样本数。

5. 评价抽样结果

首先计算样本偏差率：将样本审计中发现的偏差数量除以样本规模得到样本偏差率。在符合性测试中，样本偏差率就是总体偏差率的最佳估计。根据控制测试中潜在错报率对照表（见表 9-3），分析抽样样本发生差错数量与潜在错报率。假设审计人员可接受的信赖过度风险和可容忍错报率都为 10%。对 25 个样本进行审计，发现错报数为 0，小于审计人员可容忍错报率 10%。据此可以得出结论：总体错报率超出可容忍错报率的概率较小，表明甲企业原材料采购和付款情况控制情况较好。

同时，又假设对 25 个样本进行审计，发现 2 笔错报，根据表 9-3 可知，错报率为 14.7%，大于审计人员可容忍错报率 10%。此时总体错报率超出可容忍错报率的概率很大，总体不可接受，需要进一步核实甲企业内部控制是否存在缺陷。

表 9-3　潜在错报率对照表

潜在错报 率样本量	1	2	3	4	5	6	7	8	9	10
20 个以下	*	*	*	*	*	*	*	*	*	*
20	10.9	18.1	*	*	*	*	*	*	*	*
25	8.8	14.7	19.9	*	*	*	*	*	*	*
30	7.4	12.4	16.8	*	*	*	*	*	*	*
35	6.4	10.7	14.5	18.1	*	*	*	*	*	*
40	5.6	9.4	12.8	16.0	19.0	*	*	*	*	*
45	5.0	8.4	11.4	14.3	17.0	19.7	*	*	*	*
50	4.6	7.6	10.3	12.9	15.4	17.8	*	*	*	*

第 3 节　审计抽样在细节测试中的运用

在细节测试中进行审计抽样，可能使用统计抽样，也可能使用非统计抽样。

一、样本设计阶段

第 9 章第 3 节
即测即评

实施细节测试时，审计人员在样本设计阶段必须完成的工作包括四个环节：明确测试目标、定义总体、定义抽样单元、界定错报。

（一）明确测试目标

在细节测试中，抽样通常用于对有关财务报表中的一个或多个金额的某种识别水平（认定、应收账款的存在）提供合理的保证。因此，细节测试的目的是检查每一种交易的存在、账户余额或账户的列报，特别是这种识别的存在或发生。审计人员进行审计程序的目的是检查是否存在重大错报。审计人员可以检查虚构项目、余额中不应当包含的项目（分类不正确的项目）和估值不正确的项目。

（二）定义总体

1. 考虑总体的适当性和完整性

审计人员应确保样本总体足以满足特定的审计目的。例如，如果审计人员选择已记录项目为样本，他们就无法发现被隐藏而导致低估的金额。为了发现这种类型的低估错报，审计人员应该选择一个包含隐藏项目的样本。例如，审计人员可以对随后的现金支付进行抽样，以核实由于隐瞒购买而减少的会计欠款；或对运输单据进行抽样，以确定因已装运但未确认为销售的交易而导致的销售收入低估的问题。

2. 识别单个重大项目和极不重要的项目

单个重大项目是超过可容忍错报应当单独测试的项目。在细节测试的抽样过程中，审计师必须运用职业判断，评估如某账户和财务报表的哪些元素或类型的交易必须单独进行核实和不被列入总体的样本。由于特定的风险或金额，单个项目可以被视为单个重大项目。审计人员对单个重大项目进行逐个检查，以合理地降低抽样风险。大型单个项目包括那些潜在错报可能超过可容忍错报的所有单个项目，以及异常余额或交易。并非所有由审计人员单独测试的项目都可以构成样本总体。单独测试账户的增加减少了样本量。因此，单独测试账户数量越多，抽样总体的剩余量就越小，可容忍错报占抽样总体的比例就越高。

审计人员可能发现总体中的某些项目加总后并不重要，或被认为具有较低的固有风险，那么就可以删除这些项目，不再列入抽样计划，以集中关注审计相关度更高的项目，必要时可对固有风险很低的项目实施分析程序。

（三）定义抽样单元

在细节测试过程中，审计人员根据审计目标和应用的审计程序的性质定义抽样单元。抽样单元可以是一个账户余额、一笔交易或交易中的一项记录（例如销售发票的个别项目），甚至是货币单元。例如，如果抽样的目的是核实应收账款的存在，审计人员可以选择各应收账款明细账、发票或发票的单个项目作为抽样单元。所采用的标准是如何确定抽样单元，使审计抽样尽可能有效。

在确定抽样单元时，审计人员还应考虑实施计划的或替代程序的难易程度。如果抽样单元被定义为客户的明细账余额，在客户未提供回函确认余额的情况下，审计人员可能要检查构成此类余额的每一笔交易。因此，如果将构成应收账款余额的每一笔交易定义为抽样单元，审计抽样的效率就会提高。

（四）界定错报

细节测试中的误差就是错报。审计人员应根据审计目标认定什么构成错报。

例如，在进行应收账款细节测试的情况下（如函证），客户在函证日之前支付款项和被审计单位在函证日之后不久收到的款项不是误差。此外，被审计单位在不同客户之间的误登明细账并不影响应收账款的总余额。虽然不同客户之间关于无法收回的应收账款的其他方面（如对舞弊的可能性或坏账准备的适当性的评估）可能产生重大影响。审计人员在评价应收账款函证程序的样本结果时不宜将其判定为误差。在审计抽样中，不正确的陈述由审核人员根据审计目标定义。如果错报被定义为账面金额与审计人员审计金额之间的差额，则不符合相关特征的差额不构成错报。例如，如果明细账的登记差错不会导致账户余额计算错误，则不被视为错报。审计人员还可能排除审计单位发现并在适当时间内纠正的异常情况。

二、选取样本阶段

在细节测试使用非统计抽样，审计人员确定样本规模时需考虑如下因素：总体的变异性、可接受的抽样风险、可容忍错报、预计总体错报、总体规模等。

（一）总体的变异性

总体项目的某一特征经常会存在重大变异性，比如金额。审计人员通常根据样本项目账面金额的变异性估计总体项目审定金额的变异性。标准差用于衡量这种变异或分散程度。在使用非统计抽样时，审计人员不需要量化总体标准差，但要用定性指标估计总体的变异性。总体项目的变异性越低，则样本量越小。

（二）可接受的抽样风险

细节测试的抽样风险分为误受风险和误拒风险。为了确定可接受的错误风险水平，审计人员应考虑他们准备接受的审计风险水平、与评估相关的报告错误风险水平、与具有相同审计目的的其他重要程序（财务报表识别）相关的控制风险。在实践中，审计人员准备承担的审计风险通常在 5％～10％。在确定审计风险的情况下，如果审计人员认为重大错报风险水平很低，则可以接受在实质性程序中存在较高的错误风险。当可接受的错误风险增加时，实质性程序所需的样本量就会减少。相反，如果审计人员评估的重大错报风险水平高，而可接受的错误风险水平低，所需的样本量就会增加。

细节测试中的误拒风险与审计的有效性有关，如果审计人员决定接受更高的风险，所需的样本量就会减少。在样本设计中，审计人员通常强调详细审计中的误拒风险，而不是对控制测试中信赖不足风险的关注。如果检查结果不能证实该样本进行了重大错报的风险评估的预期水平，审计人员可以实施其他控制以支持执行其他测试评估预期的风险水平的重大错报风险水平，或根据评估结果来提高重大错报风险。由于替代审计程序执行起来相对简单，对审计人员和审计单位的不便通常较小。然而，如果根据样本结果得出结论，某一特定类型的交易或余额的账面金额存在重大错报，审计人员使用其他方法可能会导致更高的成本。因此，审计人员应继续与被审计单位的人员进行讨论，应用额外的审计程序。

（三）可容忍错报

对特定账户余额或交易类型而言，当误差风险确定时，若审计人员能确定的可容忍错报率降低，则为实现审计目标所需的样本规模就会增加。

（四）预计总体错报

在确定详细审计所需的样本量时，审计人员还应考虑预期账户余额或交易中不准确的数量和频率。总体误差较小或频率降低，则所需的样本量也会减少。相反，它们预测总体错报规模或频率增加，则样本量也会增加。如果预期有错报，则更合适的做法是由审计人员对总体进行100%的检查，或使用更大的样本进行详细核查。

审计人员在专业判断的基础上确定预计错报的金额，这反映出被审计单位的经营状态，以前年度账户余额或交易的类型、初始样本结果、有关实质性程序的结果以及与此有关的控制测试结果。

（五）总体规模

在细节测试中，总体的数量对样本量影响不大。因此，根据总体的固定百分比来确定样本量通常是低效的。

三、评价样本结果阶段

（一）推断总体错报

审计人员从样本结果中推断出总体错报。当审计样本用于细节测试的中期审计时，审计人员只能根据样本的结果推断出抽样总体中错报的数额。审计人员应采用额外的审计程序，以核实从期中测试中得出的结论是否可以合理地延伸至期末。

为了根据样本中的错报估计总体中的错报金额，审计人员可以使用比率法、差额法和货币单元抽样法等。如果在设计样本时将审计人员抽样的项目划分为几个层次，则在每个层次上分别外推误差，然后将每个层次上的外推量加到总体估计误差中。审计人员还收集在各种主要审计项目中发现的所有不准确之处，并进行 100%的外推。

（二）考虑抽样风险

在细节测试中，推断的错报是审计人员对总体错报作出的最佳估计。当推断错报接近或超过可容忍错报时，总体中实际错报金额可能超过可容忍错报。因此，审计人员将每一类交易或账户余额的错报总额与该类交易或账户余额的可容忍错报进行比较，并适当考虑抽样风险，以评估抽样结果。当推断错报总数低于可容忍错报时，审计人员应考虑到这样一个事实，即实际发生的错报金额仍然存在超过可容忍错报的风险。

（三）考虑错报的性质和原因

除了评价错报的金额和频率以及抽样风险，审计人员还应当考虑错报的性质和原因，此外还应考虑错报与审计工作其他阶段之间可能存在的关系。

（四）得出总体结论

如果样本结果不能支持总体账面金额，审计人员认为账面金额可能存在错报，他们通常建议被审计单位调查错报，并在必要时调整账面记录。在被审计单位对已查明的总体错报进行调整后，审计人员应将剩余的推断错报与其他交易或账户余额的错报加总，以评估整个财务报表是否存在重大错报。样本结果是否表明错报总额高于可容忍错报，审计人员必须要求被审计单位的管理层记录发现的事实性错报（除非低于明显微小错报临界值）。

第 4 节　大数据时代的审计抽样

一、审计抽样面临的新变化

因为传统审计受制于数据的有限性，所以只能利用审计抽样对被审计单位的部分数据进行风险评估及实质性审计，以样本数据审计结果推断整体。若审计结果偏差较大，则会导致审计结果严重偏离真实情况。

第 9 章第 4 节
即测即评

大数据技术极大地便利了数据获取和存

储等，使得审计人员可以及时获取与审计相关的数据，可以帮助审计人员建立从局部审计思维模式到整体全面审计思维模式的转变，可以采用全样本与局部重点相结合，来发现被审计单位更多的信息。审计人员可以利用大数据技术多层次、多角度展开审计，发现在抽样审计时难以发现的问题，实现对被审计单位的全面掌控，大大提高了审计的准确性及可靠性，从而规避了审计风险。

二、大数据时代的审计抽样作用

传统审计过程中采用审计抽样能够提升审计效率。随着大数据技术、人工智能的发展，审计人员可以快速地完成海量数据的获取和计算，因此，审计抽样面临着是否还需要存在的问题。即便如此，审计抽样依然是需要的，而且将长期存在。

首先，通过审计抽样来实现快速的概念验证。审计工作中可能会包括创新性或常识性项目，对于这类项目进行快速识别、验证往往是概念验证的关键，通过审计抽样方法有助于快速进行概念验证，进而有助于制订审计计划和实施审计程序。

其次，通过审计抽样可以解决样本不均衡的问题。审计实务中由于法律、商业等原因，无法实现全部样本的覆盖，所以进行审计抽样是必须的，也是符合成本效益原则的做法。

最后，抽样协助定性分析。在定性分析中，通常不需要定量分析中的完整假设、精确数据和复杂统计分析过程，更多的是采用访问、观察和收集文献资料并通过主观理解和定性分析找到问题答案。该过程主要依靠人自身的能力而非计算机来完成。如果不使用审计抽样方法，那么定性分析将很难完成。

案　例

振隆特产审计抽样应用

鉴于审计资源的有限性和重要性，以提升审计效率为目的，注册会计师执行审计抽样程序时，对被审计单位的证、账、表、物及其他记录的抽样，要在审计相关性的总体项目中抽取，但审计抽样不可能达到100%。注册会计师根据审计抽样，对总体进行推断，从而得出审计结论、出具审计意见。若注册会计师的抽样不具有代表性，则整体的审计工作很可能功亏一篑。瑞华会计师事务所在对辽宁振隆特产股份有限公司（以下简称“振隆特产”）的存货抽盘审计中就吃了大亏。

2017年3月，中国证监会公布了对瑞华会计师事务所的行政处罚决定，责令瑞华会计师事务所改正违法行为，没收其业务收入130万元，处以260万元罚款，对两名签字注册会计师给予警告并分别处以10万元罚款。瑞华会计师事务所是振隆特产

IPO的审计机构，自2012年起连续三年在对该公司的财报审计中不作为，瑞华会计师事务所出具的审计报告还存在虚假记录，其中体现在存货审计上。

由于土特产这类存货具有易变质的特点，因此在进行存货盘点时应特别考虑存货的移动情况、存在状况与截止情况，特别是在存货密集堆放的情形下，更要特别注意。中国证监会的调查结果显示，振隆特产仓库中，各堆货物之间并未留有供人可进出查看的空间。在这样的情况下，瑞华会计师事务所的审计师只对顶层、侧面以及外围的存货进行了抽样检查，对堆放在中间、底部的存货未进行有效检查。另外，在实际监盘时，瑞华会计师事务所的审计师仅从每一堆存货中抽出部分存货进行称重或查看质量，并由此认定整堆货物已经经过抽查。由此可知，瑞华会计师事务所实际抽盘的比例远低于审计底稿所记录的比例（90%左右）。此外，2012—2014年，振隆特产虚增存货，放置于天津代工厂的存货金额占各年年末存货金额的比例分别为24.84%、30.97%、41.49%。这些存货从振隆特产的自有库房中是无法盘点出来的，而瑞华会计师事务所却在审计工作底稿中记录其对2012—2014年的抽盘比例分别为54.36%、67.85%、88.56%，存在虚报嫌疑。从现实情况来看，振隆特产的南瓜子、松子仁、开心果等产品出现大额亏空，2012—2014年共虚增存货7 631.24万元，存货亏空数量为3 254.13吨。

针对以上情况，瑞华会计师事务所的审计师在审计工作中未保持应有的职业怀疑与职业谨慎，专业胜任能力缺失，对于存在重大错报风险的存货监盘不到位。对于振隆特产的异地存货，在未能亲自进行盘点抽查的情况下，未采取替代程序，依旧对振隆特产的年度财务报告出具了标准无保留意见的审计报告。

以上案例表明，审计抽样并不是从业人员可以随心所欲、简化程序的事情，审计人员应当遵循一定的程序、规则与方法，否则很可能导致审计失败。

以上述案例的资料为背景，假设注册会计师采用货币单元抽样法对振隆特产2013年12月31日巴旦木存货账面余额100万元进行实质性测试，那么整个过程包括如下步骤：

（1）根据审计目标确定审计对象总体，即100万元。

（2）确定抽样参数。参数主要包括：可容忍偏差，预期总体偏差和可依赖程度。

可容忍偏差一般以对重要性水平的初步判断为依据。预期总体偏差则利用以前年度审计结果来确定。可信赖程度通过审计风险模型来确定。在具体的审计实务中，我们通常将可信赖程度转化为保证系数来确定样本量（见表9-4）。

表9-4　可信赖程度的保证系数

可信赖程度	保证系数 R_0
80%	1.61
85%	1.90
90%	2.31

续表

可信赖程度	保证系数 R_0
95%	3.00
99%	4.61

根据审计人员的职业判断与应有的职业谨慎，假设振隆特产的巴旦木存货可信赖程度为95%，可容忍偏差为6万元，预期总体偏差为3万元。结合表9-4，95%可信赖程度对应的保证系数 $R_0=3.00$。

(3) 确定样本量。

在货币单元抽样法中，确定样本量公式为：

$$n=N\times R_0/P_0$$

式中，n 为样本量，R_0 为保证系数，N 为总体容量，P_0 为总体的可容忍偏差（即重要性水平一预期总体偏差）。

由此，可以计算出样本量=1 000 000×3.00/30 000=100个。

(4) 选取样本并对样本进行审核。使用系统选样法确定抽样间距=30 000/3.00=10 000，随机确定第一个抽样间隔内的随机起点，抽出100个巴旦木明细账作为样本项目，假设经审查发现5个错误项目，列示于表9-5中。

表9-5　巴旦木明细账的5个错误项目

项目号 (Ⅰ)	账面记录金额 (Ⅱ)	审定金额 (Ⅲ)	错误额 (Ⅳ=Ⅱ-Ⅰ)	错误率 (Ⅴ=Ⅳ/Ⅱ)
7	2 000	500	1 500	0.75
20	1 000	1 500	−500	−0.5
35	3 000	3 360	−360	−0.12
75	1 600	1 440	160	0.1
91	5 000	5 400	−400	−0.08

(5) 根据样本偏差推断总体偏差。样本抽查核实后，根据样本偏差推断总体偏差。总体偏差可能有两种情况：一是高估偏差；二是低估偏差。对总体偏差进行推断，需分别估计其高估的最大值（即高估偏差上限）和低估偏差的最大值（即低估偏差上限）。两个指标的计算公式为：

$$\text{高估偏差上限}=\text{总体偏差的点估计值}+\text{实际高估偏差精度限度}=E+P_o$$

$$\text{低估偏差上限}=\text{总体偏差的点估计值}+\text{实际低估偏差精度限度}=E+P_{(u)}$$

式中，$E=E_1+E_2$。E 为总体偏差的点估计值。在货币单元抽样中，对总体偏差的点估计是将样本分为金额大于抽样间隔的样本部分和金额小于抽样间隔的样本部分，E_1 为金额大于抽样间隔的样本层的实际误差之和。E_2 为金额小于抽样间隔的样本层的误差点估计值。

$$E_2 = \sum_{i=1}^{n_0} (R_i - R_{i-1}) \times J$$

式中，R_i 为金额小于抽样间隔的样本层的第 i 个样本的错误率，n_0 为金额小于抽样间隔的样本层发现错误的样本数。

$$J = R_0 / P_0$$

$$P_{(o)} = P_0 + \left[\sum_{i=1}^{n_0} (R_i - R_{i-1} - 1) \times t(o)_i\right] \times J$$

$$P_{(u)} = P_0 + \left[\sum_{i=1}^{n_u} (R_i - R_{i-1} - 1) \times t(u)_i\right] \times J$$

式中，$t(o)_i$ 代表金额小于抽样间隔的样本层的扩大错误，$t(u)_i$ 代表金额小于抽样间隔的样本层的缩小错误，R_i 表示在当前可信赖程度下审查出 i 个样本错误的保证系数。该保证系数见表 9-6。

表 9-6 可信赖程度的保证系数

样本错误发生数	可信赖程度的保证系数	
	90%的保证系数	95%的保证系数
0	2.31	3.00
1	3.89	4.75
2	5.33	6.30
3	6.69	7.76
4	8.00	9.16
5	9.28	10.52

$$n_o + n_u = n_0$$

式中，n_o 为金额小于抽样间隔的样本层发生扩大错误的样本数；n_u 为金额小于抽样间隔的样本层发生缩小错误的样本数。

在上述例证中，由表 9-5 可知，5 个错误项目均属于金额小于抽样间隔的样本层。所以 $E_1=0$，$E_2=0.15\times10\ 000=1\ 500$ 元。

根据上述公式，$P_{(o)}=66\ 175$ 元，$P_{(u)}=64\ 778$ 元。

因此，本案例中存货巴旦木高估偏差上限＝1 500＋66 175＝67 675 元，低估误差上限＝1 500＋64 778＝66 278 元。

(6) 对总体情况进行定量、定性分析，确定风险。根据上述抽样结果，审计人员对总体情况得出结论：高估偏差上限和低估偏差上限均大于确定的可容忍偏差 6 万元，该被审计单位的巴旦木总体存在重大金额错报。审计人员应扩大样本容量或采取其他方式进一步实施审计程序。通过这些补充方法，分析存在重大金额错报和漏报的原因，识别巴旦木管理中存在的风险，并且针对这些风险，向管理层提出相应的审计意见及建议。

资料来源：饶世鸿．审计抽样在油田企业的应用．财会通讯，2012 (8)：3.

▶思考

1. 在新技术的冲击下，审计能否实现全样审计?
2. 存货审计中审计方法创新可能在哪些方面实现?
3. 审计抽样是否会降低审计质量?

// 思考题 //

1. 审计抽样的适用范围包括哪些?
2. 哪些因素会影响审计抽样中的样本规模?

// 研究型学习与延伸阅读 //

[1] 程平，毛俊力．基于RPA的审计抽样软件机器人研究．财会月刊，2021(21)：100－106.

[2] 柯玉芸，孙丽军，张勇．审计抽样在内部审计中的应用探析．中国内部审计，2016(12)：73－75.

[3] 裘宗舜，吴清华．审计抽样技术之创新：货币单位抽样．审计研究，2003(2)：3－6.

[4] 孙玥璠，宋迪．大数据环境下基于孤立点分析的审计抽样方法．财务与会计，2015(14)：71－73.

[5] 杨亦颖．大数据时代人工智能审计模式研究．新会计，2021(4)：39－41.

// 第 10 章 //

销售与收款循环审计

素养提升

● 专业素养——掌握销售与收款循环审计的专业知识，形成对审计循环的专业认知；能应用销售与收款循环方法和技巧，并能熟悉运用审计专业判断实现审计目标；形成发散思维，充分应用专业基础理论，并能应用交叉学科知识对审计对象进行专业判断。

● 思政素养——塑造独立、客观、公正、诚信、勤勉尽责、严谨求实的工作态度和精神，形成辩证的职业判断和职业怀疑的态度，树立中国特色社会主义核心价值观，养成良好的职业素养。

学习目标

● 了解财务报表审计的组织方式，熟悉业务循环与财务报表项目之间的关系，掌握各业务循环之间的联系。

● 了解销售与收款循环的特点，掌握销售与收款循环的业务活动，以及相关的内部控制。

● 掌握销售与收款循环的重大错报风险评估。

● 掌握销售与收款循环的控制测试的应用。

● 掌握销售与收款循环的实质性程序。

导　言

本章介绍了业务循环审计概述、销售与收款循环的业务活动与控制、销售与收款循环的重大错报风险评估、销售与收款循环的控制测试、销售与收款循环的实质性程序等内容。

第 10 章思维导图

第 1 节 业务循环审计概述

一、财务报表审计的组织方式

财务报表审计的组织方式主要有两种。一种是按财务报表项目进行分工，对财务报表的每个账户余额单独进行审计，即账户法；另一种是按业务循环进行分工，把紧密联系的交易种类和账户余额归入同一循环中，将财务报表划分成几个循环来组织实施审计，即循环法。两种组织方式各有优缺点，具体如表 10－1 所示。

第 10 章第 1 节
即测即评

表 10－1 财务报表审计组织方式的优缺点

组织方式	优点	缺点
账户法	分工与多数被审计单位账户设置体系及财务报表格式相吻合，操作方便	将紧密联系的相关账户（如营业收入和应收账款）人为地予以分割，容易造成整个审计工作的脱节和重复，不利于审计效率的提高
循环法	更符合被审计单位的业务流程和内部控制设计的实际情况，有助于加深审计人员对被审计单位经济业务的理解，而且由于将特定业务循环所涉及的财务报表项目分配给一个或多个审计人员，增强了审计人员分工的合理性，有助于提高审计工作的效率与效果	需要根据被审计单位的业务性质、规模等，将所有交易和账户余额划分为多个业务循环，操作较为复杂

控制测试需要与被审计单位的业务流程密切相关，通常采用循环法。对交易和账户余额的实质性程序，则既可采用账户法，也可采用循环法。本部分将以执行企业会计准则的企业财务报表审计为例，介绍主要业务循环审计的具体内容，以及对这些业务循环中重要的财务报表项目如何进行审计测试。

在业务循环审计中，需要将被审计单位的所有交易和账户余额划分为多个业务循环。不同的被审核单位，因其业务性质和规模不同，其业务循环的划分也会有所不同。即使是针对同一个被审计单位，因负责其审计业务的注册会计师不同，其业务循环的划分也有可能不同。交易和账户余额一般划分为销售与收款循环、采购与付款循环、生产与存货循环、人力资源与薪酬循环、投资与筹资循环。此外，由于货币资金与上述多个业务循环均密切相关，并且货币资金的业务和内部控制又有着不同于上述业务循环和其他财务报表项目的鲜明特征，所以需要专门的货币资金审计。

二、业务循环与财务报表项目

业务循环与财务报表项目之间存在对应关系，具体如下：

1. 销售与收款循环

资产负债表中包括应收票据及应收账款、应收款项融资、合同资产、长期应收款、预收款项、应交税费、合同负债等；利润表中包括营业收入、税金及附加等。

2. 采购与付款循环

资产负债表中包括预付款项、持有待售资产、固定资产、在建工程、生产性生物资产、油气资产、无形资产、开发支出、长期待摊费用、应付票据及应付账款、持有待售负债、长期应付款等；利润表中包括销售费用、管理费用、研发费用、其他收益等。

3. 生产与存货循环

资产负债表中包括存货；利润表中包括营业成本等。

4. 人力资源与薪酬循环

资产负债表中包括应付职工薪酬；利润表中包括营业成本、销售费用、管理费用等。

5. 投资与筹资循环

资产负债表中包括交易性金融资产、衍生金融资产、其他应收款、其他流动资产、债权投资、其他债权投资、长期股权投资、其他权益工具投资、其他非流动金融资产、投资性房地产、商誉、递延所得税资产、短期借款、交易性金融负债、衍生金融负债、其他应付款、长期借款、应付债券、预计负债、递延收益、递延所得税负债、实收资本（或股本）、其他权益工具、资本公积、其他综合收益、专项储备、盈余公积、未分配利润；利润表中包括财务费用、资产减值损失、信用减值损失、投资收益、净敞口套期收益、公允价值变动收益、资产处置收益、营业外收入、营业外支出、所得税费用等。

三、各业务循环之间的联系

虽然被审计单位的所有交易和账户余额被划分为多个不同的业务循环，但各业务循环之间仍存在一定联系，而非完全独立。图 10－1 反映了各业务循环之间的流转关系。

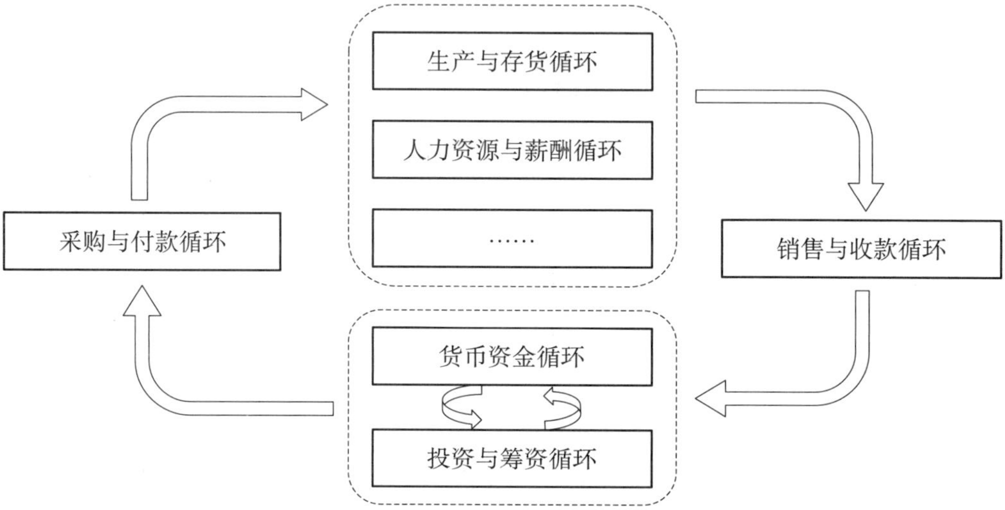

图 10－1　各业务循环之间的流转关系

业务循环主要是以一般制造型企业为背景，其中涉及的经营活动及商业模式较为简单，所列举的风险和控制是为了举例说明注册会计师在评估风险和应对风险的过程中，如何将风险评估结果、控制测试和实质性程序联系起来，以实现审计目标，并非对审计过程中所有可能存在的风险和控制的完整描述。

第 2 节　销售与收款循环的业务活动与控制

一、销售与收款循环的特点

（一）不同行业类型的收入来源

企业的收入主要来自出售商品、提供服务等，由于所处行业不同，企业具体的收入来源有所不同。

（1）一般制造业：通过采购原材料并将其用于生产流程制造产成品卖给客户取得收入。

第 10 章第 2 节
即测即评

（2）贸易业：作为零售商向普通大众（最终消费者）供应商品；作为批发商向零售商供应商品。

（3）专业服务业：律师、会计师、商业咨询师等主要通过提供专业服务取得服务费收入；医疗服务机构通过提供医疗服务取得收入，包括给住院病人提供病房和医护设备，为病人提供精细护理、手术和药品等取得收入。

（4）金融服务业：向客户提供金融服务取得手续费；向客户发放贷款取得利息收入；通过协助客户对其资金进行投资取得相关理财费用。

（5）建筑业：通过提供建筑服务，完成建筑合同取得收入。

注册会计师需要对被审计单位的相关行业活动和经营性质有比较全面的了解，才能因地制宜地执行被审计单位收入、支出的审计工作。

（二）主要单据与会计记录

在内部控制健全的企业，销售与收款循环涉及较多的单据与会计记录，具体如表 10－2 所示。

表 10－2　销售与收款循环的主要单据与会计记录

客户订购单	客户提出的书面购货要求。企业可以通过销售人员或其他途径，如采用电话、信函、邮件和向现有的及潜在的客户发送订购单等方式接受订货，取得客户订购单
销售单	列示客户所订商品的名称、规格、数量以及其他与客户订购单有关的信息凭证，作为销售方内部处理客户订购单的凭据
发运凭证	发运货物时填制的，用以反映发出商品的规格、数量和其他有关内容的凭证。发运凭证的一联留给客户，其余联（一联或数联）由企业保留，通常其中一联由客户在收到商品时签署并返还给销售方，用作销售方确认收入及向客户收取货款的依据
销售发票	通常包含已销售商品的名称、规格、数量、价格、销售金额等内容。以增值税普通发票为例，该发票共三联，发票联寄送给客户，其他联由企业保留。销售发票是在会计账簿中登记销售交易的基本凭证之一
商品价目表	列示已经授权批准的、可供销售的各种商品的价格清单
贷项通知单	一种用来表示由于销售退回或经批准的折让而导致应收货款减少的凭据，其格式通常与销售发票的格式类似
应收账款账龄分析表	通常按月编制，反映月末应收账款总额的账龄区间，并详细反映每个客户月末应收账款余额和账龄

续表

应收账款明细账	用来记录每个客户各项赊销、还款、销售退回及折让交易的明细账
主营业务收入明细账	一种用来记录销售交易的明细账。它通常记载和反映不同类别商品或服务的营业收入的明细发生情况和总额
折扣与折让明细账	一种用来核算企业销售商品时，按销售合同规定，为了尽早收回货款而给予客户的销售折扣和因商品品种、质量等原因而给予客户的销售折让情况的明细账。企业可以不设置折扣与折让明细账，而将该类业务直接记入主营业务收入明细账
汇款通知书	一种与销售发票一起寄给客户，由客户在付款时再寄回销售单位的凭证。这种凭证注明了客户名称、销售发票号码、销售单位开户银行账号以及金额等内容
现金及银行存款日记账	用来记录应收账款的收回或现销收入以及其他各种现金、银行存款收入和支出的日记账
坏账核销审批表	一种用来批准将无法收回的应收款项作为坏账予以核销的单据
客户对账单	一种定期寄送给客户用于购销双方核对账目的文件。客户对账单上通常注明应收账款的期初余额、本期销售交易的金额、本期已收到的货款、贷项通知单的金额以及期末余额等内容。对账单可能是月度、季度或年度的，这取决于企业的经营管理需要
转账凭证	记录转账业务的记账凭证。它是根据有关转账业务（不涉及现金、银行存款收付的各项业务）的原始凭证编制的。企业记录赊销交易的会计凭证即为一种转账凭证
现金及银行凭证	分别用来记录现金和银行存款收入业务和支出业务的记账凭证

二、业务活动及相关内部控制

在实施风险评估程序时，注册会计师需要了解被审计单位的关键业务循环的业务活动及相关内部控制，主要有两个目的：一是有助于识别和评估认定层次的重大错报风险；二是对相关内部控制的有效性作出初步判断，以便设计和实施应对重大错报风险的进一步审计程序。具体来说，对于销售与收款循环，一般会实施以下程序来了解其业务活动及相关内部控制的情况：

（1）询问参与销售与收款流程各业务活动的被审计人员，一般包括销售部门、仓储部门和财务部门的员工和管理人员。

（2）获取并阅读企业的相关业务流程图或内部控制手册等资料。

（3）观察销售与收款流程中特定控制的运用，例如观察仓储部门人员是否以及如何将装运的商品与销售单上的信息进行核对。

（4）检查文件资料，例如检查销售单、发运凭证、客户对账单等。

（5）实施穿行测试，即追踪销售交易从发生到最终被反映在财务报表中的整个处理过程。例如，选取一笔已收款的销售交易，追踪该笔交易从接受客户订购单直至收回货款的整个过程。

以一般制造型企业为例，销售与收款循环中包括销售和收款两个重要交易类别（见表 10－3），注册会计师需要理清它们所包含的相关财务报表项目、主要业务活动及常见的主要凭证和会计记录，了解被审计单位为这些业务活动所设计和实施的相关内部控制。

表 10－3　销售与收款循环汇总表

	销售	收款
相关财务报表项目	营业收入 应收账款	货币资金 应收账款（含原值及坏账准备） 资产减值损失
主要业务活动	接受客户订购单 批准赊销信用 按销售单编制发运凭证并发货 按销售单装运货物 向客户开具发票 记录销售 记录销售退回、销售折扣与折让	记录现金、银行存款收入 计提坏账准备 核销坏账
常见的主要凭证和会计记录	客户订购单 销售单 发运凭证 销售发票 商品价目表 客户月末对账单 营业收入明细账 转账凭证 贷项通知单 折扣与折让明细账	应收账款账龄分析表 应收账款明细账 汇款通知书 库存现金日记账和银行存款日记账 客户月末对账单 收款凭证 坏账审批表 转账凭证

（一）主要业务活动及相关内部控制

1. 接受客户订购单

客户以采购某一商品或服务为目的而提出的订购需求，是整个销售与收款循环的起始环节。客户订购单必须满足企业管理层的授权标准，方可被接受。例如，销售单管理部门在决定是否同意接受某个客户的订购单时，需要检查该客户是否在批准销售的客户名单之中。如果该客户不在其中，则由销售单管理部门的主管来决定是否同意该项销售。

许多企业在审批完客户订购单之后，一般会据以编制销售单（一式多联）。销售单是可以用于证明该笔销售业务“发生”认定的一种重要凭证，也是该笔销售业务轨迹的一个起点。与此同时，客户订购单因其来自外部，是引起销售交易的凭证，很多时候可以作为用于证明有关销售业务“发生”认定的重要补充证据。

2. 批准赊销信用

根据公司赊销政策，信用管理部门按照授权信用额度进行业务批准。销售时，信用管理部门应将已授权给客户的赊销信用额度与其尚未归还的款项余额进行比对，以降低坏账风险。对新客户进行信用调查时，应获取信用评审机构出具的信用等级评估报告。不论赊销是否得到批准，在将已签字的销售单送回销售单管理部门之前，授权的信用管理部门人员必须在销售单上签字。在对赊销业务进行信用核查时，要合理分工，防止销售人员为扩大销售而增加信用风险。这些控制涉及应收账款等账户账面余额的“准确性、计价和分摊”认定。

对于采用信息系统进行控制的公司，通过提前做好系统设定，通常可以在日常业务办理过程中自动检查订购单涉及的顾客是否已被纳入批准后的客户名单中，同时检查赊销金额是否仍在所授权的信用限额之内，实现业务流程的简化，提高销售业务办理的效率。

3. 按销售单编制发运凭证并发货

收到经批准的销售单后，仓库管理员应及时编制发运凭证并供货，避免其在未经授权的情况下无证供货。因此，已批准销售单的一联通常应送达仓库，以供仓库根据销售单向装运部门提供货物。

在此过程中，信息系统可以协助企业在销售单得到发货批准后再生成连续编号的发运凭证，并按照提前设定的要求检查发运凭证和销售单的有关内容是否相符。

4. 按销售单装运货物

按照经批准的销售单，实现货物供给与装运的职责分离，这有助于避免未经授权的产品装运。在装运之前，通常会进行独立验证，以确定从仓库提取的商品都附有经批准的销售单，且所提取商品的内容与销售单及发运凭证一致。

5. 向客户开具发票

开具发票是向客户开具并寄送连续编号的销售发票。此项活动涉及的相关问题有：（1）是否对所有装运的货物都开具了发票（完整性）；（2）是否只对实际装运的货物开具发票，有无重复开具发票或虚开发票（发生）；（3）是否按已授权批准的商品价目表所列价格计价开具发票（准确性）。

6. 记录销售

记录销售的过程包括区分赊销、现销，按销售发票编制转账凭证或现金、银行存款收款凭证，再据以登记营业收入明细账和应收账款明细账或库存现金、银行存款日记账。

7. 记录现金、银行存款收入

这项活动涉及款项的回收，会增加现金或银行存款，减少应收账款等。在货币资金收入入账前或入账后，有可能发生失窃或被侵占的情况。在处理货币资金收入的过程中，要确保所有的货币资金都能按时、足额地记入现金、银行存款日记账或应收账款明细账中，并按时、足额地将现金存入银行。为达上述目的，在这一业务活动中，企业应实施将出纳与现金记账的职责分离、现金盘点、编制银行余额调节表、定期向客户发送对账单等控制。

8. 记录销售退回、销售折扣与折让

销售企业一般都会设置退货政策，向客户承诺在产品出售后一定期限内接受退货，或给予一定的销售折让。客户如果提前支付货款，销售企业可能会给予一定的销售折扣。此类事项一般需经过授权批准，并确保与办理此事项有关的部门和员工各司其职，分别控制实物流转和会计处理。

9. 计提坏账准备

通常情况下，企业会定期对应收账款等债权进行信用风险评估，并按预计的信用损失计提坏账准备。

10. 核销坏账

无论赊销部门如何积极工作，客户都有可能因经营不善、宣告破产、死亡等原因，出现拖欠货款的情况。如有证据表明某项货款已无法收回，企业将通过适当的审批程序注销该笔货款。

（二）相关内部控制关键点

由以上主要业务活动及相关内部控制可知，企业针对销售与收款循环所设计和执行的内部控制总结起来主要涉及以下关键点：

1. 适当的职责分离

适当的职责分离有助于防止各种有意或无意的错误。企业应设立三个部门（或岗位），分别处理销售、发货和收款业务，使其职责分离；在签订销售合同之前，企业应指派专业人士与顾客协商销售价格、信用政策、发货和收款方法；企业应收票据的取得和贴现必须经由保管票据以外的主管人员的书面批准。例如，主营业务收入的登记入账应由记录应收账款之外的员工单独负责，并由另一位不负责账簿记录的员工定期调节总账和明细账，以实现交互牵制；负责主营业务收入和应收账款记账的员工不得经手货币资金，以防止舞弊。另外，销售人员通常有一种追求更大销售数量的自然倾向，而不衡量其是否会造成巨额坏账损失，赊销的审批在一定程度上可以抑制这种倾向。

2. 恰当的授权审批

授权审批控制的内容包括：在销售前，赊销已经过适当审批；未经适当审批的，不准发货；销售价格、销售条件、运费、折扣等必须经过审批；审批人在授权范围内进行审批，不得超越审批权限，特殊销售交易，需要经过适当的授权。

3. 充分的凭证和记录

充分的凭证和记录有助于企业实施各种控制措施，以实现控制目标。例如，企业在收到客户订购单后，编制一份预先编号的一式多联的销售单，分别用于批准赊销、审批发货、记录发货数量以及向客户开具发票等。又如，在销售交易发生前，财务人员应检查相应销售单、发运凭证和销售发票所记载内容的一致性，以保证营业收入入账的真实性和准确性。依据有效的发运凭证和销售单记录销售，证明销售交易的发生及发生的日期。独立检查已销售发票上的销售金额与会计记录金额的一致性、明细账与总账的一致性。记录销售的职责与处理销售交易的其他功能相分离。由不负责现金出纳和销售及应收账款记账的人员定期向客户寄发对账单，对不符事项进行调查，必要时调整会计记录，编制对账情况汇总报告并交管理层审核。

4. 凭证的预先编号

提前对凭证编号，是为了避免日后发生向客户漏开发票或遗漏登记入账的情况，防止出现重复开票、记账的现象。这一控制的重点是要定期核对所有的凭证编号，并对缺号和重号的成因进行研究。在信息技术环境下，凭证的预先编号这一控制在很多情况下由系统执行，并辅以人工的监督及控制，比如，人工检查并复核系统自动生成的相关重要资料等。

5. 按月寄出对账单

向客户寄送对账单的人员，不应负责现金出纳和销售及应收账款的记账业务，核对不符的账项，应由一位既不掌握货币资金也不记录主营业务收入和应收账款账目的主管人员处理，然后由独立人员按月编制对账情况汇总报告并交管理层审阅。

6. 内部核查程序

对于销售业务的处理及记录，应由内审人员或其他独立人士进行核查。例如，对有关岗位和人员的设置进行核查，着重审查有无不相容和职务混岗情况；对授权批准制度的实施情况进行检查，重点检查授权批准手续是否健全，是否存在越权审批行为；对销售的管理情况进行检查，主要检查企业的信用政策和销售策略的实施情况及其是否合规；对收款的管理情况进行检查，重点检查销售收入是否及时入账，应收账款的催收是否有效，坏账核销和应收票据的管理是否符合规定；对销售退回的管理情况，主要检查退货程序的完善程度和退货商品的及时入账情况。此外，应收账款坏账的确认应当报告有关决策机构进行审查。企业发生的各项坏账，应查明原因，明确责任，并在履行规定的审批程序后作出会计处理。

第 3 节　销售与收款循环的重大错报风险评估

注册会计师结合对销售与收款循环中业务流程和相关控制的了解，考虑在销售与收款循环中发生错报的可能性及潜在错报的重大程度是否足以导致重大错报，从而评估销售与收款循环的相关交易和余额存在的重大错报风险，为设计和实施进一步审计程序提供基础。

第 10 章第 3 节
即测即评

一、重大错报风险评估

（一）识别与收入确认相关的舞弊风险

实施风险评估程序，对注册会计师识别与收入确认相关的舞弊风险至关重要。如果注册会计师发现被审计单位所属行业竞争激烈，且利润具有下降趋势，同时管理层还过分强调提高利润，那么注册会计师就要警惕管理层通过舞弊手段来虚增收入以达到利润目标的潜在风险。例如，注册会计师通过了解被审计单位生产经营的基本情况、销售模式和业务流程、与收入相关的生产技术条件、收入的来源和构成、收入交易的特性、收入确认的具体原则、所在行业的特殊事项、重大异常交易的商业理由、被审计单位的业绩衡量等，有助于了解被审计单位对收入进行虚假错报的可能方式，据此对舞弊风险加以识别并设计出恰当的审计程序以发现此类错报。

需要注意的是，即使收入确认存在舞弊风险，注册会计师也不能认为与之相关的认定都存在舞弊风险。注册会计师要在对被审计单位及其环境有明确认知的情况下，去考虑收入确认舞弊可能如何发生。被审计单位不同，管理层实施舞弊的动机或压力不同，其舞弊风险所涉及的具体认定也不同，注册会计师需要做出具体分析。例如，如果管理层难以实现预期的利润目标，则可能有高估收入的动机或压力（如确认收入或记录虚假的收入），那么就可能存在虚增收入的舞弊风险（发生认定），而通常不存在与隐瞒收入相关的舞弊风险（完整性认定）；相反，如果管理层有隐瞒收入以减少税负的动机，则注册会计师需要更加关注与收入完整性认定相关的舞弊风险。再如，被审计单位预测无法在下一年实现销售目标，但已经成功完成本年度销售目标，就有可能会选择延迟确认本期收入，注册会计师此时则需关注与收入的截止认定相关的舞弊风险。

（二）常见的收入确认舞弊手段

有些企业往往为了达到粉饰财务报表的目的而采用虚增（发生认定）或隐瞒收入（完整性认定）等方式实施舞弊。

（1）为粉饰财务报表而虚增收入或提前确认收入。例如，利用与未披露关联方之间的资金循环虚构交易；通过未披露的关联方进行显失公允的交易；通过出售关联方的股权，使之从形式上不再构成关联方，但仍与之进行显失公允的交易，或与未来潜在的关联方进行显失公允的交易；通过虚开商品销售发票虚增收入，将货款挂在应收账款中，可能在以后期间计提坏账准备，或在期后冲销等。

（2）为降低税负或转移利润而少计收入或延后确认收入。例如，当货物已发出、收到货款并符合收入确认的要求时，被审计单位将收到的货款暂记为负债，或转至该单位以外的其他账户。被审计单位采用以旧换新的方式销售商品时，以新旧商品的差价确认收入。对于在某一时间段内履行的履约义务，在能够合理确定其履约进度的情况下，不在资产负债表日按履约进度确认收入，而推迟到完成履约义务时确认收入。

（三）收入确认可能存在舞弊风险的迹象

舞弊风险的迹象，是指注册会计师在执行审计程序时，所发现的、应当引起对舞弊风险的警惕的事实或情况。尽管存在舞弊风险的迹象并不一定意味着发生舞弊情况，但了解舞弊风险迹象，有助于注册会计师对审计过程中发现的异常情况产生警觉，从而更有针对性地采取应对措施。

通常以下迹象表明被审计单位在收入确认方面可能存在舞弊风险。例如，被审计单位的客户能否从第三方获得融资，能否将货物转售给第三方（如经销商）等情况，决定了被审计单位能否收到销售货款；未经客户同意，在销售合同约定的发货日期之前发送商品；未经客户同意，将商品运送到销售合同约定地点以外的其他地点。被审计单位的销售记录表明，已将商品发往外部仓库货运代理人，却未指明任何客户；交易标的对交易对方而言不具有合理用途；主要客户自身规模与其交易规模不匹配等。

（四）对收入确认实施分析程序

分析程序是一种有效识别收入确认是否存在异常的方法，注册会计师需要重视并利用分析程序，发挥其在识别收入确认舞弊中的作用。如果发现异常或者偏离预期的趋势或关系，注册会计师应研究其原因，评估有无因舞弊而产生的重大错报风险。

二、进一步审计程序

注册会计师基于销售与收款循环的重大错报风险评估结果，制定实施进一步审计程序的总体方案（包括综合性方案和实质性方案）（见表 10－4），继而实施控制测试和实质性程序，以应对识别出的认定层次的重大错报风险。注册会计师通过控制测试和实质性程序获取的审计证据综合起来应足以应对识别出的认定层次的重大错报风险。

表 10－4　基于销售与收款循环的重大错报风险评估结果的进一步审计程序总体方案

重大错报风险描述	销售收入可能未真实发生	销售收入记录可能不完整	期末收入交易可能未计入正确的时间	发生的收入交易未能得到准确记录	应收账款坏账准备的计提不准确
相关财务报表项目及认定	收入：发生；应收账款：存在	收入/应收账款：完整性	收入：截止；应收账款：存在/完整性	收入：准确性；应收账款：计价和分摊	应收账款：计价和分摊
风险程度	特别	一般	特别	一般	一般
是否依赖控制	是	否	否	是	否
进一步审计程序的总体方案	综合性方案	实质性方案	实质性方案	综合性方案	实质性方案
拟从控制测试中获取的保证程度	高	无	无	部分	无
拟从实质性程序中获取的保证程度	中	低	高	低	中

注：“拟从控制测试中获取的保证程度”一列所列示的“高、部分、无”以及“拟从实质性程序中获取的保证程度”一列所列示的“高、中、低”的级别的确定属于注册会计师的职业判断。针对不同的风险级别，其对应的拟获取的保证程度并非一定如表中所示。表中的内容仅演示了注册会计师基于特定情况所做出的对应的审计方案的评价结果，从而基于该结果确定控制测试和实质性程序的性质、时间安排和范围。

注册会计师根据重大错报风险的评估结果初步确定实施进一步审计程序的具体审计计划，具体审计计划并非固定不变，可能需要在审计过程中进行调整。因为风险评估和审计计划都是贯穿审计全过程的动态活动，而且注册会计师有可能因为控制测试的结果而改变对内部控制的信赖程度。

需要注意的是，无论是采用综合性方案还是实质性方案，获取的审计证据都应当能够从认定层面应对所识别的重大错报风险，直至针对该风险所涉及的全部相关认定，都已获取了足够的保证。

第 4 节　销售与收款循环的控制测试

一、控制测试的应用

在对销售与收款循环应用控制测试程序时，需要注意以下基本要求：

第 10 章第 4 节
即测即评

（1）控制测试所使用的审计程序的类型主要包括询问、观察、检查和重新执行，其提供的保证程度依次递增。注册会计师需要根据所测试的内部控制的特征及需要获得的保证程度选用适当的测试程序。

（2）如果控制测试已于期中执行，注册会计师应当在年末审计时实施适当的前推程序，就控制在剩余期间的运行情况获取证据，以确定控制是否在整个被审计期间持续运行有效。

（3）注册会计师需要通过控制测试获取的保证程度决定控制测试的范围。

（4）如果拟信赖的内部控制是由计算机执行的自动化控制，注册会计师除了测试自动化控制的运行有效性，还需要就相关的信息技术一般控制的运行有效性获取审计证据。如果所测试的人工控制利用系统生成信息或报告，注册会计师除了测试人工控制，还需就系统生成的信息或报告的可靠性获取审计证据。

上述基本要求，同样适用于其他业务循环的控制测试。

二、以风险为起点的控制测试

风险评估和风险应对是整个审计过程的核心，因此，注册会计师通常以识别的重大错报风险为起点，选取拟测试的控制并实施控制测试。

1. 订单处理和赊销的信用控制环节

订单处理和赊销的信用控制环节的控制测试程序见表 10－5。

表 10－5 订单处理和赊销的信用控制环节的控制测试程序

可能发生错报的情况	相关的财务报表项目及认定	存在的内部控制（自动）	存在的内部控制（人工）	控制测试程序
可能向没有获得赊销授权或超出了其信用额度的客户赊销	收入：发生；应收账款：存在	订购单上的客户代码与应收账款主文档记录的代码一致。目前未偿付余额加上本次销售额在信用限额范围内。上述两项均满足才能生成销售单	对于不在主文档中的客户或超过信用额度的客户订购单，需要经过适当授权批准，才可生成销售单	询问员工销售单的生成过程，检查是否所有销售单均根据相应客户订购单生成。检查系统中自动生成销售单的生成逻辑，是否确保满足了客户范围及其信用控制的要求。对于系统外授权审批的销售单，检查是否经过适当批准

2. 发运商品环节

发运商品环节的控制测试程序见表 10－6。

表 10－6 发运商品环节的控制测试程序

可能发生错报的情况	相关的财务报表项目及认定	存在的内部控制（自动）	存在的内部控制（人工）	控制测试程序
可能在没有批准发货的情况下发出了商品	收入：发生；应收账款：存在	当客户销售单在系统中获得发货批准时，系统自动生成连续编号的发运凭证	安保人员只有在收到附有经批准的销售单和发运凭证时才能放行	检查系统内发运凭证的生成逻辑以及发运凭证是否是连续编号。询问并观察发运时安保人员的放行检查
发运商品与客户销售单可能不一致	收入：准确性；应收账款：计价和分摊	计算机把发运凭证中所有准备发出的商品与销售单上的商品种类和数量进行比对。打印种类或数量不符的例外报告，并暂缓发货	管理层复核例外报告和暂缓发货的清单，并解决问题	检查例外报告和暂缓发货的清单
已发出商品可能与发运凭证上的商品种类和数量不符	收入：准确性；应收账款：计价和分摊		商品打包发运前，装运部门对商品和发运凭证内容进行独立核对，并在发运凭证上签字以示商品已与发运凭证核对且种类和数量相符。客户要在发运凭证上签字以作为收到商品且商品与订购单一致的证据	检查发运凭证上相关员工及客户的签名，作为发货一致的证据

续表

可能发生错报的情况	相关的财务报表项目及认定	存在的内部控制（自动）	存在的内部控制（人工）	控制测试程序
已销售商品可能未实际发运给客户	收入：发生； 应收账款：存在		客户要在发运凭证上签字以作为收到商品且商品与订购单一致的证据	检查发运凭证上客户的签名，作为收货的证据

3. 开具发票环节

开具发票环节的控制测试程序见表 10－7。

表 10－7　开具发票环节的控制测试程序

可能发生错报的情况	相关的财务报表项目及认定	存在的内部控制（自动）	存在的内部控制（人工）	控制测试程序
商品发运可能未开具销售发票或已开出发票没有发运凭证的支持	收入：发生、完整； 应收账款：存在、完整、权利和义务	发货以后系统根据发运凭证及相关信息自动生成连续编号的销售发票；系统自动复核连续编号的发票和发运凭证的对应关系，并定期生成例外报告	复核例外报告并调查原因	检查系统生成发票的逻辑；检查例外报告及跟进情况
由于定价或产品摘要不正确，以及销售单、发运凭证或销售发票代码输入错误，可能导致销售价格不正确	收入：准确性； 应收账款：计价和分摊	通过逻辑登录限制控制定价主文档的更改；只有得到授权的员工才能进行更改；系统通过使用和检查主文档版本序号，确定正确的定价主文档版本已经被上传；系统检查录入的产品代码的合理性	核对经授权的有效的价格更改清单与计算机获得的价格更改清单是否一致；如果发票由手工填写或没有定价主文档，则有必要对发票的价格进行独立核对	检查文件以确定价格更改是否经授权；重新执行以确定打印出的更改后的价格与授权的是否一致；通过检查 IT（internet technology，信息技术）的一般控制和收入交易的应用控制，确定正确的定价主文档是否已被用来生成发票；如果发票由人工填写，检查发票中价格复核人员的签名；通过核对经授权的价格清单与发票上的价格，重新执行该核对过程

续表

可能发生错报的情况	相关的财务报表项目及认定	存在的内部控制（自动）	存在的内部控制（人工）	控制测试程序
发票上的金额可能出现计算错误	收入：准确性；应收账款：计价和分摊	每张发票的单价、计算、商品代码、商品摘要和客户账户代码均由计算机程序控制；如果由计算机控制的发票开具程序的更改是受监控的，在操作控制帮助下，可以确保使用的是正确的发票生成程序版本；系统代码的密码保护，只有经授权的员工才可以更改；定期打印所有系统上作出的更改	上述程序的所有更改由上级复核和审批；如果由人工开具发票，独立复核发票上计算的增值税和总额的正确性	自动：询问发票生成程序更改的一般控制情况，确定是否经授权以及现有的版本是否正在被使用；检查有关程序更改的复核审批程序；手工：检查与发票计算金额正确性相关的人员的签名；重新计算发票金额，证实其是否正确
销售发票入账的会计期间可能不正确	收入：截止、发生； 应收账款：存在、完整、权利和义务	系统根据销售发票的信息自动汇总生成当期销售入账记录	定期执行人工销售截止检查程序；向客户发送月末对账单，调查并解决客户质询的差异	检查系统中销售记录生成的逻辑；重新执行销售截止检查程序；检查客户质询信件并确定问题是否已得到解决
销售发票入账金额可能不准确	收入：准确性；应收账款：计价和分摊	系统根据销售发票的信息自动汇总生成当期销售入账记录	复核明细账和总账间的调节结果；向客户发送月末对账单，调查并解决客户质询的差异	检查系统销售入账记录的生成逻辑，对于人工调节项目进行检查，并调查原因是否合理；检查客户质询信件并确定问题是否已得到解决
销售发票可能被记入不正确的应收账款明细账户	应收账款：计价和分摊	系统将客户代码、商品发送地址、发运凭证、发票与应收账款主文档中的相关信息进行比对	应收账款客户主文档中明细账的汇总金额应与应收账款总分类账核对；对于两者之间的调节项需要调查原因并解决；向客户发送月末对账单，调查并解决客户质询的差异	检查应收账款客户主文档中明细余额汇总金额的调节结果与应收账款总分类账是否核对相符，以及负责该项工作的员工签名；检查客户质询信件并确定问题是否已得到解决

4. 记录应收账款的收款环节

记录应收账款的收款环节的控制测试程序见表 10－8。

表 10－8 记录应收账款的收款环节的控制测试程序

可能发生错报的情况	相关的财务报表项目及认定	存在的内部控制（自动）	存在的内部控制（人工）	控制测试程序
应收账款记录的收款与银行存款可能不一致	应收账款/货币资金：完整、存在、权利和义务、计价和分摊	在每日编制电子版存款清单时，系统自动贷记应收账款	将每日收款汇总表、电子版收款清单和银行存款清单相比较；定期取得银行对账单，独立编制银行存款余额调节表；向客户发送月末对账单，对客户质询的差异应予以调查并解决	检查核对每日收款汇总表、电子版收款清单和银行存款清单的核对记录和核对人签名；检查银行存款余额调节表和负责编制的员工签名；检查客户质询信件并确定问题是否已被解决
收款可能被记入不正确的应收账款账户	应收账款：计价和分摊、存在	电子版的收款清单与应收账款明细账之间建立连接界面，根据对应的客户名称、代码、发票号等将收到的款项对应到相应的客户账户；对于无法对应的款项生成例外事项报告；系统定期生成按客户细分的应收账款账龄分析表	将生成的例外事项报告的项目进行人工核对，或调查产生的原因并解决；向客户发送月末对账单，对客户质询的差异应予以调查并解决；管理层每月复核按客户细分的应收账款账龄分析表，并调查长期余额或其他异常余额	检查系统中的对应关系审核设置是否合理；检查对例外事项报告中的信息进行核对的记录以及无法核对事项的解决情况；检查客户质询信件并确定问题是否已被解决；检查管理层对应收账款账龄分析表的复核及跟进措施

5. 坏账准备计提及坏账核销环节

坏账准备计提及坏账核销环节的控制测试程序见表 10－9。

表 10－9 坏账准备计提及坏账核销环节的控制测试程序

可能发生错报的情况	相关的财务报表项目及认定	存在的内部控制（自动）	存在的内部控制（人工）	控制测试程序
坏账准备的计提可能不充分	应收账款：计价和分摊	系统自动生成应收账款账龄分析表	管理层对财务人员基于账龄分析表，采用预期信用损失模型计算编制的坏账准备计提表进行复核；复核无误后需要在坏账准备计提表上签字；管理层复核坏账核销的依据，并进行审批	检查财务系统计算账龄分析表的规则是否正确；询问管理层如何复核坏账准备计提表的计提，检查是否有复核人员的签字；检查坏账核销是否经过管理层的恰当审批

注：此环节假定企业以账龄组合为基础估计预期信用损失。

6. 记录现金销售环节

记录现金销售环节的控制测试程序见表 10－10。

表 10－10 记录现金销售环节的控制测试程序

可能发生错报的情况	相关的财务报表项目及认定	存在的内部控制（自动）	存在的内部控制（人工）	控制测试程序
登记入账的现金收入与企业已经实际收到的现金不符	收入：完整、发生、截止、准确性； 货币资金：完整、存在	现金销售通过统一的收款台，用收银机集中收款，并自动打印销售小票	销售小票应交予客户确认金额一致；通过监视器监督收款台；每个收款台都打印每日现金销售汇总表；盘点每个收款台收到的现金，并与相关销售汇总表调节相符；独立检查所有收到的现金已存入银行；将每日现金销售汇总表与银行存款单相比较；定期取得银行对账单，独立编制银行存款余额调节表	实地观察收银台、销售点的收款过程，并检查在这些地方是否有足够的物理监控；检查收款台打印销售小票和现金销售汇总表的程序设置和修改权限设置；检查盘点记录和结算记录上负责计算现金和与销售汇总表相调节工作的员工的签名；检查银行存款单和销售汇总表上的签名，证明已实施复核；检查银行存款余额调节表的编制和复核人员的审核记录

在上述控制测试中，如果人工控制的执行需要依赖信息系统生成的报告，那么注册会计师应当针对系统生成报告的准确性执行测试。例如，与坏账准备计提相关的管理层控制中使用了系统生成的应收账款账龄分析表，其准确性影响管理层控制的有效性，因此注册会计师需要测试应收账款账龄分析表的准确性。

表 10－5 至表 10－10 列示了销售与收款循环中一些较为常见的内部控制和相应的控制测试程序，未包含销售与收款循环所有的内部控制和控制测试程序，因此这并不意味着审计实务应当按此执行。主要原因包括：

（1）被审计单位所处行业不同、规模不一、内部控制制度的设计和执行方式不同，以前期间接受审计的情况也各不相同。

（2）受审计时间、审计成本的限制，注册会计师在保证审计质量和审计效果的同时，还需提高审计效率，尽量不要实施重复的测试程序，减少审计资源的浪费，比如，确保在对任一凭证进行检查时，都能按最佳顺序一次性完成对该凭证的全部审计测试程序。

因此，注册会计师需要从实际出发，设计出适合被审计单位具体情况的实用且高效的控制测试计划，不能简单地一概而论。

第5节　销售与收款循环的实质性程序

第10章第5节
即测即评

在完成控制测试之后，注册会计师基于控制测试的结果（即控制运行是否有效）确定从控制测试中已获得的审计证据及其保证程度，同时确定是否需要对具体审计计划中设计的实质性程序的性质、时间安排和范围做出适当调整。例如，如果控制测试的结果表明内部控制未能有效运行，注册会计师需要从实质性程序中获取更多的相关审计证据，那么注册会计师可以修改实质性程序的性质，如采用细节测试而非实质性程序获取更多的外部证据等，也可以修改实质性程序的范围，如增加抽样数量以扩大样本规模。

在实务中，注册会计师通过计划阶段执行的风险评估程序，已经确定了与已识别重大错报风险相关的认定。本节主要从风险应对的具体审计目标和相关认定的角度出发，对实务中较为常见的针对营业收入和应收账款的实质性程序进行阐述，这些程序可以从一个或多个认定方面应对识别的重大错报风险。

一、营业收入的实质性程序

（一）营业收入的审计目标

营业收入是指核算企业在销售商品、提供劳务等主营业务活动中所产生的收入，以及企业确认的除主营业务活动以外的其他经营活动实现的收入，包括出租固定资产、出租无形资产、出租包装物和商品、销售材料等实现的收入。其审计目标一般包括：确定利润表中记录的营业收入是否已发生且与被审计单位有关（发生认定）；确定所有应记录的营业收入是否均已记录（完整性认定）；确定与营业收入有关的金额及其他数据是否已恰当记录，包括对销售退回、销售折扣和折让的处理是否适当（准确性认定）；确定营业收入是否已记录于正确的会计期间（截止认定）；确定营业收入是否已按照企业会计准则的规定在财务报表中作出恰当的披露（列报认定）。

（二）主营业务收入的一般实质性程序

（1）获取营业收入明细表。

1）复核加计是否正确，并与总账数和明细账合计数核对是否相符。

2）检查以非记账本位币结算的主营业务收入使用的折算汇率及折算是否正确。

（2）实施实质性分析程序。

1）基于对被审计单位及其环境的了解，运用分析程序，将相关数据之间关系的影响加以考虑，以建立有关数据的期望值：通过比较被审计单位本期的主营业务收入与上期的主营业务收入、销售预算或预测数，分析主营业务收入及其构成的变动是否异常，并分析异常变动的原因；计算本期重要产品的毛利率，与上期预算或预测数据比较，检查是否存在异常，各期间是否存在重大波动，查明原因；比较本期各月各类主营业务收入的波动情况，分析其变动趋势是否正常，是否符合被审计单位季节性、周期性的经营规律，查明异常现象和重大波动的原因；将本期重要产品的毛利率与同行业企业进行对比分析，检查是否存在异常。

2）确定可接受的差异额。

3）将实际金额与期望值相比较，计算差异。

4）如果差异额超过确定的可接受差异额，注册会计师需通过调查以取得合理解释及适当的佐证性审计依据，而且不能仅调查超出可接受差异额的部分，而应针对全额进行调查。

5）评估实质性分析程序的结果。

（3）检查主营业务收入确认方法。

根据《企业会计准则第 14 号——收入》的规定，企业在履行合同规定的义务时，其收入应在顾客取得相关商品的控制权时予以确认。取得相关商品的控制权，是指能够主导该商品的使用并从中获得几乎全部的经济利益。在客户取得相关商品控制权的同时，双方签订的合同需要满足以下条件，企业才可确认收入：该合同已被批准，且相关各方均保证履行各自义务；该合同明确了合同各方与所转让商品或提供劳务相关的权利和义务；该合同有明确的与所转让的商品相关的支付条款；该合同具有商业实质，即履行该合同将改变企业未来现金流量的风险等；企业因向客户转让商品而有权取得的对价很可能收回。

（4）核对收入交易的原始凭证与会计记录。

从主营业务收入明细账中的会计分录入手，对订购单、销售单、发运凭证、发票等有关原始凭证进行核对，从而对已记录入账的营业收入的真实性进行评估。为确认客户购买要求的真实性与销售交易的合规性（即已通过授权审批），应核对订购单和销售单；销售发票存根上所列的单价，通常应与通过审批的商品价目表一致，对其金额小计和合计数也要进行复算。发票中列出的商品的规格、数量和客户代码等，应与发运凭证，尤其是其中用于客户签收的一联所记载的内容一致，以确定已按合同约定履行了履约义务，可以确认收入。同时，还要检查原始凭证中的交易日期（客户取得商品控制权的日期），以确认收入计入了正确的会计期间。

（5）实施销售截止测试。

该测试的目标是判断被审计单位主营业务收入的会计记录归属期是否正确，有无延迟确认或提前确认的情况。截止测试可能包括以下程序：

1）选取资产负债表日前后若干天的发运凭证，与应收账款和收入明细账进行核对（完整性认定）；从应收账款和收入明细账中选取在资产负债表日前后若干天的凭证，与发运凭证核对，确认是否存在销售跨期的情况。货物出库时，与货物所有权相关的主要风险和报酬可能尚未转移，仓储部门留存的发运凭证可能无法充分证明收入的实现，注册会计师需要检查有客户签署的那一联的发运凭证。销售发票与收入相关，但其开具日期未必就是确认收入的日期。在实际操作中，增值税发票开具时间晚于收入确认日是很常见的事情，因为它关系到企业的纳税、抵扣等问题，因此，通常不能将开票日期作为收入确认的日期。

2）复核资产负债表日前后销售和发货水平，确定业务活动水平是否异常，并考虑是否有必要追加实施截止测试程序。

3）取得资产负债表日后所有的销售退回记录，检查是否存在提前确认收入的情况。

4）结合对资产负债表日应收账款的函证程序，检查是否存在未经双方同意的销售。

（6）检查销售折扣与折让。

企业在销售交易中，往往会因各种原因向客户提供销售折扣与折让。销售折扣与折让直接影响收入的计量。注册会计师针对销售折扣与折让的实质性程序可能包括：

1）获取折扣与折让明细表，复核加计正确，并与明细账合计数核对相符。

2）了解被审计单位有关折扣与折让的政策和程序，抽查折扣与折让的授权批准情况，与实际执行情况进行核对。

3）检查折扣与折让的会计处理是否正确。

（7）检查主营业务收入在财务报表中的列报和披露是否符合企业会计准则的规定。

二、应收账款的实质性程序

应收账款是指企业因销售商品、提供劳务而形成的现时收款权利，即由于企业销售商品、提供劳务等原因，应向购货客户或接受劳务的客户收取的款项。应收账款余额一般包括应收账款账面余额和已计提的坏账准备两部分。

坏账是指企业无法收回或收回可能性极小的应收款项（包括应收票据、应收账款、预付款项、其他应收款和长期应收款等）。企业通常采用备抵法按期估计坏账损失，设置坏账准备科目，企业通常将作为应收账款科目的备抵科目评估资产负债表日应收款项的信用风险，合理预计各项应收款项可能发生的坏账，相应计提坏账准备。

企业的应收账款是在销售交易或提供劳务过程中产生的。一方面，收入的发生认定直接影响应收账款的存在认定；另一方面，由于应收账款代表了尚未收回货款的收入，因此，对应收账款进行审计而获取的审计证据，有助于对收入的审计。

（一）应收账款的审计目标

应收账款的审计目标一般包括：确定资产负债表中记录的应收账款是否存在（存在认定）；确定所有应当记录的应收账款是否均已记录（完整性认定）；确定记录的应收账款是否由被审计单位拥有或控制（权利和义务认定）；确定应收账款是否可收回，坏账准备的计提方法和比例是否恰当，计提是否充分（计价和分摊认定）；确定应收账款及其坏账准备是否已按照企业会计准则的规定在财务报表中做出恰当披露（列报认定）。

（二）应收账款的实质性程序的内容

1. 取得应收账款明细表

（1）复核加计正确，并与总账数和明细账合计数核对是否相符；将坏账准备科目的余额与报表记载金额进行对比，查看是否一致。应收账款报表数反映企业因销售商品、提供劳务等应向购买单位收取的各种款项，减去已计提的相应的坏账准备后的净额。

（2）检查非记账本位币应收账款的折算汇率及折算是否正确。对于用非记账本位币（通常为外币）结算的应收账款，检查其增减变动是否采用交易发生日的即期汇率将外币金额折算为记账本位币金额，或者采用系统合理的方法确定的、与交易发生日即期汇率近似的汇率折算，考虑汇率的选择在各会计期间的一致性；对于期末的外币应收账款余额，要考虑是否按期末即期汇率折合为记账本位币金额；折算差额的账务处理是否恰当。

（3）分析有贷方余额的项目，查明原因，必要时，建议作重分类调整。

（4）结合其他应收款、预收款项等往来项目的明细余额，调查有无同一客户多处挂账、异常余额或与销售无关的其他款项（如代销账户、关联账户或员工账户）。

2. 分析与应收账款相关的财务指标

（1）复核应收账款借方累计发生额与主营业务收入关系是否合理，并将当期应收账款借方发生额占销售收入净额的百分比与管理层考核指标和被审计单位相关赊销政策比较，如存在异常查明原因。

（2）计算应收账款周转率、应收账款周转天数等指标，并与被审计单位相关赊销政策、被审计单位以前年度指标、同行业同期相关指标对比，分析是否存在重大异常并查明原因。

3. 检查应收账款账龄分析是否正确

（1）获取应收账款账龄分析表。为了监控货款回收情况，及时识别可能无法收回的应收账款，同时为计提坏账准备做准备，被审计单位一般都会对应收账款进行账龄分析，并根据分析结果编制应收账款账龄分析报告。通过对应收账款的账龄分析，注册会计师可以了解和评估应收账款的可收回性。应收账款账龄分析表参考格式如表10－11所示。

表10－11　应收账款账龄分析表

年　　月　　日　　　　　　　　货币单位：

客户名称	期末余额	账龄			
		1年以内	1～2年	2～3年	3年以上
合计					

（2）测试应收账款账龄分析表计算的准确性，并将应收账款账龄分析表中的合计数与应收账款总分类账余额相比较，并调查重大调节项目。

（3）为保证账龄划分的准确性，注册会计师应采用抽样检查的方法，从应收账款账龄分析表中随机选择部分项目，追查至销售原始凭证，重新核对所抽取项目的账龄。

4. 对应收账款实施函证程序

根据询证函回函，能有效证明被询证者的存在和被审计单位记录的可靠性。为确定函证的范围、对象、方式和时间，注册会计师应了解被审计单位的经营环境、内部控制的有效性、应收账款账户的性质、被询证者处理询证函的习惯做法及回函的可能性等情况。

（1）函证决策。只有在能证明应收账款对被审计单位的财务报表不重要时，或应收账款的函证很可能是无效的，才无须对应收账款实施函证，并在审计工作底稿中说明不进行函证的理由，否则注册会计师应当对应收账款进行函证。如果认为函证很可能是无效的，注册会计师应当实施替代审计程序，获取相关、可靠的审计证据。

（2）函证的范围和对象。函证范围是由诸多因素决定的。如果应收账款在全部资产中所占的比例较大，那么函证的范围就应该扩大。如果被审计单位内部控制有效，那么函证范围就会相应缩小；反之，则扩大函证范围。注册会计师选择函证项目时，不仅要考虑金额较大的项目，也需要考虑风险较高的项目。例如，账龄较长的项目；与债务人存在纠纷的项目；重大关联方项目；主要客户（包括关系密切的客户）项目；新增客户项目；交易频繁但期末余额较小甚至余额为零的项目；可能产生重大错报或舞弊的非正常的项目。这种基于一定的标准选取样本的方法具有针对性，比较适用于应收账款余额和性质差异较大的情况。对于数量多、金额少、性质相似的应收账款项目，可采用抽样技术选取函证样本。

(3) 函证的方式。函证的方式包括积极式函证与消极式函证。会计师事务所在对应收账款进行函证时可以单独采用两种方法，也可将其结合使用。由于应收账款通常存在高估风险，且与之相关的收入确认存在舞弊风险假定，因此，实务中通常对应收账款采用积极式函证。

以下专栏展示了积极式询证函和消极式询证函的常用格式。

积极式询证函的常用格式（示例一）

××企业询证函

编号：

××（公司）：

本公司聘请的××会计师事务所正在对本公司××××年度财务报表进行审计，按照中国注册会计师审计准则的要求，应当询证本公司与贵公司的往来账项等事项。下列数据出自本公司账簿记录，如与贵公司记录相符，请在本函下端“信息证明无误”处签章证明；如有不符，请在“信息不符”处列明不符金额。回函请直接寄至××会计师事务所。

回函地址：

邮编：　　　　电话：　　　　传真：　　　　联系人：

1. 本公司与贵公司的往来账项列示如下：

单位：元

截止日期	贵公司欠	欠贵公司	备注

2. 其他事项。

本函仅为复核账目之用，并非催款结算。若款项在上述日期之后已付清，仍请及时函复为盼。

（公司盖章）

年　月　日

结论：1. 信息证明无误。

（公司盖章）

年　月　日

经办人：

2. 信息不符，请列明不符的详细情况：

（公司盖章）
年　月　日
经办人：

积极式询证函的常用格式（示例二）

××企业询证函

编号：

××（公司）：

本公司聘请的××会计师事务所正在对本公司××××年度财务报表进行审计，按照中国注册会计师审计准则的要求，应当询证本公司与贵公司的往来账项等事项。请列示截至××××年×月×日贵公司与本公司往来款项余额。回函请直接寄至××会计师事务所。

回函地址：

邮编：　　　　电话：　　　　传真：　　　　联系人：

本函仅为复核账目之用，并非催款结算。若款项在上述日期之后已付清，仍请及时函复为盼。

（公司盖章）
年　月　日

1. 本公司与贵公司的往来账项列示如下：

单位：元

截止日期	贵公司欠	欠贵公司	备注

2. 其他事项。

（公司盖章）
年　月　日
经办人：

消极式询证函的常用格式

××企业询证函

编号：

××（公司）：

本公司聘请的××会计师事务所正在对本公司××××年度财务报表进行审计，按照中国注册会计师审计准则的要求，应当询证本公司与贵公司的往来账项等事项。下列数据出自本公司账簿记录，如与贵公司记录相符，则无须回复；如有不符，请直接通知会计师事务所，并在空白处列明贵公司认为是正确的信息。回函请直接寄至××会计师事务所。

回函地址：

邮编：　　　　　电话：　　　　　传真：　　　　　联系人：

1. 本公司与贵公司的往来账项列示如下：

单位：元

截止日期	贵公司欠	欠贵公司	备注

2. 其他事项。

本函仅为复核账目之用，并非催款结算。若款项在上述日期之后已付清，仍请及时函复为盼。

（公司盖章）

年　月　日

××会计师事务所：

上面的信息不正确，差异如下：

（公司盖章）

年　月　日

经办人：

（4）函证时间的选择。会计师事务所通常以资产负债表日为截止日，实施函证的时间则为资产负债表日后的一段适当时间内。如果评估出的重大错报风险处于较低水平，那么会计师事务所可以将实施函证的时间往前推，选择资产负债表日前适当日期为截止日实施函证，并对所函证项目自该截止日起至资产负债表日止发生的变动实施其他实质性程序。

（5）函证的控制。会计师事务所在编制询证函时，一般使用被审计单位提供的应收账款明细账户名称及客户地址等资料，但应当对函证全过程保持控制，并对需要确认或填列的信息、选择适当的被询证者、设计询证函及发出和跟进（包括收回）询证函等环节保持控制。

会计师事务所可通过函证结果汇总表的方式对询证函的收回情况加以汇总，如表 10－12 所示。

表 10-12 应收账款函证结果汇总表

被审计单位名称： 制表人： 制表日期：

结账日： 年 月 日 复核人： 复核日期：

询证函编号	客户名称	地址及联系方式	账面金额	函证方式	函证日期		回函日期	确认金额	差异金额及说明	备注
					第一次	第二次				
合计										

（6）对不符事项的处理。对于不符事项的性质、成因，会计师事务所不能仅根据当事人的回答得出结论，而应在询问结果的基础上，以有关的原始凭证和文件资料作为其性质和成因的佐证。必要时与被询证方联系，获取相关信息和解释。对应收账款而言，会因入账时间不同而产生以下不符事项：客户已经付款，被审计单位尚未收到货款；被审计单位的货物已经发出并已作销售记录，但货物仍在途中，客户尚未收到货物；客户由于某种原因将货物退回，而被审计单位尚未收到；客户对收到的货物的数量、质量及价格等方面有异议而全部或部分拒付货款等。

（7）对未回函项目实施替代程序。如果未收到被询证方的回函，会计师事务所应当实施替代审计程序。例如，在检查资产负债表日后收回的货款时，不能仅查看应收账款的贷方发生额，也要查看相关的收款单据，以证实付款方确为该客户且确与资产负债表日的应收账款相关；检查相关的销售合同、销售单、发运凭证等文件。会计师事务所需要根据被审计单位的收入确认条件和时点，确定能够证明收入发生的凭证；检查被审计单位与客户之间的往来邮件，如有关发货、对账、催款等邮件。

在某些情况下，会计师事务所可能认为取得积极式回函是必要程序，尤其是识别出有关收入确认的舞弊风险。如果未获取回函，注册会计师应当确定其对审计工作和审计意见的影响。询证函作为审计证据，应纳入审计工作底稿管理，其回函所有权归属所在会计师事务所。

5. 对应收账款余额实施函证以外的细节测试

在未实施应收账款函证的情况下（如无法函证），需要实施其他审计程序获取有关应收账款的审计证据。

6. 检查坏账的冲销和转回

首先，注册会计师应检查有无债务人破产或者死亡，且以其破产财产或遗产清偿后仍无法收回的，或者债务人长期未履行清偿义务的应收账款；其次，应检查被审计单位坏账的处理是否经授权批准，有关会计处理是否正确。

7. 确定应收账款的列报是否恰当

如果被审计单位为上市公司，还应评估该单位所披露的信息是否满足中国证监会的特别规定。

（三）坏账准备的实质性程序

应收账款属于以摊余成本计量的金融资产，企业应当以预期信用损失为基础，对其进行减值会计处理并确认坏账准备。坏账准备审计常用的实质性程序如下：

（1）取得坏账准备明细表，复核加计是否正确，与坏账准备总账数、明细账合计数核对是否相符。

（2）将应收账款坏账准备本期计提数与信用减值损失相应明细项目的发生额进行核对，检查其数额是否相符。

（3）检查应收账款坏账准备计提和核销的批准程序，取得书面报告等证明文件，结合应收账款函证回函结果，评价计提坏账准备所依据的资料、假设及方法。企业应合理预计信用损失，不得多提或少提坏账准备，否则将视为滥用会计估计，按照前期差错更正的方法进行会计处理。

（4）实际发生坏账损失的，检查转销依据是否符合有关规定，会计处理是否正确。对于被审计单位在被审计期间内发生的坏账损失，注册会计师应检查其原因是否清楚，是否符合有关规定，有无授权批准，有无已作坏账处理后又重新收回的应收账款，相应的会计处理是否正确。对有确凿证据表明确实无法收回的应收账款，如债务单位已撤销、破产、资不抵债、现金流量严重不足等，企业应根据管理权限，经股东（大）会或董事会、经理（厂长）办公会或类似机构批准作为坏账损失，冲销提取的坏账准备。

（5）已经确认并转销的坏账重新收回的，检查其会计处理是否正确。

（6）确定应收账款坏账准备的披露是否恰当。企业应将应收账款坏账的确认标准、计提方法和计提比例，在财务报表附注中予以明确披露。

案　例

凭证抽查及应收款审计程序应用

案例一　数字化审计应用案例：高效翻凭证

在记账凭证电子化存储的时代，如何才能快速地翻凭证、核对账实信息？比如，在一次风险排查中偶然发现，系统导出的账户交易明细中经办人和原始记账凭证签字经办人员不一致。对于这个疑点，首先需要判断的就是这种情况是否普遍，然后再核查原因。这就需要先对交易明细进行抽样，然后对比电子明细中的经办人姓名和原始记账凭证上的签名是否一致，根据对比结果评估总体情况。然而交易明细很庞大，即使是抽样，样本数量也很大，翻阅纸质原始凭证的工作量非常大。

面对这类问题，数字化审计的应用往往可以带来事半功倍的效果。PIL 全称为 Python Imaging Library，是 Python 平台上的图像处理标准库，其提供的函数功能强大、接口简单，可以对图像进行缩放、切片、旋转、添加滤镜、添加文字、绘图、格式转换等。如果被审计单位的财务数据环境满足一定的条件（比如原始凭证都已扫描成图像存储，且图像的尺寸一致，文件名就是凭证号码；凭证影像按照月份刻录成光盘备份，一般存在“凭证影像”目录下），就可以根据电子明细数据中的“凭证号”字段，查找对应的影像文件，截取签名区域，将截图插入电子明细数据 Excel 文件中。这样就可以基于电子明细数据快速进行对比，而不需要一边看数据一边翻凭证，从而大大提高了效率。此外，如果能够收集足够的经办人签字样本，还可以进行机器学习训练，然后基于训练结果，自动对凭证影像上的签字进行识别，判断流水中的经办人是否为签字人。

案例二　千山药机应收款审计程序应用

2015 年，千山药机通过虚增收入等方式虚增利润 7 950.52 万元；2016 年，千山药机通过虚增收入、虚减应收账款、坏账准备等方式虚增利润 27 716.43 万元。瑞华会计师事务所为千山药机 2015 年、2016 年年度报告提供审计服务，对前述年度报告均出具了标准无保留意见审计报告。经查明，前述审计报告存在虚假记载。2015 年签字注册会计师为刘某武、程某彬，审计收费 50 万元；2016 年签字注册会计师为刘某、程某彬，审计收费 90 万元。瑞华会计师事务所在对千山药机 2015 年、2016 年年度财务报表审计过程中未勤勉尽责，审计程序存在缺陷。

1. 营业收入审计程序存在缺陷

2015 年，千山药机新增烟花生产线业务，浏阳市华冠出口花炮有限公司（以下简称“华冠花炮”）为该业务唯一客户。2015 年，千山药机账目显示对华冠花炮实现营业收入 8 974.36 万元，利润 5 769.39 万元，占当年千山药机营业收入、利润总额的比例分别为 16.44%、69.50%。2016 年千山药机账目显示对华冠花炮实现营业收入 22 435.90 万元，利润 13 733.16 万元，占当年千山药机营业收入、利润总额的比例分别为 29.36%、61.51%。在审计过程中，瑞华会计师事务所 2015 年、2016 年均将营业收入列为高风险项目，但未对大额收入的异常情况保持应有的职业谨慎，也未获取充分、适当的审计证据，形成合理的审计结论，发表正确的审计意见。

一是对华冠花炮烟花生产线异常发货情况关注不足。在 2015 年年度审计底稿中，收货确认单显示华冠花炮已确认收到 10 条生产线，但审计人员以审计说明的方式在货物运输协议中备注“实际上只发货了一条生产线”，证明审计人员已发现收货确认单与实际发货数量不符，同时千山药机与华冠花炮所签订的“补充协议”中称“由于华冠花炮的厂房设施未完成，暂时将交付的设备存放在其指定地点”。但瑞华会计师事务所未对暂存在千山药机的烟花生产线予以盘点查证，未对异常发货采取进一步审计程序以形成客观的审计结论和审计意见。在 2016 年年度审计底稿中，千山药机的安装调试确认单显示销售给华冠花炮的 25 条生产线已安装调试完毕，但审计人员在货物运输协议中备注"实际没发生"；安装调试确认单中华冠花炮及其负责人盖章、签字确认的时间均为 2016 年 12 月 30 日，与华冠花炮和千山药机签订"补充协议"的时间一致。直到千山药机 2016 年年度审计报告签发日，华冠花炮的厂房设施未达到预计可使用状态，相关设备仍然保管在千山药机仓库中。瑞华会计师事务所依旧未对暂存在千山药机的烟花生产线予以盘点查证，未对异常发货采取进一步审计程序以形成客观的审计结论和审计意见。上述未实际发货的烟花生产线直至 2018 年 2 月才交付给华冠花炮，但一直未拆除包装予以安装，未到达预定可使用状态。

二是对新增重大客户的履约能力关注不足，审计证据获取不充分。2015 年、2016 年年度审计底稿中，瑞华会计师事务所均未对华冠花炮履约过程及是否具备履约能力进行关注。在 2016 年审计现场走访过程中，对相关客户负责人所提供的财务数据也未获取充分、适当的审计证据予以证实或审慎分析。

三是未对新增重大客户保持合理怀疑，对销售回款执行的审计程序不充分，审计证据获取不可靠、不充分。2015 年年度审计底稿显示，瑞华会计师事务所对华冠花炮销售合同、发货记录等进行了检查，但未对销售回款情况进行检查，未获取相关银行回单等审计证据。2016 年年度审计底稿显示，瑞华会计师事务所抽取了华冠花炮建设银行 4300××××6888 账户回款至千山药机工商银行 1901××××1166 账户的部分银行回单进行检查。但是，华冠花炮不存在银行回单中所记载的建设银行账户，审计人员未通过千山药机电子银行对回单予以核实，也未亲自前往银行打印相关银行流水、回单，而是直接采纳了千山药机提供的银行流水及相关回单作为审计证据，审计程序不充分适当。

瑞华会计师事务所在对千山药机 2015 年、2016 年年度财务报表审计中，对重大客户的大额收入确认未保持应有的职业谨慎，未获取充分适当的审计证据，导致未能及时识别财务报告的重大错报风险。上述行为不符合《中国注册会计师审计准则第 1101 号——注册会计师的总体目标和审计工作的基本要求》《中国注册会计师审计准则第 1301 号——审计证据》的相关规定。

2. 应收票据审计程序存在缺陷

2015 年和 2016 年华冠花炮并未向千山药机开具应收票据。审计过程中，瑞华会计师事务所未检查当期已背书票据的真实性，未对异常的已背书未到期票据保持应有关注。

一是瑞华会计师事务所对千山药机 2016 年应收票据已背书未到期票据进行了统计，但是审计底稿中统计的应收票据前手记录中无华冠花炮公司，与千山药机账面记录不符。千山药机 2016 年账面显示从华冠花炮收到应收票据 2 796 万元。对于上述异常背书未连续的应收票据，审计人员未给予必要的关注，未执行进一步审计程序。

二是在审计过程中，对应收票据检查程序也不充分、不适当。瑞华会计师事务所编制了应收票据检查表，抽查了12笔应收票据，检查收到票据6笔，合计金额972.56万元，占应收票据账目借方发生额比例为6.50%；检查背书付出票据6笔，合计金额为2 001.09万元，占应收票据账目贷方发生额比例为15.93%。但是，未选取背书前手记录异常的华冠花炮应收票据进行检查，审计底稿中仅收录一张检查表，未收录相关记账凭证以及票据复印件、收据等原始凭证，审计底稿记录不完整，审计样本选取及获取的审计证据不充分、不适当。

瑞华会计师事务所在对千山药机2016年年度财务报表审计中，对应收票据项目实施的审计程序不恰当，审计证据获取不充分、不适当，对异常应收票据情况未保持应有关注，未能及时识别财务报告的重大错报风险。上述行为不符合《中国注册会计师审计准则第1101号——注册会计师的总体目标和审计工作的基本要求》《中国注册会计师审计准则第1301号——审计证据》的相关规定。

3. 应收账款函证程序存在缺陷

瑞华会计师事务所未严格执行审计准则的相关要求实施函证程序、评价函证程序所获取证据的可靠性。在2015年和2016年年度审计底稿中，千山药机部分客户的回函附带了一份“办理说明”，要求客户在回函前先传真或扫描发送至千山药机财务部。同时，“办理说明”中所留回函传真、扫描以及存在疑问进行核实的联系人、联系方式、电子邮箱等均为千山药机财务部工作人员的信息。审计人员以附带“办理说明”的方式进行函证，函证程序缺乏独立性，函证证据缺乏充分性、适当性、可靠性，其行为不符合《中国注册会计师审计准则第1312号——函证》的相关规定。

根据违法行为的事实、性质、情节与社会危害程度，依据《证券法》的相关规定，中国证监会决定：一、没收瑞华会计师事务所业务收入140万元，并处以280万元的罚款；二、对程某彬、刘某武、刘某给予警告，并分别处以5万元的罚款。

思考

1. 大数据技术、人工智能如何提高销售与收款循环审计的效率？
2. 在审计业务开展过程中，如何监督审计程序的实施？
3. 与收入认定相关的审计风险包括哪些？注册会计师应该如何应对？

// 思考题 //

1. 销售与收款循环涉及的财务报表项目、主要业务活动有哪些？
2. 销售与收款循环存在哪些重大错报风险？
3. 常用的收入确认舞弊手段有哪些？
4. 如何对收入确认实施分析程序？

5. 销售与收款循环的控制测试通常包括哪些内容？

6. 如何对营业收入、应收账款实施实质性程序？

// 研究型学习与延伸阅读 //

[1] 董沛武，程璐，乔凯．客户关系是否影响审计收费与审计质量．管理世界，2018，34(8)：143-153.

[2] 廖冠民，吴溪．收入操纵、舞弊审计准则与审计报告谨慎性．审计研究，2013(1)：103-112.

[3] 饶育蕾，郭连，彭叠峰．本地经理人更倾向于选择本地事务所吗?：从审计合谋的视角．审计研究，2022(1)：82-93.

[4] 杨华领，马云飙．上市公司内部人减持影响审计收费吗．会计研究，2021(12)：175-188.

[5] 叶康涛，刘金洋．非财务信息与企业财务舞弊行为识别．会计研究，2021(9)：35-47.

[6] 翟胜宝，许浩然，刘耀淞，等．控股股东股权质押与审计师风险应对．管理世界，2017(10)：51-65.

[7] 张龙平，刘翠，刘襄生．中国会计师事务所质量控制制度建设 40 年：回顾与展望．会计研究，2021(12)：149-161.

[8] 赵宜一，赵嘉程．审计市场结构与客户商誉减值．会计研究，2021(12)：162-174.

[9] 吴晓根．东方电子会计报表审计的理性认定：审计失败．审计研究，2003(4)：43-47.

// 第 11 章 //

采购与付款循环审计

素养提升

● 专业素养——掌握采购与付款循环审计的专业知识采购与付款；能够应用采购与付款循环方法和技巧，并能熟悉运用审计专业实现审计目标；形成发散思维，充分应用专业基础理论，并能应用交叉学科知识对审计对象进行专业判断。

● 思政素养——塑造独立、客观、公正、诚信、勤勉尽责、严谨求实的工作态度和精神，辩证的职业判断和职业怀疑精神，树立社会主义核心价值观，养成良好的职业素养。

学习目标

● 掌握采购与付款循环的业务活动，以及相关业务控制。

● 掌握采购与付款循环的重大错报风险评估，了解进一步审计程序的设计。

● 掌握采购与付款循环针对业务环节以风险为起点的控制测试，了解关键控制的选择和测试。

● 掌握采购与付款循环的实质性程序，熟悉应付账款、一般费用的审计目标和实质性程序。

导 言

本章介绍了采购与付款循环的业务活动与控制、重大错报风险评估、控制测试、实质性程序等内容。

第 11 章思维导图

第 1 节　采购与付款循环的业务活动与控制

第 11 章第 1 节
即测即评

以一般制造业的商品采购为例，制造业被审计单位的采购与付款循环通常包含的相关财务报表项目、主要业务活动及常见的主要凭证和会计记录见表 11－1。

表 11－1　采购与付款循环汇总表

交易类别	采购	付款
相关财务报表项目	存货、其他流动资产、销售费用、管理费用、应付账款、其他应付款、预付账款等	应付账款、其他应付款、应付票据、货币资金等
主要业务活动	• 编制采购计划 • 维护供应商清单 • 请购商品和劳务 • 编制订购单 • 验收商品 • 存储已验收的商品 • 编制付款凭单 • 确认与记录负债	• 办理付款 • 记录现金、银行存款支出
常见的主要凭证和会计记录	• 采购计划 • 供应商清单 • 请购单 • 订购单 • 验收单 • 卖方发票 • 付款凭单	• 转账凭证/付款凭证 • 应付账款明细账 • 库存现金日记账和银行存款日记账 • 供应商对账单

一、主要业务活动

（一）编制采购计划

在公司制订的生产经营计划基础上，生产、仓库灯部门需要定期编制采购计划，提交给采购部门，并经采购部门主管批准，其中包括货物和服务的采购。

（二）维护供应商清单

企业通常对于合作的供应商事先进行资质等审核，将通过审核的供应商信息录入系统，形成完整的供应商清单，并及时对其信息变更进行更新。采购部门只能向通过审核的供应商进行采购。

（三）请购商品和劳务

生产部门根据采购计划、库存中要采购的原材料等填写请购单。其他部门也可以为将要购买的货物或服务准备采购订单。大多数公司都有购买正常经营所需物资的一般授权。例如，当生产部门的可用库存达到再订购点时，生产部门可提出采购请求，其他部门也可提出与正常维修和类似工作申请采购相关物品。采购订单可以手工填写，也可以电子填写。由于公司内部有许多部门可以填列请购单，采购订单可以由每个部门连续编号；每一份采购订单都由负责这类支出的人员签署。请购单是证明采购交易已经发生的文件之一，也是系列采购的起点。

（四）编制订购单

在收到请购单后，采购部门只能针对正式批准的请购单发出订购请求。对于每张订购单，采购部门必须确定最佳的供应来源。对于一些大额、重要的采购，必须采用竞价的方法来确定供应商，以确保采购的质量、及时性和成本。

订单必须正确填写，注明型号、数量、价格、制造商名称和地址等，并预先编号，由被授权的采购人员签名。正联必须交给供应商，副联则发送给公司内部的验收部门、应付凭单部门和编制请购单的部门，然后必须独立检查请购单的处理，以确定货物是否已收到并正确记录。这种检查与采购交易的完整性认定和发生认定有关。

（五）验收商品

有效的订购单代表该公司从已授权验收部门接收供应商发送的货物。验收部门必须首先比较收到的货物是否符合订单中规定的要求，例如产品名称、摘要、数量、交货时间等，进一步检查商品是否有损坏。

验收后，验收部门应对已收货的每张订购单编制一式多联、预先按顺序编号的验收单，作为收货和检查货物的依据。当货物交付仓库或其他采购部门时，验收人员应取得经过签字的收据，或要求其在验收单的副联上签收，以确定其对所购货物的保管责任。验收人员应将其中的副联送交应付凭单部门。

验收单是支持资产及与采购有关的负债存在或发生的重要凭证。定期和独立地检查验收单顺序，以确定每一笔采购交易都已编制凭单，这与评估采购交易的完整性有关。

（六）存储已验收的商品

将已验收商品的保管与采购的其他职责相分离，可减少未经授权的采购和盗用商品的风险。存放商品的仓储区应相对独立，限制无关人员接近。这些控制与商品的存在认定有关。

（七）编制付款凭单

记录采购交易之前，应付凭单部门应该检查订购单、验收单和卖方发票的一致性并编制付款凭单，包括：

（1）确定供应商发票的内容与相关的订购单、验收单一致。

（2）确定供应商发票金额计算正确。

（3）编制有预先顺序编号的付款凭单，并附上支持性凭证（如订购单、验收单和供应商发票等）。

（4）独立检查付款凭单金额的正确性。

（5）在付款凭单中填入应借记的资产或费用的账户名。

（6）由被授权人在凭单上签字，表明按照批准根据此凭单付款。所有未付凭单的副联应保存在未付凭单档案中，以备后期付款。经适当批准和有预先编号的凭单为记录采购交易提供了依据，因此，这些控制与存在认定、发生认定、完整性认定、权利和义务认定、计价和分摊认定等有关。

（八）确认与记录负债

与应付账款确认和记录有关的部门需履行检查购置财产的责任。这些部门还需要在应付凭单登记簿或应付账款明细账中记录。收到供应商发票时，应付账款部门应将发票上所记载的品名、规格、价格、数量、条件及运费与订购单上的有关资料进行比对，在可能的情况下，还应与验收单进行比较。

控制应付账款确认与记录的重要做法是要求记录现金支出的人员不得经手现金、有价证券和其他资产。恰当的凭证、记录与记账手续，对业绩的独立考核是必不可少的控制。

对于每月月末尚未收到发票的情况，则需根据验收单和订购单暂估应付账款。

（九）办理付款

付款通常是由应付凭单部门负责确定未付凭单的到期日，并在此日期前付款。企业的结算方式有很多，以支票为例，有关控制包括：

（1）独立检查已签发支票的总额与所处理的付款凭单的总额是否一致。

（2）支票应由被授权财务部人员负责签署。

（3）被授权签署支票的人应确定每张支票都附有一张已经适当批准的未付款凭单，并确定支票收款人姓名和金额与凭单内容是否一致。

（4）支票一经签署就应在其凭单和支持性凭证上用加盖印戳或打洞等方式将其注销，以免重复付款。

（5）支票签署人不应签发无记名甚至空白的支票。

（6）支票应预先按顺序编号，保证支出支票存根的完整性和作废支票处理的恰当性。

（7）应确保只有被授权的人才能接近未使用的空白支票。

（十）记录现金、银行存款支出

以记录银行存款支出为例，有关控制包括：

（1）会计主管应独立检查记入银行存款日记账和应付账款明细账的金额是否一致，以及其与支票汇总记录是否一致。

（2）通过定期比较银行存款日记账记录的日期与支票副本的日期，确认入账的及时性。

（3）独立编制银行存款余额调节表。

二、相关业务控制

采购交易内部控制包括：

1. 适当的职责分离

企业应建立采购和付款交易的责任制度，明确相关部门和岗位职责、权限，确保采购和付款交易之间不相容的任务的分离、制约、监督和控制。采购与付款交易不相容的职位至少包括：请购与审批；询价与确定供应商；采购合同的订立与审批；采购与验收；采购、验收与相关会计记录；付款审批与付款执行。

2. 恰当的授权审批

付款需要由被授权人审批，审批人员在审批前需要检查相关支持文件，并对例外事项进行跟进处理。

3. 凭证的预先编号及对例外报告的跟进处理

通过对入库单的预先编号以及对例外情况的汇总处理，被审计单位可以应对存货和负债记录方面的完整性风险。如果该控制是人工执行的，被审计单位可以安排入库单编制人员以外的独立复核人员定期检查已进行会计处理的入库单，确认是否存在遗漏或重复，并对例外情况予以跟进。如果在 IT 环境下，则系统可以定期生成入库单的统计例外报告，由被授权人员对例外报告进行复核和跟进，这样就可以确认所有入库单都得到处理，且没有重复处理。

第 2 节　采购与付款循环的重大错报风险评估

一、重大错报风险评估

重大错报风险将为设计和实施进一步审计程序提供基础。被审计单位的性质不同或者具体交易情况不同，所涉及的重大错报风险就可能有所不同。一般来说，采购与付款循环的重大错报风险可能包括以下几个方面。

第 11 章第 2 节
即测即评

（一）低估负债和相关准备

在承受较高盈利水平和营运资本的压力下，被审计单位管理层可能试图低估应付账款等负债或资产相关减值准备，比如低估对存货应计提的跌价准备等。重大错报风险常常集中体现在：(1) 遗漏交易，例如未记录已收取货物但尚未收到发票的采购相关的负债或未记录尚未付款的已经购买的服务支出等；(2) 采用不正确的费用支出截止期，例如将本期的支出延迟到下期确认；(3) 将应当及时确认损益的费用支出资本化，然后通过资产的逐步摊销予以消化等。

（二）管理层错报负债费用支出的偏好和动因

被审计单位管理层可能为了完成预算，满足业绩考核要求，保证从银行获取资金，吸引潜在投资者，误导股东，影响公司股价等动机，通过操纵负债和费用的确认控制损益，例如：(1) 平滑利润，通过多计准备或少计负债和准备，把损益控制在被审计单位管理层希望的程度；(2) 利用特别目的的实体把负债从资产负债表中剥离，或利用关联方的费用定价优势制造虚假的收益增长趋势；(3) 被审计单位管理层把私人费用计入企业费用，把企业资金当作私人资金运作。

（三）费用支出的复杂性

被审计单位以复杂的交易安排购买一定期间的多种服务，管理层对于涉及的服务收益与付款安排所涉及的复杂性缺乏足够的了解，这可能导致费用支出分配或计提的错误。

（四）不正确地记录外币交易

当被审计单位进口用于出售的商品时，可能由于采用不恰当的外币汇率而导致该项采购的记录出现差错。此外，还存在未能将诸如运费、保险费和关税等与存货相关的进口费用进行正确分摊的风险。

（五）舞弊和盗窃的固有风险

如果被审计单位经营大型零售业务，由于所采购商品和固定资产的数量及支付的款项庞大，交易复杂，容易造成商品发运错误，员工和客户发生舞弊和盗窃的风险较高。如果那些负责付款的会计人员有权接触应付账款主文档，并能够通过在应付账款主文档中擅自添加新的账户来虚构采购交易，风险也会增加。

（六）存在未记录的权利和义务

注册会计师可以通过审阅以前年度审计工作底稿、观察内部控制执行情况、询问管理层和员工、检查相关的文件和资料等方法加以了解相关信息。对相关文件和资料的检查可以提供审计证据，例如通过检查供应商对账表和银行对账单，能够发现差错并加以纠正。

二、设计进一步审计程序

针对评估的财务报表层次重大错报风险，注册会计师应设计进一步审计程序的总体方案，包括确定针对相关认定计划采用综合性方案还是实质性方案，以及考虑审计程序的性质、时间安排和范围。当存在下列情形之一时，注册会计师应当设计和实施控制测试：

（1）在评估认定层次重大错报风险时，预期控制的运行是有效的。

（2）仅实施实质性程序并不能够提供认定层次充分、适当的审计证据。

综合控制测试及实质性程序，注册会计师需要评价获取的审计证据是否足以应对识别出的认定层次重大错报风险。

如果应付账款被评估为重要账户，且相关认定包括存在/发生、完整性、准确性及截止的情况，注册会计师通常计划的进一步审计程序总体方案应当如表 11－2 所示。

表 11－2　基于采购与付款循环的重大错报风险评估结果的进一步审计程序总体方案

重大错报风险描述	确认的负债及费用并未实际发生	不计提采购相关的负债或不计提尚未付款的已经购买的服务支出	采用不正确的费用支出截止期，例如将本期的支出延迟到下期确认	发生的采购未能以正确的金额记录
相关财务报表项目及认定	应付账款/其他应付款：存在；销售费用/管理费用：发生	应付账款/其他应付款：完整；销售费用/管理费用：完整	应付账款/其他应付款：存在、完整；销售费用/管理费用：截止	应付账款/其他应付款：准确性；销售费用/管理费用：计价和分摊
风险程度	一般	特别	一般	一般
是否依赖控制	是	是	否	是
进一步审计程序总体方案	综合性方案	综合性方案	实质性方案	综合性方案
拟从控制测试中获取的保证程度	高	高	无	高
拟从实质性程序中获取的保证程度	低	中	高	低

如果在审计过程中注册会计师了解的情况或获取的证据导致其更新相关风险的评估，则注册会计师需要执行的进一步审计程序也需要相应更新。例如，如果注册会计师通过控制测试发现被审计单位针对计价认定的相关控制存在缺陷，导致其需要提高对相关控制风险的评估水平，则注册会计师可能需要提高相关重大错报风险的评估水平，进一步修改实质性审计程序的性质、时间安排和范围。

拓展阅读

金亚科技违规案例

成都金亚科技股份有限公司（以下简称“金亚科技”）成立于 1999 年 11 月。2009 年 10 月，金亚科技在深圳证券交易所成功挂牌上市，股票代码为 300028。其主要经营业务为网络技术开发与服务、数字化网络终端产品、实业投资与货物进出口等，并于 2003 年凭借出色经营业绩及高新技术被准予进入金牛高级产业园区。2013 年公司出现大幅度亏损，因此其采取了一系列手段扭转公司亏损。因财务舞弊暴露，金亚科技于2015年经中国证监会立案调查后强制进行退市处理。金亚科技造假手段包括：（1）虚增营业收入、货币资金。2012年和2013年，公司营业收入、营业成本两项指标的大幅增长与净利润大幅下跌。通过调整、计算发现金亚科技通过虚增营业收入达到虚增净利润的目的。另外，通过调整2014年企业年报同样发现企业调整后的货币资金较调整前下降2.2亿元，如此大的下降幅度也说明了2014年度以前就存在这一问题。（2）虚构关联方交易。2014年，金亚科技子公司金亚智能同四川宏山建设工程有限公司（以下简称“四川宏山”）签订金额7.5亿元的建设合同，但实际并未支付，这一造假行为成功平衡了收入与利润不对等的资金缺口，实现了财务报表的平衡。直至四川宏山被吊销营业执照仍未被发现。（3）大股东挪用资金。2015年，公司控股股东周某辉利用职权挪用金亚科技资金2.2亿元，在经中国证监会调查之后，其用所持另一公司的10%股权作为对价补偿所欠公司债务。

金亚科技在IPO过程中出现的重大错报风险主要包括公司运营中的控制风险与经营流程风险；出现的检查风险主要包括会计师事务所在IPO过程中失职导致的风险。一是重大错报风险。（1）内部控制风险。由于金亚科技内部控制存在一定问题，导致公司出现运行效率等问题，为公司的造假行为提供了动机。而金亚科技造假是公司的内部控制缺陷导致实控人与财务人员共同参与的造假行为。金亚科技形成实控人凌驾于内控之上的现象，导致公司的内控制度流程形同虚设。公司形成自上到下、从管理层至财务人员均参与的造假行为，打造了一条完整的造假利益链条。而财务人员利用公司自身经营产品，虚增存货，让审计人员难以盘点核实。公司利用审计流程中的缺陷，虚增偏远地区客户企业，或者是难以对账的企业，刻意增加审计人员核实公司数据真实性的难度；伪造银行单据、伪造询证函，虚增利润，使公司的造假“虚虚实实，真真假假”，审计过程更具有迷惑性。（2）经营流程风险。公司是在一定环境下运行的，环境的变换对于公司的经营有着重大影响。作为金亚科技主营业务的数字电视在近十年来发展迅速，产品更新迭代快，同类产品竞争压力大，导致公司的经营过程出现亏损。为骗取IPO核准，公司进行财务造假。二是检查风险。在IPO过程中，需要许多中介机构的参与，而其中会计师事务所占有极其重要的地位，导致了审计人员在审计过程中存在较大失职风险。会计师事务所的失职包括：注册会计师的专业能力不足、缺乏独立性等问题均会加大检查风险。由于2009年创业板刚刚开板，法律监管环境制度不完善，不同板块审计要求与重点略有差距，而具备IPO审计资格的会计师事务所业务水平不够，即审计人员不具备专业素质能力以及IPO审计的经验，无法判断审计重点及难点，并对可能存在的风险进行核实的能力。时任金亚科技IPO审计的广东大华德律会计师事务所出具了公司截至2009年6月30日的内部控制鉴定报告，并对截至2009

年 6 月 30 日、2008 年 12 月 31 日、2007 年 12 月 31 日、2006 年 12 月 31 日财务报表的审计报告出具无保留意见。而广东大华德律会计师事务所在内部控制鉴定报告中，并未说明公司的内控执行有效性等问题，产生较高的检查风险，影响之后的财务报告审计。2014 年，担任金亚科技财务报告审计的立信会计师事务所，在审计金亚科技银行存款时，审计人员从银行窗口取回的询证函回函未实施验证程序，缺乏应有的谨慎性，加大了检查风险。而审计人员实际取回的询证函，本身是银行工作人员提供的"真的假材料"，这是指银行询证函仅有个人签章，没有加盖银行的印章。虽然这样的造假行为迷惑性极高，但如果注册会计师取回函证后实施验证程序，便会发现这样的询证函应视为无效询证函，类似的检查风险也会被规避。

资料来源：中国证监会行政处罚决定书（金亚科技有限公司、周旭辉、张法德等 17 名责任人员）.（2018－03－01）. 中国证券监督管理委员会网站；中国证监会行政处罚决定书（立信会计师事务所、邹军梅、程进）.（2018－08－06）. 中国证券监督管理委员会网站 .

第 3 节　采购与付款循环的控制测试

本节在前两节的基础上进一步举例说明采购与付款循环中常见内部控制的具体测试方法。注册会计师需要根据风险评估的情况来确定是否执行本节所涉及的内部控制测试。当然，注册会计师在作出总体判断时，需要考虑审计效率。如果采取依赖于有效的内部控制减少实质性程序测试的方法，比仅依赖实质性程序更能够提高审计的总体效率，那么通常应当选择执行控制测试。需要特别注意的是，有效的内部控制仅能降低但不能消除重大错报风险，因此仅依赖控制测试而不执行实质性程序不足以为相关的重要账户及其认定提供充分、适当的审计证据。

第 11 章第 3 节
即测即评

一、以风险为起点的控制测试

（一）采购计划环节

采购计划环节的控制测试程序见表 11－3。

表 11-3 采购计划环节的控制测试程序

可能发生错报的情况	相关的财务报表项目及认定	存在的内部控制（自动）	存在的内部控制（人工）	控制测试程序
采购计划未经适当审批	存货：存在； 其他费用：发生； 应付账款：存在		生产、仓储等部门根据生产计划制订需求计划，采购部门汇总需求，按采购类型制订采购计划，经复核人复核后执行	询问复核人复核采购计划的过程，检查采购计划是否经复核人恰当复核

（二）供应商认证及信息维护环节

供应商认证及信息维护环节的控制测试程序见表 11-4。

表 11-4 供应商认证及信息维护环节的控制测试程序

可能发生错报的情况	相关的财务报表项目及认定	存在的内部控制（自动）	存在的内部控制（人工）	控制测试程序
新增供应商或供应商信息变更未经恰当的认证	存货：存在； 其他费用：发生； 应付账款：存在	采购订单上的供应商代码必须在系统供应商清单中存在匹配的代码，才能生效并发送供应商	复核人复核并批准每一对供应商数据的变更请求，包括供应商地址或银行账户的变更以及新增供应商等；复核时，评估拟进行的供应商数据变更是否得到合理文件的支持，诸如由供应商提供的新地址、银行账户明细或经批准新供应商的授权表格。当复核完成且复核人提出的问题/要求的修改已经得到满意的解决后，复核人在系统中确认复核完成	询问复核人复核供应商数据变更请求的过程，抽样检查变更需求是否有相关文件支持及有复核人的复核确认；检查系统中采购订单的生成逻辑，确认是否存在供应商代码匹配的要求
录入系统的供应商数据可能未经恰当复核	存货：存在； 其他费用：发生； 应付账款/其他应付款：存在	系统定期生成对供应商信息所有新增变更的报告（包括新增供应商、更改银行账户等）	复核人员定期复核系统生成报告中的项目是否均经恰当授权，当复核工作完成或要求的修改得到满意解决后签字确认复核工作完成	检查系统报告的生成逻辑及完整性；询问复核人对报告的检查过程，确认其是否签署

（三）编制订单环节

编制订单环节的控制测试程序见表 11-5。

表 11－5　编制订单环节的控制测试程序

可能发生错报的情况	相关的财务报表项目及认定	存在的内部控制（自动）	存在的内部控制（人工）	控制测试程序
采购订单与有效的请购单不符	存货：存在、准确性； 其他费用：发生、准确性； 应付账款/其他应付款：存在、准确性、计价和分摊		复核人复核并批准每一个采购订单，包括复核采购订单是否有经适当权限人员签署的请购单支持；复核人确认采购订单的价格与供应商协商一致且该供应商已通过审批。当复核完成且复核人提出的问题/要求的修改已经得到满意的解决后，签署确认复核完成	询问复核人复核采购订单的过程，包括复核人提出的问题及跟进记录；抽样检查采购订单是否有对应的请购单及复核人签署确认
订单未被录入系统或在系统中重复录入	存货：存在、完整性； 其他费用：发生、完整性； 应付账款/其他应付款：存在、完整性	系统每月月末生成列明跳码或重码的采购订单的例外报告	复核人定期复核列明跳码或重码的采购订单编号的例外报告，以确定是否有遗漏、重复的记录；该复核确定所有采购订单是否都输入系统，且仅输入了一次	检查系统例外报告的生成逻辑；询问复核人对例外报告的检查过程，确认发现的问题是否及时得到了跟进处理

（四）验收商品环节

验收商品环节的控制测试程序见表 11－6。

表 11－6　验收商品环节的控制测试程序

可能发生错报的情况	相关的财务报表项目及认定	存在的内部控制（自动）	存在的内部控制（人工）	控制测试程序
接收了缺乏有效采购订单或未经验收的商品	应付账款：存在、完整性； 存货：存在、完整性； 其他费用：发生、完整性	入库确认后，系统生成连续编号的入库单	收货人员只有完成以下程序后，才能在系统中确认商品入库：检查是否存在有效的采购订单；检查是否存在有效的验收单；检查收到的货物数量是否与发货单一致	检查系统入库单编号的连续性；询问收货人员的收货过程，抽样检查入库单是否有对应一致的采购订单及验收单

（五）确认与记录资产和负债环节

确认与记录资产和负债环节的控制测试程序见表 11－7。

表 11-7　确认与记录资产和负债环节的控制测试程序

可能发生错报的情况	相关的财务报表项目及认定	存在的内部控制（自动）	存在的内部控制（人工）	控制测试程序
临近会计期末的采购未被记录在正确的会计期间	应付账款：完整性；存货/其他费用：完整性	系统每月月末生成列明跳码或重码的入库单的例外报告	复核人复核系统生成的例外报告，检查是否有遗漏、重复入库单。当复核完成且复核人提出的问题/要求的修改已经得到满意的解决后，签署确认复核已经完成	检查系统例外报告的生成逻辑；询问复核人对例外报告的检查过程，确认发现的问题是否得到及时地跟进处理
	应付账款：存在、完整性； 存货：存在、完整性； 其他费用：发生、完整性	系统每月月末生成包含所有已收货但相关发票未录入系统货物信息的例外报告	复核人复核该例外报告中的项目，确定采购是否被记录在正确的期间以及负债计提是否有效。当复核完成且复核人提出的问题/要求的修改已经得到满意的解决后，签署确认复核已经完成	检查系统例外报告的生成逻辑；询问复核人对报告的复核过程，核对报告中的采购是否计提了相应负债，检查复核人的签署确认

（六）办理付款环节

办理付款环节的控制测试程序见表 11-8。

表 11-8　办理付款环节的控制测试程序

可能发生错报的情况	相关的财务报表项目及认定	存在的内部控制（自动）	存在的内部控制（人工）	控制测试程序
批准付款的发票上存在的价格/数量错误或劳务尚未提供的情形	应付账款：完整性、计价和分摊； 存货/成本：完整性、计价和分摊	当入库单录入系统后，系统将其与采购订单进行核对。当发票录入系统后，系统将其详细信息与采购订单及入库单进行核对。如信息相符或差异不超过可接受差异，系统将自动批准发票可以付款；如信息不符，发票将被列示于例外报告中，由人工跟进	负责应付账款且无职责冲突的人员负责跟进例外报告中的所有项目；仅当不符信息从例外报告中消除后发票才可以付款	检查系统报告的生成逻辑，确认例外报告的完整性及准确性。与复核人讨论复核过程，抽样选取例外/删改情况报告。检查每一份报告并确定：是否存在管理层复核的证据；复核是否在合理时间范围内完成；复核人提出问题的跟进是否适当、是否能使交易恰当记录于会计系统。抽样选取采购发票，检查是否与入库单和采购订单所记载的价格、供应商、日期、描述及数量一致

（七）记录现金、银行存款支出环节

记录现金、银行存款支出环节的控制测试程序见表 11-9。

表 11-9　记录现金、银行存款支出环节的控制测试程序

可能发生错报的情况	相关的财务报表项目及认定	存在的内部控制（自动）	存在的内部控制（人工）	控制测试程序
现金支付未记录、未记录在正确的供应商账户（串户）或记录金额不正确	应付账款：计价和分摊、存在；存货：计价和分摊；其他费用：准确性		独立负责现金交易处理的会计人员每月月末编制银行存款余额调节表；所有重大差异由调节表编制人跟进，并根据具体情形进行跟进处理；经授权的管理人员复核所编制的银行余额调节表，当复核工作完成或复核人提出的问题/要求的修改已得到满意的解决后，签署确认复核工作已完成	询问复核人对银行存款余额调节表的复核过程；抽样检查银行余额调节表，检查其是否及时得到复核、复核的问题是否得到了恰当跟进处理、复核人是否签署确认
	应付账款：存在、完整性、计价和分摊；存货：存在、完整性、计价和分摊；其他费用：发生、完整性、计价和分摊		应付账款会计人员将供应商提供的对账单与应付账款明细表进行核对，并对差异进行跟进处理；复核人定期复核供应商对账结果，该对账通过从应付账款明细账中抽取的一定数量的应付供应商余额与供应商提供的对账单进行核对；当复核工作完成或复核人提出的问题/要求的修改已得到满意的解决后，签署确认复核工作已完成	询问复核人对供应商对账结果的复核过程，抽样选取供应商对账单，检查其是否与应付账款明细账得到了正确的核对，差异是否得到了恰当的跟进处理；检查复核人的相关签署确认

（八）其他环节

其他环节的控制测试程序见表 11-10。

表 11-10 其他环节的控制测试程序

可能发生错报的情况	相关的财务报表项目及认定	存在内部控制（自动）	存在的内部控制（人工）	控制测试程序
发票未被正确编码，导致在成本或费用之间的错误分类	存货：准确性、计价和分摊、完整性； 其他费用：准确性、完整性； 应付账款：存在、完整性	系统自动将相关的发票归集到对应的总分类账费用科目	每张发票开具前均经复核人复核并批准，复核人评估正确的总分类账代码是否被应用到该项目	询问复核人对发票编号/总分类账代码的复核过程，抽样检查相关发票是否被恰当分类到了相关费用
	费用/成本：完整性、准确性； 应付账款：完整性、计价和分摊		定期编制所选定的关键绩效指标（例如，分成本中心/部门的费用、费用占收入的比例等）与管理层预期（包括以前期间或预算等信息）相比较的报告，复核人识别关键绩效指标与预期之间差异的相关问题（例如波动、例外或异常调整），并与相关人员跟进；所有问题会被合理应对，复核人通过签署关键绩效指标报告以证明完成复核	根据样本量要求选取关键绩效报告，确定是否经管理层复核；复核是否在合理时间内完成；检查关键绩效指标的计算是否准确，是否与账面记录核对一致；评估用于调查重大差异的界限是否适当；向复核人询问其复核方法，对于其提出的问题，检查是否经恰当处理；评价使用数据的完整性和准确性
员工具有不适当的访问权限，使其能够实施违规交易或隐瞒错误	应付账款：存在、完整性、准确性； 存货：存在、完整性、计价和分摊； 其他费用：发生、完整性、计价和分摊	采购系统根据管理层授权进行权限设置，以支持采购职能所要求的职责分离	管理层分离以下活动：供应商主信息维护；请购授权；输入采购订单；开具供应商发票；按照订单收取货物；存货盘点调整等	检查系统中相关人员的访问权限；复核管理层的授权职责分配表，对不相容职位（申请与审批等）是否设置了恰当的职责分离
总账与明细账中的记录不一致	应付账款：完整性、准确性； 其他费用：完整性、准确性	应付账款/费用明细账的总余额与总账账户间的调节表会在每个期间末及时执行	任何差异都会被调查，如恰当，将进行调整；复核人会复核调节表及相关支持文档，任何差异是否被及时调整或被批准	核对总账与明细账的一致性，检查复核人的复核及差异跟进记录

二、关键控制的选择和测试

表 11－3 至表 11－10 以一般制造业为例，列示了其采购与付款流程中常见的内部控制，以帮助读者对于该流程有一个全面的了解。注册会计师在实际工作中，并不需要对该流程的所有控制点进行测试，而是应该针对识别的可能发生错报环节，选择足以应对评估的重大错报风险的关键控制进行测试。

例如，针对存货及应付账款的存在性认定，企业制订的采购计划及审批主要是企业为提高经营效率效果设置的流程及控制，注册会计师可能不需要对其执行专门的控制测试；请购单的审批与存货及应付账款的存在性认定相关，如果企业存在将订购单、验收单和卖方发票的一致性进行核对的"三单核对"控制，该控制足以应对存货及应付账款的存在性风险，则可以直接选择"三单核对"控制作为关键控制进行测试更能提高审计效率。

第 4 节　采购与付款循环的实质性程序

一、应付账款的实质性程序

由于应付账款涉及企业的赊购交易，因而注册会计师应结合企业的赊购交易进行应付账款的实质性程序。在企业在日常经营过程中，因购买材料、商品和接受劳务供应等经营活动而应付给供应商的款项，就形成了应付账款。

第 11 章第 4 节
即测即评

（一）应付账款的审计目标

通常情况下，应付账款的审计目标应当包括以下几个方面：

（1）确定资产负债表中记录的应付账款是否存在（存在认定）。

（2）确定所有应当记录的应付账款是否均已记录（完整性认定）。

（3）确定资产负债表中记录的应付账款是否为被审计单位应当履行的现时义务（权利和义务认定）。

（4）确定应付账款是否以恰当的金额包括在财务报表中（准确性、计价和分摊认定），与之相关的计价调整是否已恰当记录（分类认定）。

（5）确定应付账款是否已按照企业会计准则的规定在财务报表中作出恰当的列报

（列报认定）。

对于一般以营利为目的的企业而言，采购与付款交易的重大错报风险常见的情况一般体现在低估费用和应付账款，高估利润和粉饰财务方面。但某些企业可能为了平滑年度利润，在经营情况和预算完成情况较好的年度倾向于高估费用，高估费用和负债可能是其相关年度审计时需要应对的重大错报风险。

（二）应付账款的实质性程序的内容

（1）获取或编制应付账款明细表。

1）明确复核加计是否正确，并与报表数、总账数和明细账合计数核对是否相符；

2）检查非记账本位币应付账款的折算汇率及折算是否正确；

3）分析出现借方余额的项目，查明原因，必要时，建议作重分类调整；

4）结合预付账款、其他应付款等往来项目的明细余额，检查有无针对同一交易在应付账款和预付款项同时记账的情况、异常余额或与购货无关的其他款项（如关联方账户或雇员账户）。

（2）函证应付账款。

获取适当的供应商相关清单，例如本期采购量清单、所有现存供应商名单或应付账款明细账。询问该清单是否完整并考虑该清单是否包括预期负债等附加项目。选取样本进行测试并执行如下程序：

1）向债权人发送询证函。注册会计师应根据审计准则的规定对询证函保持控制，包括确定需要确认或填列的信息、选择适当的被询证者、设计询证函，正确填列被询证者的姓名和地址，被询证者直接向注册会计师回函的地址等信息，必要时再次向被询证者寄发询证函等。

2）将询证函回函确认的余额与已记录金额相比较，如存在差异，检查支持性文件。评价已记录金额是否适当。

3）对于未作回复的函证实施替代程序。例如，检查付款文件（如现金支出、电汇凭证和支票复印件）、相关的采购文件（如采购订单、验收单、发票和合同）或其他适当文件。

4）如果认为回函不可靠，评价对评估的重大错报风险以及其他审计程序的性质、时间安排和范围的影响。

（3）检查应付账款归属期间和完整性。

1）对本期发生的应付账款增减变动，检查相关支持性文件，确认会计处理是否正确。

2）检查资产负债表日后应付账款明细账贷方发生额的相应凭证，关注其验收单、购货发票的日期，确认其入账时间是否合理。

3）获取并检查被审计单位与其供应商之间的对账单以及被审计单位编制的差异调节表，确定应付账款金额的准确性。

4）针对资产负债表日后付款项目，检查银行对账单及有关付款凭证（如银行汇款通知、供应商收据等），询问被审计单位内部或外部知情人员，查找有无未及时入账的应付账款。

5）结合存货监盘程序，检查被审计单位在资产负债表日前后的存货入库资料（验收报告或入库单），检查相关负债是否计入了正确的会计期间。

如果注册会计师通过这些审计程序发现某些未入账的应付账款，应将有关情况详细计入审计工作底稿，并根据其重要性确定是否需要建议被审计单位进行相应的调整。

（4）寻找未入账负债的测试。

获取期后收取、记录或支付的发票明细，包括获取支票登记簿/电汇报告/银行对账单（根据被审计单位情况不同）以及入账的发票和未入账的发票，从中选取项目（尽量接近审计报告日）进行测试并实施以下程序：

1）检查支持性文件，如相关的发票、采购合同/申请、收货文件以及接受劳务明细，以确定收到商品/接受劳务的日期及应在期末之前入账的日期。

2）追踪已选取项目至应付账款明细账、货到票未到的暂估入账和/或预提费用明细表，并关注费用所计入的会计期间，调查并跟进所有已识别的差异。

3）评价费用是否被记录于正确的会计期间，并相应确定是否存在期末未入账负债。

（5）检查应付账款长期挂账的原因并作出记录，核实无须支付的应付款的会计处理。

（6）应付关联方的款项。

1）了解交易的商业理由。

2）检查证实交易的支持性文件（例如，发票、合同、协议及入库和运输单据等相关文件）。

3）检查被审计单位与关联方的对账记录或向关联方函证。

（7）检查应付账款是否已按照企业会计准则的规定在财务报表中作出恰当列报和披露。

二、一般费用的实质性程序

（一）一般费用的审计目标

一般费用的审计目标通常包括以下几个方面：

（1）确定利润表中记录的一般费用是否确认发生（发生认定）。

（2）确定所有应当记录的费用是否均已记录（完整性认定）。

（3）确定一般费用是否以恰当的金额包括在财务报表中（准确性认定）。

（4）确定费用是否已计入恰当的会计期间（截止认定）。

（二）一般费用的实质性程序的内容

1. 获取一般费用明细表

明确复核加计是否正确，并与总账和明细账合计数核对是否相符。

2. 实质性分析程序

（1）考虑可获取信息的来源、可比性、性质和相关性以及与信息编制相关的控制，评价在对记录的金额或比率作出预期时使用数据的可靠性。

（2）将费用细化到适当层次，根据关键因素和相互关系（例如本期预算、费用类别与销售数量、职工人数的变化之间的关系等）设定预期值，评价预期值是否足够精确以识别重大错报。

（3）确定已记录金额与预期值之间可接受的、无须作进一步调查的可接受的差异额。

（4）将已记录金额与期望值进行比较，识别需要进一步调查的差异。

（5）调查差异，询问管理层，针对管理层的答复获取适当的审计证据。根据具体情况在必要时实施其他审计程序。

3. 从资产负债表日后的银行对账单或付款凭证中选取项目进行测试

检查支持性文件（如合同或发票），关注发票日期和支付日期，追踪已选取项目至相关费用明细表，检查费用所计入的会计期间，评价费用是否被记录于正确的会计期间。

4. 对本期发生的费用选取样本进行测试

检查其支持性文件，确定原始凭证是否齐全，记账凭证与原始凭证是否相符以及账务处理是否正确。

5. 截止测试

抽取资产负债表日后的凭证，实施截止测试，评价费用是否被记录于正确的会计期间。

6. 列报和披露测试

检查一般费用是否按照企业会计准则及其他相关规定在财务报表中作出恰当的列报和披露。

案　例

文档线索及应付账款审计程序应用

案例一　数字化审计应用案例：多文档中查找线索

在审计工作中，需要对被审计对象提供的各类资料进行研读，对被审计对象的经营管理状况进行分析，对疑点和风险点进行定位。在此过程中，审计人员往往需要从大量的合同文档、付款文档、审批报告等 Word 文档中查找指定的重点关键词、梳理疑点文档，为现场检查和延伸检查提供准确定位。而 Word 文档自带的查找功能无法一次性查询多个关键词。在高级查找的查找条件输入“多个关键词”，并勾选“使用通配符”复选框，仅支持多个英文关键词查找，不支持多个中文关键词查找，而且无法一次性在多个文档中查找，也无法导出查询的结果。

使用 Python 相关的目录循环库、正则表达式库，则可以解决上述问题，实现在多个文档中查找线索的功能。python-docx 是一个用于创建和更新 Word 文档的 Python 库，可以用来创建 DOCX 文档，段落、分页符、表格、图片、标题、样式等 Word 文档中常用的功能都包含在其中。

案例二　金亚科技审计程序应用

金亚科技披露的 2014 年合并财务报表虚增银行存款 217 911 835.55 元，虚增营业收入 73 635 141.10 元，虚增营业成本 19 253 313.84 元，虚增预付工程款 3.1 亿元。立信会计师事务所在对金亚科技 2014 年年度财务报表审计时，未勤勉尽责，出具了存在虚假记载的审计报告。

其中，采购与付款函证程序不当。审计工作底稿中“发函清单”显示共发出 28 份函证，其中 13 份（占函证的 46.43%）存在发函地址与发票地址不一致等异常情况，立信会计师事务所未关注上述异常情况。审计工作底稿未记录收发函物流信息，也未记录应付账款的函证结论。上述行为违反了《中国注册会计师审计准则第 1312 号——函证》的相关规定。

听证时，立信会计师事务所及其代理人提出了以下陈述申辩意见，请求中国证监会对其免于处罚：告知书认定立信会计师事务所“采购与付款函证程序不当”，与事实不符。为核实金亚科技的应付账款余额，立信会计师事务所发出 28 份询证函。发函前，立信会计师事务所发现金亚科技提供的拟发函地址中的 8 个与注册地址不符，审计人员核实后才最终发函，程序并无不当。询证函中既询证了应付账款期末余额，又询证了 2014 年年度交易额，符合《中国注册会计师审计准则第 1312 号——函证》的相关规定。工作中，立信会计师事务所将被询证单位信息记录于审计工作底稿，由审计人员亲自交给快递公司。在每份询证函中，均明确要求对方直接向立信会计师事务所深圳分所回函。对发出、收回询证函的情况，均汇总、统计于审计工作底稿，符合《中国注册会计师审计准则第1312号——函证》的规定，做到了勤勉尽责。

中国证监会认为，会计师事务所和注册会计师作为资本市场的守门人，应当依法履行职责，注册会计师作为具体实施审计工作的人员，应当在职责范围内发表独立的专业意见并承担相应法律责任。注册会计师应当保持足够的职业审慎，勤勉尽责地开展工作，恪守执业准则，保证所出具的法律文件不存在虚假记载、误导性陈述和重大遗漏。

关于采购与付款的函证程序，审计工作底稿显示，立信会计师事务所共向金亚科技28位供应商发询证函，询证过程中，立信会计师事务所未审慎尽责。其一，立信会计师事务所未充分关注发函地址的准确性。其二，立信会计师事务所在审计工作底稿中未记录收发函物流信息。其三，统计回函结果计算错误。在审计工作底稿应付账款函证结果汇总表中，立信会计师事务所对应付账款的结果进行了统计，在该表计算的应付账款函证金额为2 936万元（实际为2 774万元），回函金额计算错误。其四，审计工作底稿未记录应付账款函证结论。因此，中国证监会对此项申辩意见不予采信。

▶ 思考

1. 审计如何基于电子文档发现舞弊线索？
2. 审计程序不合理，在会计师事务所内部成员之间是否会相互“传染”？
3. 审计人员如何做到勤勉尽责？

// 思考题 //

1. 采购与付款循环的业务活动有哪些？
2. 采购与付款循环的重大错报风险评估包括哪些？
3. 采购与付款循环的控制测试通常包括哪些内容？
4. 如何对应付账款、一般费用实施实质性程序？

// 研究型学习与延伸阅读 //

[1] 蔡春，朱磊，郑倩雯，等．多个大股东与高质量审计需求．会计研究，2021(10)：176－189.
[2] 胡耘通，刘道钦，黄冠华．税收规避与审计收费．会计研究，2021(9)：176－189.
[3] 龚启辉，李辰，吴联生．投资银行-审计师业务关联与IPO盈余管理．会计研究，2021(9)：106－119.
[4] 韩晓宇，张兆国．名人董事长会影响审计收费吗．会计研究，2021(11)：178－192.

[5] 龙小海，刘杨晖，高怀荣．法律责任、审计风格和感知的会计信息可比性．会计研究，2021(8)：161－176.

[6] 田高良，陈匡宇，齐保垒．会计师事务所有基于关键审计事项的审计风格吗：基于中国上市公司披露新版审计报告的经验证据．会计研究，2021(11)：160－177.

[7] 吴武清，赵越，苏子豪．企业信息化建设与审计费用：数字化转型时期的新证据．审计研究，2022(1)：106－117.

// 第 12 章 //

生产与存货循环审计

素养提升

● 专业素养——掌握生产与存货循环审计的专业知识；能够应用生产与存货循环方法和技巧，并能熟悉运用审计专业判断实现审计目标；形成发散思维，充分应用专业基础理论，并能应用交叉学科知识对审计对象进行专业判断。

● 思政素养——塑造独立、客观、公正、诚信、勤勉尽责、严谨求实的工作态度和精神，辩证的职业判断和职业怀疑精神，树立中国特色社会主义核心价值观，养成良好的职业素养。

学习目标

● 掌握生产与存货循环的业务活动与控制。

● 掌握生产与存货循环的重大错报风险评估，了解进一步审计程序的设计。

● 掌握生产与存货循环针对业务环节以风险为起点的控制测试，了解控制测试计划的制订及调整。

● 掌握生产与存货循环的实质性程序，熟悉存货的审计目标和一般审计程序。

导　言

本章介绍了生产与存货循环的业务活动与控制、重大错报风险评估、控制测试、实质性程序等内容。

第 12 章思维导图

第 1 节　生产与存货循环的业务活动与控制

一、主要业务活动

对于一般制造型企业而言，生产与存货循环属于重大的业务循环，注册会计师需要在审计计划阶段对该循环涉及的业务活动以及对应的内部控制进行全面的了解，为此，通常可以实施以下程序：

第 12 章第 1 节
即测即评

（1）向参与生产和存货循环各业务活动的被审计单位人员进行询问，一般包括生产部门、仓储部门、人事部门和财务部门的员工和管理人员等。

（2）获取并阅读企业的相关业务流程图、内部控制手册等资料。

（3）观察生产和存货循环中特定控制的运用，例如，观察生产部门移送完工产品入库的流程及相关控制。

（4）检查文件资料，例如，检查原材料领料单、成本计算表、产成品出入库单等。

（5）实施穿行测试，是指对某一笔交易在财务报告信息系统中的处理过程进行追踪，例如，选取某种产成品，追踪该产品制订生产计划、领料生产、成本核算、完工入库的整个过程。

表 12－1 以一般制造型企业为例，针对生产与存货循环中的生产及存货管理两个方面，分别简要列示了通常涉及的财务报表项目、主要业务活动以及常见主要凭证和会计记录。

表 12－1　生产与存货循环汇总表

交易类别	生产	存货管理
相关财务报表项目	存货	存货 营业成本
主要业务活动	计划和安排生产 发出原材料 生产产品 核算产品成本	产成品入库及存货保管 发出产成品 存货盘点 计提存货跌价准备

续表

交易类别	生产	存货管理
常见主要凭证和会计记录	生产通知单 原材料通知单 领料单 产量统计记录表 生产统计报告 入库单 材料费用分配表 工时统计记录表 人工费用分配汇总表 制造费用分配汇总表 存货明细表	验收单 入库单 存货台账 盘点计划 盘点表单 盘点明细表 出库单 营业成本明细账 存货货龄分析表 可变现净值计算表

注：其他涉及发出产成品的主要凭证介绍已包含于销售与收款循环审计中。

以一般制造型企业为例，生产与存货循环涉及的主要业务活动包括：计划和安排生产；发出原材料；生产产品；核算产品成本；产成品入库及存货保管；发出产成品；存货盘点；计提存货跌价准备等。

1. 计划和安排生产

生产计划部门的职责是根据客户订购单或者销售部门对销售预测和产品需求的分析来决定生产授权。如决定授权生产，即签发预先顺序编号的生产通知单。该部门通常应负责对所有发出的生产通知进行编号和记录，以便对其进行控制。此外，该部门还需编制一份关于所需材料及零部件的材料需求报告。

2. 发出原材料

仓储部门的责任是根据从生产部门收到的领料单发出原材料。领料单上必须列示所需的材料数量和种类，以及领料部门的名称。领料单可以一料一单，也可以多料一单，通常需一式三联。其中，一联为生产部门存根联，连同材料交给领料部门；一联为仓库联，留在仓库用于登记材料明细账；一联为财务联，交给会计部门用于材料收发核算和成本核算。

3. 生产产品

生产部门接到生产通知后，领取原材料，然后对生产任务进行分解，落实到每个生成工人手上，并交付相应的原材料。生产工人在完成生产任务后，将产成品交给生产部门统计人员进行查点，再由统计人员转交检验员验收并办理入库手续；或将半成品移交下一个部门进行加工。

4. 核算产品成本

一方面，生产过程中的各种记录、生产通知单、领料单、计工单、产量统计记录表、生产统计报告、入库单等文件资料都要汇集到会计部门，由会计部门对其进行检查和核对，了解和控制生产过程中存货的实物流转；另一方面，会计部门要设置相应的会计账户，与相关部门共同核算和控制生产过程中的成本。完善的成本会计制度应该提供原材料转为在产品，在产品转为产成品，以及按成本中心、分批次生产任务通知单或生产周期所消耗的材料、人工和间接费用的分配与归集的详细资料。

5. 产成品入库及存货保管

产成品入库，须由仓储部门先行点验和检查，然后签收。签收后，将实际入库数量通知会计部门。据此，仓储部门明确本身应承担的责任，并对验收部门的工作进行验证。除此之外，仓储部门还应根据产成品的品质特征分类存放，并填制标签。

6. 发出产成品

产成品的发出须由独立的发运部门负责。产成品出货时，须持有相关部门批准的发运通知单，并据此编制出库单。出库单一般为一式四联，一联交仓储部门，一联由发运部门留存，一联送交客户，一联作为开具发票的依据。

7. 存货盘点

管理人员编制盘点指令，安排适当的人员定期盘点的对象包括原材料、在产品和产成品等所有存货，核对盘点结果与存货账面数量是否相符，如果存在差异，则需调查原因并进行适当处理。

8. 计提存货跌价准备

财务部门根据存货货龄分析表及相关部门提供的有关存货状况的资料，与存货盘点所掌握的情况相结合，分析可能导致存货价值下降的情况，如损毁、滞销、跌价等，计算出对应的金额并计提存货跌价准备。

二、相关业务控制

1. 生产通知单控制

对于计划和安排生产活动，由生产计划经理根据已批准的月度生产计划书，签发生产通知单，注意生产通知单需要预先按顺序编号。

2. 发出原材料控制

（1）领料单应当经生产主管批准，仓库管理员凭经批准的领料单发料。领料单一式三联，分别作为生产部门存根联、仓库联和财务联。

（2）仓库管理员应把领料单编号、领用数量、规格等信息输入计算机系统，经仓储经理复核并以电子签名方式确认后，自动更新材料明细台账。

3. 生产产品和核算产品成本活动控制

（1）生产成本记账员应根据原材料领料单财务联，编制原材料领用日报表，然后与计算机系统自动生成的生产记录日报表进行核对，检查其中的材料耗用和流转信息是否相符；会计主管对此审核无误后，编制记账凭证，并据以登记生产成本及原材料明细账和总账。

（2）生产部门需记录生产各环节所耗用的人工工时数和机器工时数，并将该信息输入生产记录日报表。

（3）每月月末，由生产车间与仓库核对原材料和产成品的转出和转入记录，如有差异，仓库管理员应编制差异分析报告，经仓储经理和生产经理签字确认后交由会计部门进行调整。

（4）每月月末，由计算机系统对生产成本进行归集，按照预先设定的分摊公式和方法，自动将当月发生的生产成本在完工产品和在产品之间按比例分配；将完工产品成本在各种不同产品类别之间分配，由此生成产品成本计算表和生产成本分配表；由生产成本记账员编制成生产成本结转凭证，经会计主管审核批准后进行账务处理。

4. 产成品入库和储存控制

（1）产成品入库时，质量检查员应检查并签发预先按顺序编号的产成品验收单，然后将产成品送交仓库，仓库管理员应检查产成品验收单，并清点数量，填写预先顺序编号的产成品入库单，经质检经理、生产经理和仓储经理签字确认后，由仓库管理员将产成品入库单信息输入计算机系统，计算机系统自动更新产成品明细台账，并与采购订购单编号核对。

（2）存货存放在安全的环境（如上锁、使用监控设备）中，只有经过授权的工作人员可以接触及处理存货。

5. 发出产成品控制

（1）产成品出库时，由仓库管理员填写预先顺序编号的出库单，并将产成品出库单信息输入计算机系统，经仓储经理复核并以电子签名方式确认后，计算机系统自动更新产成品明细台账，并与发运通知单编号进行核对。

（2）产成品装运发出前，由运输经理对出库单、销售订购单和发运通知单进行独立检查，主要检查从仓库提取的商品是否附有经批准的销售订购单，以及所提取商品的内容与销售订购单是否一致等方面。

（3）每月月末，生产成本记账员根据计算机系统内状态为“已处理”的订购单数量，编制销售成本结转凭证，经会计主管审核批准后进行销售成本结转的账务处理。

6. 盘点存货控制

（1）生产部门和仓储部门在盘点日前需要对所有存货进行全面清理和归整，以便接下来的盘点工作能够有序地开展。

（2）每一组盘点人员应包括仓储部门以外的其他部门人员，即不能由负责保管存货的人员单独负责盘点存货；不同的工作人员分别负责初盘和复盘。

（3）盘点表和盘点标签事先连续编号，发放给盘点人员时需要对领用人员进行登记；盘点结束后还需要对所有已使用和未使用的盘点表和盘点标签进行回收和清点。

（4）为防止存货重复盘点或被遗漏，要对所有盘点过的存货贴上盘点标签，在标签上注明存货的品名、数量和盘点人员等基本信息，以便后续检查核对；在完成盘点前要检查现场所有存货是否都已经贴上盘点标签。

（5）对于不属于本单位的、代其他方保管的存货，要严格做到单独堆放并作明确标识；对于盘点期间需要领用的原材料或出库的产成品，也要分开堆放并作标识。

（6）汇总盘点结果，与存货账面数量进行比较，如果存在差异，则需要调查分析产生差异的原因，对于已经认定的盘盈和盘亏，要提请相关人员进行相应的账务调整，在调整过程中，需经仓储经理、生产经理、财务经理和总经理等复核批准后才能入账。

7. 计提存货跌价准备控制

（1）安排适当的人员定期编制存货货龄分析表，由管理人员对存货货龄分析表进行复核，判断是否需要对滞销的存货计提跌价准备，并计算存货可变现净值，据此确定存货跌价准备的计提金额并进行账务处理。

（2）生产部门和仓储部门每月上报残次、毁损等存货的明细情况，采购部门和销售部门每月上报原材料和产成品等的最新价格情况，财务部门据此分析存货跌价风险并计算出相应的跌价金额，由财务经理和总经理复核批准后进行账务处理。

第 2 节　生产与存货循环的重大错报风险评估

一、重大错报风险评估

以一般制造型企业为例，影响生产与存货循环交易和余额的风险因素可能包括：

1. 交易的数量和复杂性

制造型企业交易的数量庞大，业务复杂，这就增加了错误和舞弊的风险。

2. 成本核算的复杂性

第 12 章第 2 节
即测即评

虽然原材料和直接人工等直接成本的归集和分配比较简单，但间接费用的分配可能较为复杂，并且同一行业中的不同企业也可能采用不同的认定和计量基础。

3. 产品的多元化

这有可能需要聘请专家对产品质量、状况或价值等情况进行验证。另外，计算各种库存存货数量的方法也可能存在差异。例如，计量煤堆、筒仓里的谷物或糖、黄金或贵重宝石、化工品和药剂产品的存储量时可能会采用不一样的专门方法。这并不是要求注册会计师每次清点存货都要有专业人员的协助。如果存货易于辨认，存货的数量易于盘点，就不需要专家的协助。

4. 可变现净值难以确定

有的存货价格会受全球经济供求关系的影响，其可变现净值难以确定，进而会影响存货采购价格和销售价格的确定，也会影响注册会计师对与存货计价和分摊认定有关的风险进行合理的评估。

5. 存货存放的地点多

大型企业可能将存货存放在很多地点，并且不同的地点之间可以自由调配存货，这将增加存货在途中被毁损或被遗失的风险，或者导致存货在两个甚至两个以上的地点被重复列示和加计，也可能产生转移定价的错误或引发与之相关的舞弊行为。

6. 寄存的存货

企业有时候也会持有一些被寄存的存货，这些存货虽然还存放于企业的仓库，但可能已经不再归本企业所有，而是归其他企业所有。反之，企业的存货也可能被寄存于其他企业的仓库。

存货通常与企业各项经营活动都具有不同程度的关联性，因此存货的重大错报风险可能与财务报表中其他项目的重大错报风险具有较为紧密的关联度。例如，收入确认的错报风险、采购交易的错报风险都可能与存货的错报风险共存，而存货成本核算的错报风险则可能与营业成本的错报风险共存等。

综上所述，一般制造型企业存货的重大错报风险通常包括：

（1）存货实物可能不存在（存在认定）；

（2）属于被审计单位的存货可能未在账面上反映（完整性认定）；

（3）存货的所有权可能不属于被审计单位（权利和义务认定）；

（4）存货的单位成本可能存在计算错误（计价和分摊认定、准确性认定）；

（5）存货的账面价值可能无法实现，即跌价损失准备的计提可能不充分（计价和分摊认定）。

二、设计进一步审计程序

注册会计师基于生产与存货循环的重大错报风险评估结果，制定实施进一步审计程序总体方案（见表 12－2）。

表 12－2　基于生产和存货循环的重大错报风险评估结果的进一步审计程序总体方案

重大错报风险描述	存货实物可能不存在	存货的单位成本可能存在计算错误	已销售产品的成本可能没有准确结转至营业成本	存货的账面价值可能无法实现
相关财务报表项目及认定	存货：存在	存货：计价和分摊；营业成本：准确性	存货：计价和分摊；营业成本：准确性	存货：计价和分摊
风险程度	特别	一般	一般	特别
是否依赖控制	是	是	是	否
进一步审计程序的总体方案	综合性	综合性	综合性	实质性
拟从控制测试中获取的保证程度	中	中	中	无
拟从实质性程序中获取的保证程度	高	低	低	高

无论是采用综合性方案还是实质性方案，注册会计师都需要确保通过实施方案中的控制测试和实质性程序所获取的审计证据结合起来能够应对所识别出的认定层次的重大错报风险，也就是要使这些风险所涉及的全部相关认定都已经获取了足够的保证程度。

第 3 节　生产与存货循环的控制测试

一般而言，生产与存货循环的内部控制主要包括存货数量的内部控制和存货单价的内部控制。由于生产与存货循环与其他业务循环联系紧密，生产与存货循环中某些审计程序，特别是对存货余额的审计程序，可以与其他相关业务循环的审计程序同时进行，这样有助于更加高效地达到审计目标。例如，原材料的采购和记录通常是作为采购与付款循环的一部分进行测试的，而包括直接人工成本和制造费用中的人工费用在内的人工成本则通常是作为工薪循环的一部分进行测试的。因此，在对生产与存货循环的内部控制实施测试时，应综合考虑其他业务循环的控制测试，避免因重复测试而造成审计资源的浪费。

第 12 章第 3 节
即测即评

一、以风险为起点的控制测试

注册会计师通常以识别的重大错报风险为起点，选取拟测试的控制并执行测试程序。表 12－3 至表 12－10 列示了通常情况下注册会计师对生产与存货循环所实施的控制测试。

1. 发出原材料环节

发出原材料环节的控制测试程序见表 12－3。

表 12－3 发出原材料环节的控制测试程序

可能发生错报的情况	相关的财务报表项目及认定	存在的内部控制（自动）	存在的内部控制（人工）	控制测试程序
原材料的发出可能未经授权	存货：准确性、计价和分摊；营业成本：准确性		所有领料单由生产主管签字批准，仓库管理员凭经批准的领料单发出原材料	选取领料单，检查是否有生产主管的签字授权
发出的原材料可能未正确记入相应产品的生产成本中	存货：准确性、计价和分摊；营业成本：计价和分摊	领料单信息输入系统时输入对应的生产任务单编号和所生产的产品代码，每月月末系统自动归集生产材料成本明细表	生产主管每月月末将其生产任务单及相关领料单存根联与材料成本明细表进行核对，调查差异并处理	检查生产主管核对材料成本明细表的记录，并询问其核对过程及结果

2. 记录人工成本环节

记录人工成本环节的控制测试程序见表 12－4。

表 12－4 记录人工成本环节的控制测试程序

可能发生错报的情况	相关的财务报表项目及认定	存在的内部控制（自动）	存在的内部控制（人工）	控制测试程序
生产工人的人工成本可能未得到准确反映	存货：准确性、计价和分摊；营业成本：准确性	所有员工有专属员工代码和部门代码，员工的考勤记录记入相应员工代码	人事部门每月编制工薪费用分配表，按员工所属部门将工薪费用分配至生产成本、制造费用、管理费用和销售费用，经财务经理复核后入账	检查系统中员工的部门代码设置是否与实际职责相符

3. 记录制造费用环节

记录制造费用环节的控制测试程序见表 12－5。

表 12-5　记录制造费用环节的控制测试程序

可能发生错报的情况	相关的财务报表项目及认定	存在的内部控制（自动）	存在的内部控制（人工）	控制测试程序
发生的制造费用可能没有得到完整归集	存货：准确性、计价和分摊、完整性； 营业成本：准确性、完整性	系统根据输入的成本和费用代码自动识别制造费用并进行归集	成本会计每月复核系统生成的制造费用明细表并调查异常波动；必要时由财务经理批准进行调整	检查系统的自动归集设置是否符合有关成本和费用的性质，是否合理；询问并检查成本会计复核制造费用明细表的过程和记录，检查制造费用的调整分录经财务经理批准的记录

4. 计算产品成本环节

计算产品成本环节的控制测试程序见表 12-6。

表 12-6　计算产品成本环节的控制测试程序

可能发生错报的情况	相关的财务报表项目及认定	存在的内部控制（自动）	存在的内部控制（人工）	控制测试程序
生产成本和制造费用在不同产品之间、在产品和产成品之间的分配可能不正确	存货：准确性、计价和分摊； 营业成本：准确性		成本会计执行产品成本核算、日常成本核算，财务经理每月月末审核产品成本计算表及相关资料（原材料成本核算表、工薪费用分配表、制造费用分配表等），并调查异常项目	询问财务经理如何执行复核及调查；选取产品成本计算表及相关资料，检查财务经理的复核记录

5. 产成品入库环节

产成品入库环节的控制测试程序见表 12-7。

表 12-7　产成品入库环节的控制测试程序

可能发生错报的情况	相关的财务报表项目及认定	存在的内部控制（自动）	存在的内部控制（人工）	控制测试程序
已完工产品的生产成本可能没有转移到产成品中	存货：准确性、计价和分摊	系统根据当月输入的产成品入库单和出库单信息自动生成产成品收（入库）发（出库）存（余额）报表	成本会计将产成品收发存报表中的产品入库数量与当月成本计算表中结转的产成品成本对应的数量进行核对	询问和检查成本会计将产成品收发存报表与成本计算表进行核对的过程和记录

6. 发出产成品环节

发出产成品环节的控制测试程序见表 12-8。

表 12-8 发出产成品环节的控制测试程序

可能发生错报的情况	相关的财务报表项目及认定	存在的内部控制（自动）	存在的内部控制（人工）	控制测试程序
销售发出的产成品的成本可能没有准确转入营业成本	存货：准确性、计价和分摊；营业成本：准确性	系统根据确认的营业收入所对应的售出产品自动结转营业成本	财务经理和总经理每月对毛利率进行比较分析，对异常波动进行调查和处理	检查系统设置的自动结转功能是否正常运行，成本结转方式是否符合公司成本核算政策；询问和检查财务经理和总经理进行毛利率分析的过程和记录，并核实异常波动的调查情况及处理结果

7. 盘点存货环节

盘点存货环节的控制测试程序见表 12-9。

表 12-9 盘点存货环节的控制测试程序

可能发生错报的情况	相关的财务报表项目及认定	存在的内部控制（自动）	存在的内部控制（人工）	控制测试程序
存货可能被盗或因材料领用/产品销售未入账而出现账实不符问题	存货：存在		仓库保管员每月月末对存货进行盘点，与仓库台账进行核对并调节一致；成本会计对其盘点与核对进行监督，并抽查部分存货进行复盘；每年年末对所有存货进行盘点，根据盘点结果分析盘盈盘亏并进行相应的账面调整	

8. 计提存货跌价准备环节

计提存货跌价准备环节的控制测试程序见表 12-10。

表 12-10 计提存货跌价准备环节的控制测试程序

可能发生错报的情况	相关的财务报表项目及认定	存在的内部控制（自动）	存在的内部控制（人工）	控制测试程序
可能存在残次存货，影响存货的价值	存货：准确性、计价和分摊；资产减值损失：完整性	系统根据存货入库日期自动统计货龄，每月月末生成存货货龄分析表	财务部门根据系统生成的存货货龄分析表，结合生产和仓储部门上报的存货损毁情况以及存货盘点过程中对存货状况的检查结果，计提存货减值准备，经总经理审核批准后入账	询问财务经理识别减值风险并确定减值准备的过程，检查总经理的复核批准记录

二、控制测试计划的制订及调整

在实施控制测试的过程中，如果发现人工控制在执行时依赖于信息系统生成的报告，那么注册会计师还应当测试系统生成报告的准确性。例如，如果在与计提存货跌价准备相关的管理层控制中使用了系统生成的存货货龄分析表，其准确性就会影响管理层控制的有效性，因而注册会计师需要对存货货龄分析表的准确性进行测试。

有些被审计单位的成本核算实现了信息系统的全程自动化。在这种情况下，注册会计师就需要了解和测试信息系统中的成本核算流程和参数设置，同时也要对相关信息系统一般控制的运行有效性进行测试，必要时还需要信息技术专家协助相关的测试过程。

表 12－3 至表 12－10 列示的是生产与存货循环一些较为常见的内部控制和控制测试程序，但并未包含生产与存货循环所有的内部控制和控制测试程序，这并不意味着注册会计师在审计时一定要按此执行，原因如下：

（1）被审计单位具体情况存在差异，比如所处行业不同、规模不一、内部控制制度的设计和执行方式不同，以前期间接受审计的情况也各不相同。

（2）注册会计师需要考虑审计效率问题。受审计时间、审计成本等的限制，注册会计师除了确保审计质量、审计效果外，还需要提高审计效率，比如尽可能避免重复的测试程序，保证检查某一凭证时能够一次完成对该凭证的全部审计测试程序，按最有效的顺序实施审计测试等。

总体而言，在审计实务工作中，注册会计师需要从实际出发，设计适合被审计单位具体情况的实用且高效的控制测试计划。

第 4 节　生产与存货循环的实质性程序

在审计实务中，注册会计师通过计划阶段执行的风险评估程序，确定了已识别重大错报风险的相关认定。本节将介绍实务中较为常见的针对生产与存货循环的实质性程序，这些程序可以从一个或多个认定方面应对识别的重大错报风险。

第 12 章第 4 节
即测即评

一、存货的审计目标

存货的审计目标一般包括实施审计程序以证实：

（1）账面存货余额对应的实物是否真实存在（存在认定）；

（2）属于被审计单位的存货是否均已入账（完整性认定）；

（3）存货是否属于被审计单位（权利和义务认定）；

（4）存货单位成本的计量是否准确（计价和分摊认定）；

（5）存货的账面价值是否可以实现（计价和分摊认定）。

存货审计，尤其是对年末存货余额的测试，通常是审计中最复杂、最费时的部分。导致存货审计复杂的主要原因包括：

（1）存货通常是资产负债表中的一个主要项目，也是构成营运资本的最大项目。

（2）存货存放于不同的地点，这使得对它的实物控制和盘点都很困难。企业必须将存货放置于便于产品生产和销售的地方，但是这种分散也带来了审计的困难。

（3）存货项目的多样性加大了审计的难度。例如，化学制品、宝石、电子元件以及其他的高科技产品。

（4）存货本身的陈旧以及存货成本的分配也给存货的估价带来了困难。

（5）不同企业采用的存货计价方法存在多样性。

存货审计涉及数量和单价两个方面。针对存货数量的实质性程序主要是存货监盘。此外，还包括对第三方保管的存货实施函证等程序，对在途存货进行相关凭证检查和期后入库记录核实等程序。存货单价的实质性程序包括对购买和生产成本的审计程序和对存货可变现净值的审计程序。其中原材料成本的计量较为简单，一般通过对采购成本的审计进行测试；在产品和产成品的单价较为复杂，包括测试原材料成本、人工成本和制造费用的归集和分摊等。

存货审计还需考虑其与采购、销售收入及销售成本间的相互关系，因为存货认定取得的证据同时也为其对应项目的认定提供了证据。例如，通过存货监盘和对已收存货的截止测试取得的，与外购商品或原材料存货的完整性和存在认定相关的证据，为同一期间原材料和商品采购的完整性和发生提供了保证。

二、存货的一般审计程序

1. 获取年末存货余额明细表进行复核和比较

（1）复核单项存货金额的计算（单位成本×数量）和明细表的加总计算是否准确。

（2）将本年末存货余额与上年末存货余额进行比较，总体分析变动原因。

2. 实施实质性分析程序

存货的实质性程序中较为常见的是对存货周转天数的实质性分析程序，具体过程如下：

（1）根据对被审计单位的经营活动、供应商、贸易条件、行业惯例和行业现状的了解，确定存货周转天数的预期值。

（2）根据对本期存货余额组成情况、实际经营情况、市场情况、存货采购情况的了解，确定可接受的差异额。

（3）计算实际存货周转天数和预期周转天数之间的差异。

（4）通过询问管理层和相关员工，调查存在重大差异的原因，并评估差异是否表明存在重大错报风险，是否需要设计恰当的细节测试程序以识别和应对重大错报风险。

三、存货计价测试

存货监盘程序主要是对存货的数量进行测试。为验证财务报表上存货余额的真实性，还应对存货的计价进行审计。前文已经详细介绍了存货监盘的相关内容，此处主要对存货计价测试进行阐述。一般而言，存货计价测试包括两个方面：被审计单位所使用的存货单位成本是否正确；是否恰当计提了存货跌价准备。

在实施存货计价测试之前，注册会计师通常要先了解被审计单位本年度的存货计价方法是否与以前年度一致。如果不一致，则需要检查发生变化的理由，分析其合理性，并核实这些变化是否经过适当的审批。

（一）存货单位成本测试

对于原材料的单位成本，注册会计师主要基于企业的原材料计价方法，比如先进先出法、加权平均法等，结合原材料的历史采购成本，对其账面成本的准确性进行测试，主要涉及检查原材料价格相关的凭证，以及检查原材料计价方法的运用是否正确等程序。

对于产成品和在产品的单位成本，注册会计师需要对成本核算过程进行测试，通常包括直接材料成本测试、直接人工成本测试、制造费用测试和生产成本分配测试等内容，具体测试程序如下：

1. 直接材料成本测试

对于采用定额单耗的企业，可选择某一成本报告期若干种具有代表性的产品成本计算单，选取适当的样本，获取其生产指令或产量统计记录以及直接材料单位消耗定额，实施下列程序：

（1）根据材料明细账或采购业务测试工作底稿中各直接材料的单位实际成本，计算出直接材料的总消耗量和总成本。

（2）将上述计算结果与该样本成本计算单中的直接材料成本进行核对，看是否相符。

对于未采用定额单耗的企业，可获取材料费用分配汇总表、材料发出汇总表或领料单、材料明细账或采购业务测试工作底稿中各直接材料的单位成本，检查下列事项：

（1）核对成本计算单中直接材料成本与材料费用分配汇总表中该产品负担的直接材料费用是否一致，分配标准是否具有合理性。

（2）计算出所抽取的材料发出汇总表或领料单中几种直接材料的发出总量和实际单位成本之积，将其与材料费用分配汇总表中各种材料费用进行核对和比较。

对于采用标准成本法的企业，获取样本的生产指令或产量统计记录、直接材料单位标准用量、直接材料标准单价及发出材料汇总表或领料单，检查下列事项：

（1）基于生产数量、直接材料单位标准用量和标准单价计算的标准成本与成本计算单中的直接材料成本核对是否相符。

（2）直接材料成本差异的计算过程及结果是否正确，账务处理是否恰当。

2. 直接人工成本测试

对于采用计时工资制的企业，获取样本的实际工时统计记录、员工分类表和员工工薪手册（工资率）及人工费用分配汇总表，实施下列程序：

（1）成本计算单中直接人工成本与人工费用分配汇总表中该样本的直接人工费用核对是否相符。

（2）样本的实际工时统计记录与人工费用分配汇总表中该样本的实际工时核对是否相符；抽取生产部门若干天的工时台账与实际工时统计记录核对是否相符。

（3）当没有实际工时统计记录时，则可根据员工分类表及员工工薪手册中的工资率，计算复核人工费用分配汇总表中该样本的直接人工费用是否合理。

对于采用计件工资制的企业，获取样本的产量统计报告、个人（小组）产量记录和经批准的单位工薪标准或计件工资制度，检查下列事项：

（1）根据样本的统计产量和单位工薪标准计算的人工费用与成本计算单中直接人工成本核对是否相符。

（2）抽取若干个直接人工（小组）的产量记录，检查是否被汇总计入产量统计报告。

对于采用标准成本法的企业，获取样本的生成指令或产量统计报告、工时统计报告和经批准的单位标准工时、标准工时工资率、直接人工的工薪汇总表等资料，检查下列事项：

（1）根据产量和单位标准工时计算的标准工时总量与标准工时工资率之积同成本计算单中直接人工成本核对是否相符。

（2）直接人工成本差异的计算与账务处理是否正确，并注意直接人工的标准成本在当年内有无重大变更。

3. 制造费用测试

获取样本的制造费用分配汇总表、按项目分列的制造费用明细账、与制造费用分配标准有关的统计报告及其相关原始记录，进行以下检查：

（1）在制造费用分配汇总表中，样本分担的制造费用与成本计算单中的制造费用核对是否相符。

（2）制造费用分配汇总表中的合计数与样本所属成本报告期的制造费用明细账总计数核对是否相符。

（3）制造费用分配汇总表选择的分配标准（机器工时数、直接人工工资、直接人工工时数、产量等）与相关的统计报告或原始记录核对是否相符，并对费用分配标准的合理性作出评估。

（4）如果企业采用预计费用分配率分配制造费用，则应针对制造费用分配过多或过少的差额，检查其是否作了适当的账务处理。

（5）如果企业采用标注成本法，则应检查样本中标准制造费用的确定是否合理，计入成本计算单的数额是否正确，制造费用差异的计算与账务处理是否正确，并注意标准制造费用在当年度内有无重大变更。

4. 生产成本分配测试

针对生产成本在当期完工产品与在产品之间的分配情况，主要通过实施以下程序来完成测试：

（1）检查成本计算单中在产品数量与生产统计报告或在产品盘存表中的数量是否一致。

（2）检查在产品约当产量计算或其他分配标准是否合理；计算复核样本的总成本和单位成本。

（二）存货跌价准备测试

注册会计师在测试存货跌价准备时，主要从两个方面进行测试：

1. 识别出需要计提跌价损失准备的存货项目

注册会计师可以通过询问管理层和相关部门（生产、仓储、财务、销售部门等）员工，了解被审计单位如何收集有关滞销、过时、陈旧、毁损、残次存货的信息并如何对此计提必要的跌价损失准备。比如，被审计单位编制存货货龄分析表，则可以通过审阅分析表识别滞销或陈旧的存货。此外，注册会计师还要结合存货监盘过程中所获取的信息，以判断被审计单位的存货跌价准备计算表是否有遗漏。

2. 检查存货可变现净值计量的合理性

在存货计价审计中，由于被审计单位对期末存货采用成本与可变现净值孰低的方法计价，所以注册会计师应充分关注其对存货可变现净值的计量方法、过程和结果是否符合可变现净值的定义，是否以取得的确凿证据为基础，并且充分考虑持有存货的目的以及资产负债表日后事项的影响等因素。通常可以采用抽样的方式对此进行详细检查。

拓展阅读

獐子岛公司违规案例

獐子岛公司地处辽宁省大连市，于2006年9月28日在深交所挂牌上市，其控股股东为当地一家集体所有制企业——长海县獐子岛投资发展中心。公司主要从事虾夷扇贝、海参、鲍鱼等海珍品育苗、养殖、加工、销售等业务，作为一家养殖业上市公司，獐子岛公司一直受到投资者和分析机构的追捧，有“海上大寨”的美誉。然而，2014年的一则“重大风险提示”使獐子岛公司成为舆论焦点。2014年10月30日，獐子岛公司对外发布公告，由于遭受到北黄海几十年一遇的冷水团影响，公司过去几年所播撒的100多万亩虾夷扇贝苗绝收，考虑到这一异常因素，公司预期将发生巨亏。深交所一度发函问询，獐子岛公司从底质、水深、水温剧烈变化、气候变化引起自然灾害风险、饵料供给变化、敌害和养殖容量等方面解释了影响底播虾夷扇贝存活的胁迫因子。随后2018年1月、2019年4月，獐子岛公司又发布其虾夷扇贝大规模死亡的信息，其资产和业绩接连受到外界质疑。

一、2010—2014年财务数据分析

公开数据显示，獐子岛公司在2011年以前业绩一直十分亮眼，作为一家养殖业上市公司，收入、利润逐年增加，且主营产品虾夷扇贝、海参的毛利率分别高达61.81%、52.10%（2011年数据），实属难得。但是在2012年，公司不仅营业收入较2011年下降了11.20%，净利润更是断崖式下降79.17%。对此，公司从以下五个方面给出了解释：一是公司年末与威海长青公司存在未决诉讼，经律师评估后计提预计负债，计入营业外支出。二是外部需求下降引起的出口贸易额大幅减少。三是公司改善员工福利、优化薪酬体系，从而加重当期人力成本负担。四是底播虾夷扇贝亩产出现大幅减少。五是受台风影响，公司浮筏鲍鱼的产量与预期相比下降较为明显。对于前述三项解释，在查阅报表附注后可知，公司因未决诉讼而计提的预计负债金额为3 577万元；公司2012年国外贸易利润为3 383万元，较2011年的7 843万元下降了4 460万元；2011年末在册员工4 335人、2012年末在册员工4 421人，虽然公司员工较上一年有所增加，导致其工资及工资性费用由2011年的11 191万元上升到13 070万元，但工资支出总量仅增加1 879万元。以上三项解释合计减少当年利润9 916万元，但这并不是净利润下降39 365万元的主要原因。因此，后两项解释才是导致獐子岛2012年业绩骤降的根源。但受限于当时的公开资料，投资者未能及时了解底播虾夷扇贝亩产下降和浮筏鲍鱼产量下降的具体影响，直到2年后通过公司的自我披露才让投资者意识到其严重性。

自2012年开始，獐子岛公司营业收入总体保持稳定，而净利润逐年下降，2014年甚至亏损11.95亿元。2014年10月31日起，獐子岛公司先后对其关键性生物资产虾夷扇贝的状况进行了多次公告，引起舆论关注。獐子岛公司期末存货大幅减少的原因是放弃对当期 105.64 万亩底播虾夷扇贝的采捕，并进行了核销处理，该项核销直接导致当年营业外支出增加 73 461.94 万元。此外，獐子岛公司还对当时尚存的 43.02 万亩底播虾夷扇贝存货（原账面价值 30 060 万元）计提了跌价准备 28 305 万元，并全部计入资产减值损失。两项合计共减少当期利润 10.18 亿元，上述非经常性损失是导致当年巨亏的主要原因。

二、2015—2019 年财务数据分析

在连续 2 年出现亏损后，2016 年獐子岛公司扭亏为盈。2017 年，獐子岛海洋牧场再次遭受重大灾害，受灾海域达 131.46 万亩，公司继续采用前述做法，一方面核销存货，另一方面通过计提存货跌价准备，最终将损失的 63 830.12 万元全部计入当年损益，导致獐子岛公司 2017 年年度业绩出现大幅亏损。同年，时任外审机构大华会计师事务所第一次对獐子岛公司出具保留意见的审计报告。对此，大华会计师事务所从两方面予以解释：一是 2017 年獐子岛公司巨亏 7.26 亿元，资产负债率达 89.7%，营运资金缺口超过 12 亿元，结合其消耗性生物资产大量核销，表明公司持续经营能力存在重大不确定性；二是公司涉嫌信息披露违法违规，于 2018 年 2 月 9 日被中国证监会立案调查。与此同时，獐子岛公司还收到了大华会计师事务所为其出具的否定意见的内部控制鉴证报告，认定公司对于底播虾夷扇贝存货的计量存在严重偏差，尤其是对可能发生的重大异常预判不够，以及公司消耗性生物资产管控中的监测手段和预警机制存在重大缺陷。在对外披露的内部控制自我评价报告中，獐子岛公司首次承认了公司非财务报告内部控制存在缺陷，主要表现为存货管理中的监测预警制度存在缺陷，特别是由于当时国内、国际尚未对生态指标、生物指标进行关联评价标准研究，导致獐子岛公司无法全面评估外界生态指标的异常共振可能对底播虾夷扇贝产生的影响，无法对其消耗性生物资产的状况进行及时预判。

2018 年 1 月，獐子岛公司在盘点底播虾夷扇贝的过程中发现，部分养殖海域内虾夷扇贝大规模死亡，经测算捕捞收入不足以弥补采捕成本，故选择放弃采捕，并对账面成本为 5.78 亿元的底播虾夷扇贝存货进行核销处理，同时对另外 24.3 万亩海域价值 1.26 亿元的底播虾夷扇贝存货计提跌价准备 6 072.16 万元。上述两项合计影响净利润 6.38 亿元，全部计入当年损益。

2019 年，獐子岛公司更换了会计师事务所，但继续收到了保留意见的审计报告和否定意见的内部控制鉴证报告。外部审计师关注的焦点，仍然是獐子岛公司在生物生长安全监测预警的有效性和避免生物死亡的技术识别能力方面存在缺陷，导致未能避免当年存货发生的死亡风险。2019 年秋季，獐子岛公司又陆续发布公告，称其在日常抽测中发现底播虾夷扇贝再一次出现大规模死亡，并对过去 2 年所投的 43.57 万亩、账面成本为 2.31 亿元的底播虾夷扇贝苗进行核销处理，此外还对

12.48万亩底播虾夷扇贝存货计提跌价准备6 055.44万元。这几乎是2014年的历史重现。毫无意外，2019年公司经营业绩发生重大亏损。从审计角度来看，审计机构和审计人员在执行审计程序时可能存在一定的疏忽和不足。一方面，审计机构未能充分了解獐子岛公司存货管理的特点和风险，导致审计程序的设计和执行存在缺陷。另一方面，审计人员在执行审计程序时可能过于依赖公司的内部控制和财务报表，未能充分进行实地勘察和抽样测试，未能及时发现存货存在的问题。

资料来源：中国证券监督管理委员会网站.

案　例

数据挖掘及存货审计程序应用

案例一　数字化审计应用案例：非结构化数据的挖掘

在数字化审计过程中，审计人员除了要面对数据库、表格等二维数据之外，还需要面对各种各样的非结构化数据，这类数据没有预定义的数据模型，结构不规则，不能通过二维逻辑表来展现，如办公文档、文本、图片、各类报表、图像和音频/视频信息等。一笔贷款业务，除了基础的客户信息、账户信息、额度信息、交易信息之外，其他贷前的调查报告等大多是非结构化数据。

从全面进行风险分析和评价的角度讲，在数字化审计过程中，对这些数据不能视而不见。一方面，这些数据可能蕴藏着新的思路、新的方向；另一方面，忽略这些数据，很容易对典型结构化数据相关的“显性现象”多加关注和分析，而对非典型非结构化数据相关的“隐性现象”，由于数据很难获取、处理或根本无法获取，反而着墨不多。

比如，对一个组织的风险状况进行评估分析时，领导的管理风格和关注点是审计人员必须关注的内容。一般来讲，领导在不同工作会议中的讲话，会反映出领导对该组织发展战略、风险策略的观点。对领导讲话进行分析可在一定程度上了解领导的管理理念，但领导的讲话都是文本格式的非结构化数据，如何才能快速抓住领导讲话的重点，甚至对不同年度的重点进行比较呢？Python提供了自然语言处理库，可以利用文本数据挖掘技术对领导的讲话内容进行分词、词频分析，词云展示，可视化地展示领导讲话的重点。同一篇讲话，关键词的出现是有先后顺序的，从关键词之间的关系，可以看出讲话者的思路和决策方向。在对讲话内容进行分词、词频分析的基础上，还可以进一步进行词语间的关联关系分析、依存关系分析。此外，讲话者在不同时期的讲话，结合不同时期的外部形势、内部经营情况等，有不同的关注重点和管理风格。可以在单篇讲话内容的基础上，对不同时期的讲话内容进行对比分析，识别讲话者风险偏好变化。

案例二　瑞华会计师事务所存货审计程序应用

瑞华会计师事务所作为振隆特产 IPO 审计机构，对振隆特产 2012 年、2013 年及 2014 年财务报表进行审计并出具了标准无保留意见的审计报告，审计收费 130 万元。瑞华会计师事务所在审计过程中未勤勉尽责，其所出具的审计报告存在虚假记载。

瑞华会计师事务所对振隆特产 2012 年至 2014 年与存货相关的项目进行审计时未勤勉尽责。2012 年至 2014 年，振隆特产各年年末存货余额分别占资产总额的 44%、39%、26%。经查，振隆特产分别通过调节出成率、调低原材料采购单价以及未在账面确认已处理霉变存货损失的方式虚增利润和存货。虚增利润金额分别占当年利润总额的 25.52%、32.85%、32.43%；虚增存货金额分别占各年年末资产总额的 3.11%、6.51%、7.26%。

1. 未按审计准则及设计的舞弊风险应对措施、总体审计策略执行相应的审计程序

瑞华会计师事务所对振隆特产 2013 年及 2014 年财务报表进行审计时，认为存货存在舞弊风险，将存货和营业成本评估为存在重大错报风险，并将存货评估为存在特别风险。在舞弊风险应对措施中提出，在观察存货盘点的过程中实施额外的审计程序，例如，更严格地检查包装箱中的货物、存货堆放方式等。注册会计师在监盘过程中，在振隆特产的存货密集堆放，各垛物品间没预留可查看空间的情况下，只对顶层、侧面以及外围的存货进行抽样检查，未对垛中心存货进行检查。此外，瑞华会计师事务所在总体审计策略中提出要核对库房进销存账与财务账是否一致，但实际未执行。

2. 未按审计准则及总体审计策略的要求，实施有效的抽盘程序

2012 年至 2014 年，振隆特产虚增的以及存放于天津代工厂的存货金额分别占各年末存货金额的比例为 24.84%、30.97%、41.49%，该部分存货于各年年末在振隆特产的自有库房中是无法盘点出来的，而瑞华会计师事务所在审计工作底稿中记录 2012 年、2013 年和 2014 年的抽盘比例分别为 54.36%、67.85%、88.56%。在实际监盘时，瑞华会计师事务所仅从每一垛存货中抽出部分存货进行称重或查看质量，认为整垛存货是经过抽盘的，故瑞华会计师事务所实际抽盘的比例远低于审计工作底稿记载的比例。此外，2013 年和 2014 年，瑞华会计师事务所在总体审计策略中提出要加大抽盘的范围与数量，但实际并未执行。

瑞华会计师事务所上述行为违反了《中国注册会计师鉴证业务基本准则》《中国注册会计师审计准则第 1312 号——函证》《中国注册会计师审计准则第 1231 号——针对评估的重大错报风险采取的应对措施》《中国注册会计师审计准则第 1311 号——对存货、诉讼和索赔、分部信息等特定项目获取审计证据的具体考虑》的相关规定。

瑞华会计师事务所、侯某勋、肖某在听证与申辩材料中对与存货相关项目审计问

题提出：

1. 关于未按审计准则及设计的舞弊风险应对措施、总体审计策略执行相应的审计程序问题

（1）2013年审计工作底稿2260－6显示，“更严格地检查包装箱中的货物”这一审计程序不适用；（2）振隆特产的存货密集堆放，各垛物品间没预留可查看空间，这种情形显然不应再适用对“存货堆放方式（如堆为中空）”实施额外的审计程序这一应对措施；（3）“更严格地检查包装箱中的货物”这一审计程序，2014年审计时已经实施，即委托专业第三方鉴定机构对货物进行检测；（4）瑞华会计师事务所实施了核对库房进销存账与财务账是否一致审计程序并且计入了审计工作底稿“控制测试—存货与成本流程—存货的日常保管控制测试表”中。

2. 关于未实施有效抽盘程序问题

（1）振隆特产实际盘亏的数量是未经准确核实的，事先告知书对于这一基本事实问题没有查明；（2）事先告知书混淆了“检查存货”和“执行抽盘”这两个概念；（3）2012年、2013年和2014年的抽盘比例分别为54.36%、67.85%、88.56%，呈现逐年上涨的态势，表明瑞华会计师事务所执行了总体审计策略；（4）由于各期末监盘程序大致相同，以2014年存货监盘为例，原材料监盘比例为70.19%，库存商品监盘比例为18.37%，总抽盘金额246 448 303.6元，比例为期末存货余额的88.56%。

中国证监会认为，当事人的申辩理由不能成立：

1. 关于未按审计准则、设计的舞弊风险应对措施及总体审计策略执行相应的审计程序问题

首先，根据审计准则的规定，注册会计师应当针对评估的由于舞弊导致的重大错报风险确定总体应对措施，继而设计和实施进一步审计程序，以应对评估的由于舞弊导致的重大错报风险。瑞华会计师事务所在2013年风险评估及总体应对措施中提出要更严格地检查包装箱中的货物，其理应设计和实施进一步审计程序，即如何更严格地实施检查程序以应对由于舞弊导致的重大错报风险。但瑞华会计师事务所却在后续审计程序中认为该应对措施“不适用”，明显违反了审计准则的规定。

其次，注册会计师在审计过程中已经识别、评估出存货及相关领域存在舞弊导致的重大错报风险，在2012年至2014年审计工作中，一直把振隆特产的存货作为重大错报风险领域。在这种情况下，振隆特产存货密集堆放的方式，更需要注册会计师保持职业怀疑态度，按照审计准则及制定的舞弊风险应对措施，更严格地检查存货，以获取存货存在的审计证据。瑞华会计师事务所在给中国证监会《存货监盘具体情况说明》中指出其“用现场随机方式进行抽样”，“分别在顶层、侧面、外围进行抽样”，其并未对垛中心的存货进行检查。瑞华会计师事务所应保证所有存货都有被检查的机会，从而为注册会计师针对整个总体得出结论提供合理基础。振隆特产存货密集堆放的方式不能成为注册会计师不对垛中心存货进行检查的理由；相反，注册会计师应避

免任何有意识的偏向或可预见性，如回避难以找到的项目。瑞华会计师事务所在《存货监盘具体情况说明》中指出其在盘点前要求振隆特产准备好计量器具及必备工具，如磅秤、叉车等，但其在实际监盘时并未使用叉车将外围存货搬离从而实施检查程序。

再次，注册会计师对存货进行检查的首要目的是确定存货是否存在，其次评价存货状况。瑞华会计师事务所虽然委托专业第三方鉴定机构对货物进行检测，但只是对存货状况进行了评价，不属于确定存货存在的审计证据。

最后，据申辩意见提及的审计工作底稿显示，瑞华会计师事务所执行的不是核对库房进销存账与财务账是否一致这一程序。

2. 关于未实施有效抽盘程序问题

首先，中国证监会调查组在调查时对振隆特产各分厂的存货进行了盘点，振隆特产对盘点结果进行了确认，事实清楚，证据确凿。

其次，中国证监会调查人员在调查时，询问注册会计师抽盘比例接近 90%的含义，注册会计师回答，在抽盘时从每一垛存货中抽出一些存货进行称重或查看质量，如果质量和重量上没有问题就认为整垛存货是经过抽盘的。因此，并非中国证监会混淆了“检查存货”与“执行抽盘”这两个概念，而是注册会计师将二者混为一谈。

最后，现场监盘是指注册会计师实施评价管理层用以记录和控制存货盘点结果的指令和程序、观察管理层制定的盘点程序的执行情况以及检查存货和执行抽盘在内的审计程序，因此不存在“监盘比例”这一概念，也不能将监盘与抽盘混为一谈。综上，瑞华会计师事务所实际抽盘比例远低于审计工作底稿记载的比例。

资料来源：中国证监会行政处罚决定书（瑞华会计师事务所、侯立勋、肖捷）.（2017-03-13）. 中国证券监督管理委员会网站.

▶思考

1. 审计中为什么要关注非结构化数据？
2. 存货审计中常见的重大错报风险包括哪些？
3. 审计人员如何应对存货相关舞弊风险？

// 思考题 //

1. 生产与存货循环涉及的主要业务活动和相关业务控制有哪些？
2. 生产与存货循环存在哪些重大错报风险？
3. 生产与存货循环的控制测试通常包括哪些内容？
4. 存货的一般审计程序包括哪些？

// 研究型学习与延伸阅读 //

[1] 陈骏，徐捍军，林婧华．企业寻租如何影响审计意见购买?. 会计研究，2021(7)：

180－192.
[2] 陈良银，黄俊，陈信元．混合所有制改革与会计师事务所选择：来自国有上市公司的经验证据．会计研究，2021(7)：153－165.
[3] 丁胜红，伍中信．人类审计思想历史演进的哲学基础．会计研究，2021(7)：142－152.
[4] 董雪雁，崔倚菁，高靖宇．公司战略差异度与审计师选择．会计研究，2021(6)：144－158.
[5] 刘启亮，李祎，张建平．媒体负面报道、诉讼风险与审计契约稳定性：基于外部治理视角的研究．管理世界，2013(11)：144－154.
[6] 孙龙渊，李晓慧，王彩，等．共享审计师与“执业网络”的“传染效应”：基于关键审计事项的证据．会计研究，2021(5)：162－174.
[7] 王俊，邱颖，吴溪．注册会计师职业责任保险合约的差异化定价与审计质量效应．会计研究，2021(7)：166－179.
[8] 秦耳．中科宇图还原“扇贝之谜”地图大数据将重塑企业数据．互联网经济，2020(7)：89－93.

// 第13章 //

货币资金循环审计

素养提升

● 专业素养——掌握货币资金循环审计的专业知识；能够应用货币资金循环方法和技巧，并能熟练运用审计专业判断实现审计目标；形成发散思维，充分应用专业基础理论、交叉学科知识对审计对象进行专业判断。

● 思政素养——塑造独立、客观、公正、诚信、勤勉尽责、严谨求实的工作态度和精神，辩证的职业判断和职业怀疑精神，树立中国特色社会主义核心价值观，养成良好的职业素养。

学习目标

● 掌握货币资金循环的主要业务活动，以及相关内部控制。

● 掌握货币资金循环的重大错报风险评估，了解货币资金错报环节、识别错报环节的内部控制，了解进一步审计程序的总体方案。

● 掌握货币资金的控制测试，了解库存现金、银行存款的控制测试。

● 掌握货币资金循环的实质性程序，熟悉库存现金、银行存款和其他货币资金的实质性程序。

导　言

本章介绍了货币资金循环的业务活动与控制，货币资金循环的重大错报风险评估，货币资金循环的控制测试、实质性程序等内容。

第 13 章思维导图

第 1 节　货币资金循环的业务活动与控制

第 13 章第 1 节
即测即评

货币资金是企业资产的重要组成部分，对于任何企业而言，生存与发展的一个基本前提就是拥有一定数额的货币资金，并保持健康的货币资金循环过程。根据持有目的和存放地点的不同，货币资金可以划分为库存现金、银行存款和其他货币资金。从来源上看，货币资金主要涉及股东投入、债权人借款和企业经营累积等方面；从去向上看，货币资金则与企业资产的购建以及各项费用的支付等密切相关。

一、主要业务活动

企业资金运动会经历资金投入、资金循环周转和资金退出等阶段，其中资金循环周转又涉及企业供产销等各个方面。因此，货币资金与企业各业务循环均直接相关（见图 13 - 1）。图中列举了各业务循环中与货币资金有关且具有代表性的会计科目或财务报表项目，展示了货币资金与各业务循环的关系。

货币资金审计涉及的单据和会计记录通常比较多（见表 13 - 1）。

鉴于货币资金的增减变动与企业日常经营活动密切相关，且涉及多个业务循环，注册会计师通常需要实施一定的程序来了解与之相关的业务活动及内部控制，主要包括询问、观察和检查等，具体程序如表 13 - 2 所示。

为了更有效地了解企业货币资金相关业务活动及内部控制，审计人员可以实施穿行测试，即追踪货币资金业务在财务报告信息系统中的处理过程，比如可以选取企业的一笔银行借款，追踪该笔借款从预算审批直至款项到账的整个过程。在实施穿行测试的过程中，通常需要综合运用询问、观察、检查等多种程序，以便获取充分的信息用于评价企业内部控制的设计和执行情况。

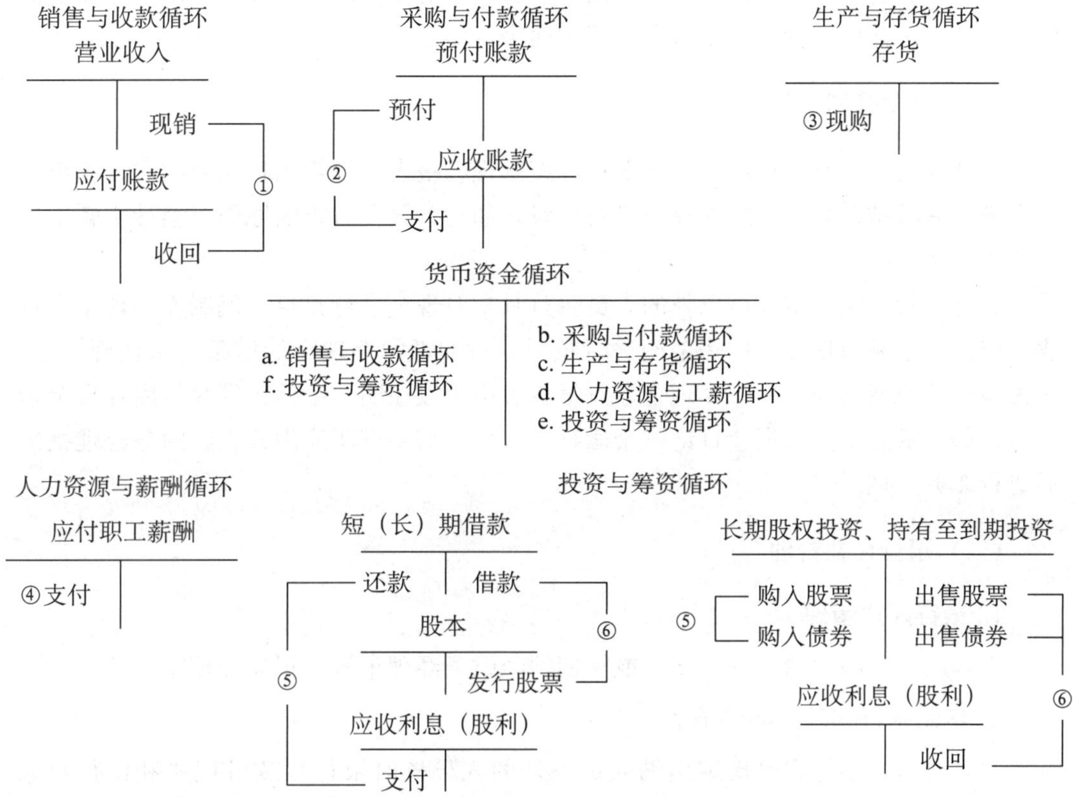

图 13－1　货币资金与企业各业务循环的关系

表 13－1　货币资金审计涉及的单据和会计记录

货币资金审计涉及的单据和会计记录	（1）现金盘点表
	（2）银行对账单
	（3）银行存款余额调节表
	（4）有关科目的记账凭证
	（5）有关会计账簿

表 13－2　了解货币资金相关业务活动及内部控制的具体程序

询问	询问参与货币资金业务活动的被审计单位人员，如销售部门、采购部门和财务部门的员工和管理人员
观察	观察货币资金业务流程中特定控制的执行，例如观察被审计单位的出纳人员如何进行现金盘点
检查	检查相关文件和报告，例如检查银行余额调节表是否恰当编制以及其中的调节项是否经会计主管的恰当复核等

以一般制造型企业为例，除了前面章节所介绍的相关内容之外，货币资金涉及的业务活动还包括现金管理和银行存款管理两个方面。

（一）现金管理

出纳人员每日对库存现金自行盘点，编制现金报表，计算当日现金收入、支出及结余额，并将结余额与实际库存额进行核对，如有差异及时查明原因。会计主管不定期检查现金日报表。

会计主管指定出纳人员以外的人员每月月末对现金进行盘点，编制库存现金盘点表，将盘点金额与现金日记账余额进行核对。对冲抵库存现金的借条、未提现支票、未做报销的原始票证，在库存现金盘点报告表中予以注明。会计主管复核库存现金盘点表，如果盘点金额与现金日记账余额存在差异，需要查明原因并报经财务经理批准后进行账务处理。

（二）银行存款管理

1. 银行账户管理

企业的银行账户的开立、变更或注销须经财务经理审核，报总经理审批。

2. 编制银行存款余额调节表

每月月末，会计主管指定出纳人员以外的人员核对银行存款日记账和银行对账单，编制银行存款余额调节表，使银行存款账面余额与银行对账单调节相符。如调节不符，查明原因。会计主管复核银行存款余额调节表，对需要进行调整的调节项目及时进行处理。

3. 票据管理

财务部门设置银行票据登记簿，防止票据遗失或盗用。出纳人员登记银行票据的购买、领用、背书转让及注销等事项。空白票据存放在保险柜中。每月月末，会计主管指定出纳人员以外的人员盘点空白票据、未收或未承兑票据，编制银行票据盘点表，与银行票据登记簿核对。会计主管进行复核，如有不符，应查明原因。

4. 印章管理

企业的财务专用章由财务经理保管，办理相关业务中使用的个人名章由出纳人员保管。

二、相关内部控制

由于货币资金是企业流动性最强的资产，企业必须加强对货币资金的管理，建立良好的货币资金内部控制，保证资金安全，提高资金使用效率。具体而言，应达到以下目的：（1）货币资金的收取及时，并记录正确；（2）货币资金的支出获得批准，用途不得随意变更，并记录正确；（3）库存现金、银行存款报告正确，并得以恰当保管；（4）正确预测企业正常经营所需的货币资金收支额，确保企业有充足且不过剩的货币资金余额。通常情况下，良好的货币资金内部控制至少应当满足六个标准（见表 13-3）。

表 13-3　货币资金内部控制的标准

货币资金内部控制的标准	（1）货币资金收支与记账的岗位分离
	（2）货币资金收支要有合理、合法的凭据
	（3）全部收支及时准确入账，并且资金支付应严格履行审批、复核制度
	（4）控制现金坐支，当日收入现金及时送存银行
	（5）按月盘点现金，编制银行存款余额调节表，以做到账实相符
	（6）对货币资金进行内部审计

由于每个企业的性质、所处行业、规模以及内部控制程度不同，所以其与货币资金相关的内部控制内容也有所不同，但以下具体要求是应当共同遵循的。

（一）岗位分工及授权批准

1. 岗位分工

企业应当建立货币资金业务的岗位责任制，明确相关部门和岗位的职责权限，确保办理货币资金业务的不相容岗位相互分离、制约和监督。出纳人员不得兼任稽核、会计档案保管和收入、支出、费用、债权债务账目的登记工作。企业不得由一人办理货币资金业务的全过程。

2. 授权审批

对于货币资金业务，企业应制定严格的授权审批制度，对审批人在货币资金业务中的授权批准方式、权限、程序、职责以及相应的控制措施进行规定。审批人应当按照货币资金授权审批制度的规定，在其权限范围内办理审批手续，不得越权审批。相关人员在办理货币资金业务时，应按审批人的意见办理。对审批人超出权限审批的货币资金业务，相关人员有权拒绝办理，并向上级主管部门报告。对重大货币资金的支付，企业应进行集体决策和审批，并建立问责制度，防止出现贪污、侵占、挪用等现象。

3. 业务程序合规

（1）支付申请。企业有关部门或个人用款时，应当提前向审批人提交货币资金支付申请，注明款项的用途、金额、预算、支付方式等内容，并附有效经济合同或相关证明。

（2）支付审批。审批人根据其职责、权限和相应程序对支付申请进行审批，审核付款业务的真实性、付款金额的准确性，以及申请人提交票据或者证明的合法性，严格监督货币资金支付。对不符合规定的货币支付申请，审批人应当拒绝批准。

（3）支付复核。财务部门收到经审批人审批签字的相关凭证或证明后，应再次复核业务的真实性、金额的准确性，以及相关票据的齐备性，相关手续的合法性和完整性，并签字认可。复核无误后，交由出纳人员办理支付手续。

（4）办理支付。出纳人员应当根据复核无误的支付申请，按规定办理货币资金支付手续，及时登记库存现金和银行存款日记账。

（二）现金和银行存款的管理

（1）企业应当加强货币资金库存限额的管理，超过库存限额的现金应及时存入银行。

（2）企业必须根据现金相关的规定，结合本企业的实际情况，确定本企业现金的开支范围。不属于现金开支范围的业务应当通过银行办理转账结算。

（3）企业现金收入应当及时存入银行，不得从企业的现金收入中直接支付（即坐支）。因特殊情况需要坐支现金的，应事先报经开户银行审查批准，由开户银行核定坐支范围和限额。企业借出款项必须执行严格的授权批准程序，严禁擅自挪用、借出货币资金。

（4）企业取得的货币资金收入必须及时入账，不得私设“小金库”，不得账外设账，严禁收款不入账。

（5）企业应当严格按照国家有关规定，加强银行账户的管理，严格按照规定开立账户，办理存款、取款和结算。银行账户的开立应当符合企业经营管理实际需要，不得随意开立多个账户，禁止企业内设管理部门自行开立银行账户。

（6）企业应当定期检查、清理银行账户的开立及使用情况，发现问题及时处理。

（7）企业应当加强对银行结算凭证的填制、传递及保管等环节的管理与控制。

（8）企业应当严格遵守银行结算纪律，不准签发没有资金保证的票据或远期支票，套取银行信用；不准签发、取得和转让没有真实交易和债权债务的票据，套取银行和他人资金；不准违反规定开立和使用银行账户。

（9）企业应当指定专人定期核对银行账户（每月至少核对一次），编制银行存款余额调节表，使银行存款账面余额与银行对账单调节相符。如调节不符，应查明原因，及时处理。

一般情况下，出纳人员不能同时办理银行对账单的获取和银行存款余额调节表的编制工作。如果确实需要由出纳人员负责，应指定专人定期审核和监督。使用网上交易、电子支付等方式进行资金支付的公司，应与承办银行签署网上银行业务协议，明确双方在资金安全方面的责任和义务、交易范围等。采用网上交易或电子支付手段的企业，在支付方式发生变化时，不得对必要的授权审批程序进行简化或更改。在严格执行网上交易中，应设置专人加强对交易及支付行为的审查。

（8）企业应当定期和不定期地进行现金盘点，核查现金账面余额与实际库存是否相符。如果发现不相符，应当及时查明原因并作出相应的处理。

（三）票据及有关印章的管理

1. 票据管理

企业应当加强与货币资金相关的票据管理，明确各种票据的购买、保管、领用、背书转让、注销等环节的职责权限和程序，并专设登记簿进行记录，防止空白票据的遗失和被盗用。

企业因填写、开具失误或者其他原因导致作废的法定票据，应当按规定予以保存，不得随意处置或销毁。对超过法定保管期限、可以销毁的票据，在履行审核手续后进行销毁，但应当建立销毁清册并由授权人员监销。

2. 预留印鉴管理

财务专用章应由专人保管，个人名章必须由本人或其他授权人员保管。严禁一人保管支付款项所需的全部印章。

按规定需要有关责任人签字或盖章的经济业务，必须严格履行签字或盖章手续。

（四）监督检查

1. 监督检查制度

企业应当建立对货币资金业务的监督检查制度，明确监督检查机构或人员的职责权限，定期和不定期地进行检查。

2. 货币资金监督检查内容

货币资金监督检查内容及重点如表 13－4 所示。

表 13－4　货币资金监督检查内容及重点

货币资金监督检查内容	货币资金监督检查重点
货币资金业务相关岗位及人员的设置情况	重点检查是否存在货币资金业务不相容岗位职责未分离的现象
货币资金授权批准制度的执行情况	重点检查货币资金支出的授权批准手续是否健全，是否存在越权审批行为
支付款项印章的保管情况	重点检查是否存在办理付款业务所需的全部印章交由一人保管的现象
票据的保管情况	重点检查票据的购买、领用、保管手续是否健全，票据保管是否存在漏洞

3. 内控完善

对监督检查过程中发现的货币资金内部控制中的薄弱环节，应及时采取措施，加以纠正和完善。

第 2 节　货币资金循环的重大错报风险评估

第 13 章第 2 节
即测即评

货币资金主要包括库存现金、银行存款及其他货币资金。现金是企业流动性最强的资产，尽管其在企业资产总额中的比重不大，但企业发生的舞弊事件大多与现金有关，因此，注册会计师应该重视现金的审计。银行存款是指企业存放在银行或其他金融机构的各种款项。根据国家有关规定，所有独立核算单位均应在当地银行开立账户。企业除了按规定的限额留存现金外，其余的现金必须存入银行，并且超过可使用现金的业务范围时，必须经银行存款账户进行结算。

一、货币资金错报环节

与货币资金相关的会计项目主要为库存现金、银行存款、应收（付）款项、短（长）期借款、财务费用、长期投资等。以一般制造业为例，与库存现金、银行存款相关的交易和余额的可能发生错报环节通常包括：

（1）被审计单位资产负债表的货币资金项目中的库存现金和银行存款在资产负债表日不存在。（存在认定）

（2）被审计单位所有应当记录的现金收支业务和银行存款收支业务未得到完整记录，存在遗漏。（完整性认定）

（3）被审计单位的现金收款通过舞弊手段被侵占。（完整性认定）

（4）记录的库存现金和银行存款不是为被审计单位所拥有或控制。（权利和义务认定）

（5）库存现金和银行存款的金额未被恰当地包括在财务报表的货币资金项目中，与之相关的计价调整未得到恰当记录。（计价和分摊认定）

（6）库存现金和银行存款未按照企业会计准则的规定在财务报表中作出恰当列报。（列报认定）

二、识别错报环节的内部控制

注册会计师可以通过审阅以前年度审计工作底稿、观察内部控制执行情况、向管理层及员工询问，查阅有关的文件资料等方式来了解这些控制。此外，检查有关的文件和资料还能为审计提供依据，比如通过对会计人员编制的银行余额调节表的检查，能够发现错误并加以改正。

注册会计师必须恰当评估被审计单位的重大错报风险，在此基础上设计并实施进一步审计程序，才能有效应对重大错报风险。

（一）库存现金内部控制

由于现金是企业流动性最强的资产，因此加强现金管理对于保护企业资产安全完整具有重要的意义。在良好的现金内部控制下，企业的现金收支记录应及时、准确、完整；全部现金支出均按经批准的用途进行；现金得以安全保管。一般而言，一个良好的现金内部控制应该达到以下几点：（1）现金收支与记账的岗位分离。（2）现金收支要有合理、合法的凭据。（3）全部收入及时准确入账，并且现金支出应严格履行审批、复核制度。（4）控制现金坐支，当日收入现金应及时送存银行。（5）按月盘点现金，以做到账实相符。（6）对现金收支业务进行内部审计。

一般而言，编制内部控制流程图是了解企业库存现金内部控制情况的一个重要环节。注册会计师可以采取询问、观察和检查等步骤获取库存现金内部控制的相关信息，并根据掌握的信息编制流程图。对于中小型企业来说，编写内部控制说明的方法也是可行的。如果在以往年度审计时已经编制了流程图，注册会计师只需要根据当年掌握的情况进行修改和更新即可。

了解现金内部控制时，注册会计师应注意检查库存现金内部控制的建立和执行情况，具体而言，包括以下重点事项：

（1）库存现金的收支是否按规定的程序和权限办理。

（2）是否存在与被审计单位经营无关的款项收支情况。

（3）出纳与会计的职责是否严格分离。

（4）库存现金是否妥善保管，是否定期盘点、核对等。

（二）银行存款内部控制

一般而言，一个良好的银行存款的内部控制同库存现金的内部控制类似，应做到以下几点：

（1）银行存款收支与记账的岗位分离。

（2）银行存款收支有合理、合法的凭据。

（3）全部收支及时准确入账，全部支出有核准手续。

（4）按月编制银行存款余额调节表，做到账实相符。

（5）加强对银行存款收支业务的内部审计。

注册会计师对银行存款内部控制的了解一般与了解现金的内部控制同时进行。注册会计师应当注意的内容包括：（1）银行存款的收支是否按规定的程序和权限办理。（2）银行账户的开立是否符合相关法律法规的要求。（3）银行账户是否存在与本单位经营无关的款项收支情况。（4）是否存在出租、出借银行账户的情况。（5）出纳与会计的职责是否严格分离。（6）是否定期取得银行对账单并编制银行存款余额调节表等。

三、货币资金重大错报风险

注册会计师通常运用职业判断，评价与货币资金交易、账户余额和列报相关的认定层次的重大错报风险。在评价时，既需要考虑固有风险，也需要考虑控制风险，从而形成货币资金重大错报风险的评估，进而影响进一步审计程序。固有风险主要是指根据受相关固有风险因素影响的认定易于发生错报的可能性，而控制风险主要是指风险评估是否考虑了与之相关的控制。

货币资金业务交易、账户余额和列报的认定层次的重大错报风险可能包括：

（1）被审计单位存在虚假的货币资金余额或交易，因而导致银行存款余额的存在性或交易的发生存在重大错报风险。

（2）被审计单位存在大额的外币交易和余额，可能存在外币交易或余额未被准确记录的风险。例如，对于外币现金或外币银行存款的被审计单位，企业有关外币交易的增减变动或年底余额可能因未采用正确的折算汇率而导致计价错误。

（3）银行存款的期末收支存在大额的截止性错误。例如，被审计单位期末存在金额重大且异常的银付企未付、企收银未收事项。

（4）被审计单位可能会有未按会计准则恰当披露货币资金信息的风险。例如，被审计单位的大额银行存款存在使用受限制的情况，却未在财务报表的附注中对此进行披露和说明。

在实施货币资金审计的过程中，如果被审计单位存在以下事项或情形，注册会计师需要保持警觉：

（1）被审计单位的现金交易比例较高，并与其所在的行业常用的结算模式不同；

（2）库存现金规模明显超过业务周转所需资金；

（3）银行账户开立数量与企业实际的业务规模不匹配；

（4）在没有经营业务的地区开立银行账户；

（5）企业资金存放于管理层或员工个人账户；

（6）货币资金收支金额与现金流量表不匹配；

（7）不能提供银行对账单或银行存款余额调节表；

（8）存在长期或大量银行未达账项；

（9）银行存款明细账存在非正常转账的“一借一贷”；

（10）违反货币资金存放和使用规定（如上市公司未经批准开立账户转移募集资金、未经许可将募集资金转作其他用途等）；

（11）存在大额外币收付记录，而被审计单位并不涉足外贸业务；

（12）被审计单位以各种理由不配合注册会计师实施银行函证。

除上述与货币资金项目直接相关的事项或情形外，注册会计师在审计其他财务报表项目时，还可能关注其他一些需保持警觉的事项或情形，包括：

（1）存在没有具体业务支持或与交易不相匹配的大额资金往来；

（2）长期挂账的大额预付款项；

（3）存在大额自有资金的同时，向银行高额举债；

（4）付款方账户名称与销售客户名称不一致、收款方账户名称与供应商名称不一致；

（5）开具的银行承兑汇票没有银行承兑协议支持；

（6）银行承兑票据保证金余额与应付票据余额比例不合理。

当被审计单位存在以上事项或情形时，可能表明存在舞弊风险。

四、进一步审计程序的总体方案

注册会计师基于以上识别的重大错报风险评估结果，制定实施进一步审计程序的总体方案（包括综合性方案和实质性方案），继而实施控制测试和实质性审计程序，以应对识别出的重大错报风险。注册会计师通过综合性方案或实质性方案获取的审计证据足以应对识别出的认定层次的重大错报风险。

拓展阅读

新绿股份违规案例

山东新绿股份有限公司（以下简称“新绿股份”）于 2005 年 6 月 24 日在山东泗水县注册成立，其形式为股份有限公司，是一家从事牛肉食品加工生产的大型农副产品企业。其主要产品有冷鲜牛肉、冷冻牛肉和羊肉等。企业采用自产自销的模式，形成一套完善的流程：牛肉养殖→肉牛屠宰→加工处理→企业销售。该企业产品主要投放于大型商业超市，同时注重开发加工企业和批发农贸市场。该企业于 2015 年 11 月成功上市，却在 2019 年正式退市。

新绿股份的舞弊手段：（1）虚增 2015 年年度主营业务收入，新绿股份在挂牌上市前为解决融资问题，签署了含有对赌条款的投资协议：新绿股份承诺投资公司每年应达到的业绩指标，否则将补偿各位股东协议中所承诺的股份。而新绿股份虽无法完成对赌协议，但仍然将《泗水上市工作流程交接报告》作为公司指导性文件，根据文件有计划地进行数据造假。新绿股份根据该交接报告，通过当地的工商银行支行，采取直接造假的方式，使用特定的银行存款账户，伪造银行收款单据，虚构资金的流入。新绿股份在 2013 年虚增收入超过 50%，2014 年接近 50%。2015 年的第一季度虚增情况最为严重，高达 70%。这表明新绿股份实际经营情况极不理想，无法完成对赌协议中的业绩要求。(2) 隐瞒会计关联方交易，关联方在股权关系方面具有特殊性，双方可以传送利益，进行数据掩盖，所以审计人员会着重关注关联方交易。2015 年年度新绿股份年报显示，新绿股份的 10 520 万元被莒南鸿润食品有限公司、北京绿润食品有限公司和山东绿润食品有限公司占用，只归还了1 600 万元。在实际调查后发现，新绿股份与包含山东绿色乐园食品有限公司在内的四家公司，累计发生关联方资金交易 40 615 万元，比披露的资金往来多出 28 494 万元。

新绿股份存在财务报表层面的重大错报风险，但中兴财光华会计师事务所未对这些项目保持高度的怀疑，并且给出了标准无保留审计意见，这说明在审计过程中存在较大的问题。

(1) 未对账单中缺少的印章予以重点关注，审计人员在验证银行存款时获取银行对账单未保持严谨负责的态度。中兴财光华会计师事务所按照审计流程获取银行对账单时，收到的银行对账单缺乏银行印章。对这一异常情况，中兴财光华会计师事务所没有采取其他的审计程序进行深入核查。根据审计准则要求，注册会计师不可使用被审计单位人员提供的银行对账单，可以亲自进行函证，但注册会计师并未察觉异常，而是认可缺乏印章的银行对账单，用该数据进行审核，注册会计师未保持高度的职业怀疑。中国证监会的审查表明新绿股份伪造银行存款虚增收入 1 190 笔，流入资金 7.25 亿元，这一举措影响了审计结论。

(2) 未对函证全流程保持合理的控制。根据审计准则的要求，审计人员在进行审计程序时，应该对函证保持全流程的关注和控制。注册会计师为保证所审核的银行存款真实，采取函证的方法，指派审计人员亲自前往银行实施函证。虽然审计人员两次前往银行进行函证，但是都未拿到回函，最后都是收到快递寄件。注册会计师并未严格检查函证的真实有效性。中兴财光华会计师事务所只对 44 个账户中的 34 个账户进行函证，未函证的账户包括伪造银行存款的当地支行账户。注册会计师应该对所有银行账户进行函证，即使被审计单位提出不函证，注册会计师也应该设计替代程序。对于已销户的账户，也应该保持怀疑态度。

资料来源：中国证券监督管理委员会网站 .

第 3 节　货币资金循环的控制测试

如果在评估认定层次重大错报风险时预期信赖控制，或者认为仅通过实质性程序难以获取认定层次的充分、适当的审计证据，则应当开展控制测试。如果根据注册会计师的判断，决定对货币资金采取实质性审计方案，则不需要执行本节所述的检验内部控制有效性的程序。

第 13 章第 3 节
即测即评

其他业务循环（如销售与收款循环、采购与付款循环等）中可能包含某些针对货币资金的控制测试，例如，检查付款是否已经适当批准等。

一、库存现金的控制测试

在已识别的重大错报风险的基础上，注册会计师选取拟测试的控制并实施控制测试。以下举例说明几种常见的库存现金内部控制以及注册会计师相应可能实施的内部控制测试程序。

1. 现金付款的审批和复核

对于现金付款的审批和复核，被审计单位提出了下列内部控制要求：本部门的付款申请由部门经理审批，需审核付款业务是否真实发生、金额是否准确、所附票据是否齐全，经审核无误后签字确认。财务部门在安排付款之前，应先由财务经理对已批准的付款申请和相关凭证进行复核，如果复核无误，则签字确认并安排付款。对于这一内部控制，注册会计师可选取适当的样本执行下列控制测试程序：

（1）询问相关业务部门的部门经理和财务经理，在日常现金付款业务中执行内部控制，以确定其是否与被审计单位内部控制政策要求保持一致。

（2）观察财务经理复核付款申请的过程，是否核对了付款申请的用途、金额、后附相关凭据，以及在核对无误后是否进行了签字确认。

（3）重新核对经审批及复核的付款申请及相关凭据，检查是否经签字确认。

2. 现金盘点

注册会计师针对被审计单位的现金盘点实施的现金监盘可能涉及：

（1）检查现金以确定其是否存在，并检查现金盘点结果。

（2）观察执行现金盘点的人员对盘点计划的遵循情况，以及用于记录和控制现金盘点结果的程序的实施情况。

（3）获取有关审计单位现金盘点程序可靠性的审计证据。现金监盘程序作为控制测试还是作为实质性程序，取决于注册会计师对风险评估结果、审计方案和实施的特定程序的判断。注册会计师可以将现金监盘同时用作控制测试和实质性程序。例如，被审计单位库存现金存放部门有两处或两处以上的，应同时进行盘点。

被审计单位对现金盘点制定了以下内部控制要求：会计主管指定应付账款会计在每个月月末的最后一天盘点库存现金并编制库存现金盘点表，核对盘点余额和现金日记账余额，并说明差异调节项。会计主管对库存现金盘点表进行复核，如果盘点现金余额和现金日记账金额不符，且差额大于 20 000 元，则应及时查明原因，报财务经理批准后再做相应处理。对于这一内部控制，注册会计师可选取适当的样本执行下列控制测试程序：

（1）在月末最后一天参与被审计单位的现金盘点，检查是否由应付账款会计进行现金盘点。

（2）观察现金盘点程序是否按照盘点计划的指令和程序执行，是否编制了现金盘点表，并根据内部控制要求经财务部门相关人员签字复核。

（3）检查现金盘点表中记录的现金盘点余额是否与实际盘点金额保持一致、现金盘点表中记录的现金日记账余额是否与被审计单位现金日记账中余额保持一致。

（4）针对调节差异金额超过 2 万元的调节项，检查是否经财务经理批准后进行财务处理。

如果被审计单位的现金交易比例较高，注册会计师可以考虑在了解和评价被审计单位现金交易内部控制的基础上，针对相关控制运行的有效性获取充分、适当的审计证据。

二、银行存款的控制测试

在已识别的重大错报风险的基础上，注册会计师选取拟测试的控制并实施控制测试。以下举例说明几种常见的银行存款内部控制以及注册会计师可能实施的内部控制测试程序。

1. 银行账户的开立、变更和注销

被审计单位针对银行账户的开立、变更和注销作出了以下内部控制要求：会计主管根据被审计单位的实际业务需要就银行账户的开立、变更和注销提出申请，经财务经理审核后报总经理审批。针对该内部控制，注册会计师可以实施以下控制测试程序：

（1）询问会计主管被审计单位本年度开户、变更和注销的整体情况。

（2）取得本年度账户开立、变更和注销申请项目清单，检查清单的完整性，在选取适当样本的基础上检查账户的开立、变更和注销项目是否已经得到财务经理和总经理的审批。

2. 银行付款的审批和复核

对于银行付款的审批和复核，被审计单位提出了下列内部控制要求：本部门的付款申请由部门经理审批，主要审核付款业务是否真实发生，金额是否准确，所附票据是否齐全，经审核无误后签字确认。财务部门在安排付款之前，应先由财务经理对已批准的付款申请和相关凭证进行复核，如果复核无误，则签字确认并安排付款。对于这一内部控制，注册会计师可选取适当的样本执行下列控制测试程序：

（1）询问相关业务部门的部门经理和财务经理的日常银行付款业务中执行的内部控制，以确定其是否与被审计单位内部控制政策要求保持一致。

（2）观察财务经理复核付款申请的过程，是否核对了付款申请的用途、金额及后附相关凭据，以及在核对无误后是否进行了签字确认。

（3）重新核对经审批及复核的付款申请及相关凭据，并检查是否经签字确认。

3. 编制银行存款余额调节表

为确保财务报表中银行存款余额的存在、完整和准确，被审计单位制定了以下内部控制要求：会计主管在每个月月末指定应收账款会计对银行存款日记账和银行对账单进行核对，编制银行存款余额调节表，并对差异调节项进行说明。会计主管对银行存款余额调节表进行复核，如存在需要调整的项目，应及时处理，并做出相应的签字确认。对于这一内部控制，注册会计师可执行下列控制测试程序：

（1）询问应收账款会计和会计主管，以确定其执行的内部控制是否与被审计单位内部控制政策要求保持一致，特别是针对未达账项的编制及审批流程。

（2）针对选取的样本，检查银行存款余额调节表，查看调节表中记录的企业银行存款日记账余额是否与银行存款日记账余额保持一致、调节表中记录的银行对账单余额是否与被审计单位提供的银行对账单中的余额保持一致。

（3）针对调节项目，检查是否经会计主管的签字复核。

（4）针对大额未达账项进行期后收付款的检查。

第 4 节　货币资金循环的实质性程序

如果已经实施了控制测试，注册会计师则需要根据控制测试的结果来确定从控制测试中已经获取的审计证据以及这些证据的保证程度，从而确定还需要从实质性程序中获取的审计证据以及这些证据所要达到的保证程度。在这一过程中，有可能需要对此前

第 13 章第 4 节
即测即评

制订具体审计计划时所初步拟定的实质性程序进行适当调整，包括性质、时间安排和范围等方面的调整。例如，如果控制测试的结果表明内部控制未能有效运行，那么注册会计师则需要从实质性程序中获取更多的审计证据。在这种情况下，注册会计师就可能需要修改实质性程序的性质，比如将实质性分析程序改为细节测试、增加外部证据等，或者调整实质性审计程序的范围，扩大样本的规模等。

如果根据注册会计师的判断，并未实施控制测试，而是直接对货币资金采取实质性审计方案，那么就需要确定实质性程序的性质、时间安排和范围能否提供充分、适当的审计证据。实际上，本书前面所述的其他业务循环中可能已经包含了一些针对货币资金的实质性程序，例如，检查收付款凭证上记录的收款方或付款方账户名称与具体的合同双方是否相符等。

一、库存现金的实质性程序

根据重大错报风险的评估和从控制测试中所获取的审计证据和保证程度，注册会计师就库存现金实施的实质性程序可能包括：

1. 核对账目

核对库存现金日记账与总账的金额是否相符，检查非记账本位币库存现金的折算汇率及折算金额是否正确。注册会计师测试现金余额的起点是，核对库存现金日记账与总账的金额是否相符。如果不相符，应查明原因，必要时建议作出适当调整。

2. 监盘库存现金

对被审计单位现金盘点实施的监盘程序是用作控制测试还是实质性程序，取决于注册会计师对风险评估结果、审计方案和实施的特定程序的判断。如果注册会计师可能基于风险评估的结果判断无须对现金盘点实施控制测试，仅实施实质性程序。

企业盘点库存现金，通常包括对已收但未存入银行的现金、零用金、找换金等的盘点。盘点库存现金的时间和人员应视被审计单位的具体情况而定，但现金出纳人员和被审计单位会计主管人员必须参加，并由注册会计师进行监盘。监盘库存现金的步骤与方法主要有：

（1）查看被审计单位制订的盘点计划，以确定监盘时间。对库存现金的监盘最好实施突袭性的检查，时间最好选择在上午上班前或下午下班时，监盘范围一般包括被审计单位各部门经管的所有现金。

（2）查阅库存现金日记账并同时与现金收付凭证相核对。一方面检查库存现金日记账的记录与凭证的内容和金额是否相符；另一方面了解凭证日期与库存现金日记账日期是否相符或接近。

（3）检查被审计单位现金实存数，并将该监盘金额与库存现金日记账余额进行核对，如有差异，应要求被审计单位查明原因，必要时应提请被审计单位作出调整；如无法查明原因，应要求被审计单位按惯例权限批准后作出调整。若有冲抵库存现金的借条、未提现支票、未作报销的原始凭证，应在“库存现金监盘表”中注明，必要时应提请被审计单位作出调整。

（4）在非资产负债表日进行监盘时，应将监盘金额调整至资产负债表日的金额，并对变动情况实施程序。

3. 抽查大额库存现金收支

查看大额现金收支，并检查原始凭证是否齐全、原始凭证内容是否完整、有无授权批准、记账凭证与原始凭证是否相符、账务处理是否正确、是否记录于恰当的会计期间等内容。

4. 检查库存现金列报

根据有关规定，库存现金在资产负债表的“货币资金”项目中反映，注册会计师应在实施上述审计程序后，确定“库存现金”账户的期末余额是否恰当，进而确定库存现金是否在资产负债表中恰当披露。

二、银行存款的实质性程序

根据重大错报风险的评估和从控制测试（如实施）中所获取的审计证据和保证程度，注册会计师就银行存款实施的实质性程序可能包括：

1. 获取银行存款余额明细表，与被审计单位账簿记录进行核对

获取银行存款余额明细表之后，先复核明细金额加计过程及结果的正确性，然后将其与总账金额和日记账合计金额进行核对，看是否相符。如果存在差异，应查明原因，并根据情况提出相应的调整建议。与此同时，对于非记账本位币的银行存款，还需要检查其折算汇率及折算金额的正确性。

如果对被审计单位银行账户的完整性存在疑虑，例如，当被审计单位可能存在账外账或资金体外循环时，注册会计师可以考虑额外实施以下实质性程序：

（1）注册会计师亲自到中国人民银行或基本存款账户开户行查询并打印“已开立银行结算账户清单”，以确认被审计单位账面记录或银行人民币结算账户是否完整。

（2）结合其他相关细节测试，关注原始单据中被审计单位收（付）款银行账户是否包含在注册会计师已获取的开立银行账户清单内。

2. 实施实质性分析程序

首先，确认银行存款余额是否存在，利息收入是否已经完全记录下来；然后计算出银行存款累计余额应收利息收入，与实际利息收入进行比较，如果存在差异，则需要对差异的合理性进行分析。在此基础上评估利息收入的合理性，检查有没有进行高息资金拆借等。

3. 检查银行存款账户发生额

注册会计师还可以考虑对银行存款账户的发生额实施以下程序：

（1）分析不同账户发生银行日记账漏记银行交易的可能性，获取相关账户相关期间的全部银行对账单。

（2）如果对被审计单位银行对账单的真实性存在疑虑，注册会计师可以在被审计单位的协助下亲自到银行获取银行对账单。在获取银行对账单时，注册会计师要全程关注银行对账单的打印过程。

（3）从银行对账单中选取交易的样本与被审计单位银行日记账记录进行核对；从被审计单位银行存款日记账上选取样本，核对至银行对账单。

（4）浏览银行对账单，选取大额异常交易，如银行对账单上有一收一付相同金额，或分次转出相同金额等，检查被审计单位银行存款日记账上有无该项收付金额记录。

4. 检查银行对账单和银行存款余额调节表

取得并检查银行对账单和银行存款余额调节表是证实资产负债表中所列银行存款是否存在的重要程序。银行存款余额调节表通常由被审计单位根据不同的银行账户及货币种类分别编制，其格式如表 13－5 所示。

表 13－5　银行存款余额调节表

年　月　日

编制人：　　　　日期：　　　　索引号：

复核人：　　　　日期：　　　　页　次：

户别：　　　　币　别：

银行对账单余额（　年　月　日）	
加：企业已收、银行尚未入账金额	
其中：1.　元	
2.　元	
减：企业已付、银行尚未入账金额	
其中：1.　元	
2.　元	
调整后银行对账单金额	
企业银行存款日记账金额（　年　月　日）	
加：银行已收、企业尚未入账金额	
其中：1.　元	
2.　元	
减：银行已付、企业尚未入账金额	
其中：1.　元	
2.　元	
调整后企业银行存款日记账金额	
经办会计人员：（签字）	会计主管：（签字）

具体测试程序包括：

（1）取得并检查银行对账单。

1）取得被审计单位加盖银行印章的银行对账单，注册会计师应对银行对账单的真实性保持警觉，必要时，亲自到银行获取对账单，并对获取过程保持控制。

2）将获取的银行对账单余额与银行日记账余额进行核对，如存在差异，获取银行存款余额调节表。

3）将被审计单位资产负债表日的银行对账单与银行询证函回函核对，确认是否一致。

（2）取得并检查银行存款余额调节表。

1）检查调节表中加计数是否正确，调节后银行存款日记账余额与银行对账单余额是否一致。

2）检查调节事项。对于企业已收或已付而银行尚未入账的未达账项，需要检查对应的收款或付款凭证，并且还要获取期后银行对账单，看银行是否在期后对这些事项进行了账务处理，以确认这些未达账项是否真实存在；对于银行已收或已付而企业尚未入账的未达账项，需要检查企业期后进行账务处理的收款或者付款凭证，以确认这些未达账项是否真实存在。在检查过程中，如果发现企业的银行存款余额调节表存在金额较大或时间较长的未达账项，则需要查明原因，然后根据具体情况来确定是否需要提请被审计单位作出相应的调整。

3）关注长期未达账项，查看是否存在挪用资金等事项。

4）特别关注银付企未付、企付银未付中支付异常的领款事项，包括没有载明收款人、签字不全等支付事项，确认是否存在舞弊风险。

5. 函证银行存款余额

向往来银行函证作为一项重要的审计程序，不仅可以检查企业银行存款是否真实存在，还可以了解企业所欠银行债务的情况，进而有助于发现企业未入账的银行借款和未披露的或有负债等。

注册会计师应当对银行存款（包括零余额账户和在本期内注销的账户）、借款及与金融机构往来的其他重要信息实施函证程序，除非有充分证据表明某一银行存款、借款及与金融机构往来的其他重要信息对财务报表不重要且与之相关的重大错报风险很低。如果不对这些项目实施函证程序，注册会计师应当在审计工作底稿中说明理由。

在进行函证的过程中，注册会计师应当保持对询证函的控制，如果函证信息与银行回函结果不一致，则应当展开相应的调查，以确定是否表明存在错报。

在实施银行函证时，注册会计师需要以被审计单位名义向银行发函询证，以验证被审计单位的银行存款是否真实、合法、完整。根据《关于进一步规范银行函证及回函工作的通知》（以下简称《通知》），各银行应对询证函列示的全部项目作出回应，并在收到询证函之日起 10 个工作日内，将回函直接寄往会计师事务所。以下专栏为审计业务银行询证函（通用格式）。

审计业务银行询证函（通用格式）

编号：

××（银行）：

本公司聘请××会计师事务所正在对本公司　　年度（或期间）的财务报表进行审计，按照中国注册会计师审计准则的要求，应当询证本公司与贵行相关的信息。下列第 1 至 14 项信息出自本公司的记录：

（1）如与贵行记录相符，请在本函“结论”部分签字、盖章；

（2）如有不符，请在本函“结论”部分列明不符项目及具体内容，并签字和签章。

本公司谨授权贵行将回函直接寄至××会计师事务所，地址及联系方式如下：

回函地址：

联系人：　　　　电话：　　　　传真：　　　　邮编：

电子邮箱：

本公司谨授权贵行可从本公司××账户支取办理本询证函服务的费用。

截至　　年　　月　　日，本公司与贵行相关的信息列示如下：

1. 银行存款

账户名称	银行账号	币种	利率	账户类型	余额	起止日期	是否用于担保或存在其他使用限制	备注

除上述列示的银行存款外，本公司并无在贵行的其他存款。

注：“起止日期”栏仅适用于定期存款，如为活期或保证金存款，可只填写“活期”或“保证金”字样。“账户类型”栏列明账户性质，如基本户、一般户等。

2. 银行借款

借款人名称	银行账号	币种	余额	借款日期	到期日期	利率	抵（质）押品/担保人	备注

除上述列示的银行借款外，本公司并无自贵行的其他借款。

注：如存在本金或利息预期未付行为，在“备注”栏中予以说明。

3. 自　　年　　月　　日起至　　年　　月　　日期间内注销的账户

账户名称	银行账号	币种	注销账户日

除上述列示的注销账户外，本公司在此期间并未在贵行注销其他账户。

4. 本公司作为贷款方的委托贷款

账户名称	银行账号	资金借入方	币种	利率	余额	贷款起止日期	备注

除上述列示的委托贷款外，本公司并无通过贵行办理的其他委托贷款。

注：如资金借入方存在本金或利息预期未付行为，在“备注”栏中予以说明。

5. 本公司作为借款方的委托贷款

账户名称	银行账号	资金借出方	币种	利率	余额	贷款起止日期	备注

除上述列示的委托贷款外，本公司并无通过贵行办理的其他委托贷款。

注：如存在本金或利息预期未付行为，在“备注”栏中予以说明。

6. 担保（包括保函）

(1) 本公司为其他单位提供的、以贵行为担保受益人的担保。

被担保人	担保方式	担保金额	担保到期日	担保合同编号	备注

除上述列示的担保外，本公司并无其他以贵行为担保受益人的担保。

注：如采用抵押或质押方式提供担保的，应在备注中说明抵押物或质押物情况，如被担保方存在本金或利息逾期未付行为，在“备注”栏中予以说明。

（2）贵行向本公司提供的担保。

被担保人	担保方式	担保金额	担保到期日	担保合同编号	备注

除上述列示的担保外，本公司并无贵行提供的其他担保。

7. 本公司为出票人且由贵行承兑而尚未支付的银行承兑汇票

银行承兑汇票号码	承兑银行名称	结算账户账号	票面金额	出票日	到期日

除上述列示的银行承兑汇票外，本公司并无由贵行承兑而尚未支付的其他银行承兑汇票。

8. 本公司向贵行已贴现而尚未到期的商业汇票

商业汇票号码	付款人名称	承兑人名称	票面金额	出票日	到期日	贴现日	贴现率	贴现净额

除上述列示的商业汇票外，本公司并无向贵行已贴现而尚未到期的其他商业汇票。

9. 本公司为持票人且由贵行托收的商业汇票

商业汇票号码	承兑人名称	票面金额	出票日	到期日

除上述列示的商业汇票外，本公司并无由贵行托收的其他商业汇票。

10. 本公司为申请人、由贵行开具的、未履行完毕的不可撤销信用证

信用证号码	受益人	信用证金额	到期日	未使用金额

除上述列示的不可撤销信用证外，本公司并无由贵行开具的、未履行完毕的其他不可撤销信用证。

11. 本公司与贵行之间未履行完毕的外汇买卖合约

类别	合约号码	买卖币种	未履行的合约买卖金额	汇率	交收日期
贵行卖予本公司					
本公司卖予贵行					

除上述列示的外汇买卖合约外，本公司并无与贵行之间未履行完毕的其他外汇买卖合约。

12. 本公司存放于贵行的有价证券或其他产权文件

有价证券或其他产权文件名称	产权文件编号	数量	金额

除上述列示的有价证券或其他产权文件外，本公司并无存放于贵行的其他有价证券或其他产权文件。

13. 本公司购买的由贵行发行的未到期银行理财产品

产品名称	产品类型	认购金额	购买日	到期日	币种

除上述列示的银行理财产品外，本公司并无购买其他由贵行发行的理财产品。

14. 其他

注：此项应填列注册会计师认为重大且应予函证的其他事项，如欠银行的其他负债或者或有负债、除外汇买卖外的其他衍生交易、贵金属交易等。

（预留印鉴）

年　　月　　日

经办人：

职　务：

电　话：

结论：

经本行核对，所函证项目与本行记载信息相符。特此复函。

年　　月　　日　　　经办人：　　　职务：　　　电话：

复核人：　　　职务：　　　电话：

（银行盖章）

说明：

（1）本询证函（包括回函）中所列信息应严格保密，仅用于注册会计师审计目的。

（2）注册会计师可根据审计的需要，从本函所列第 1 至 14 项中选择所需询证的项目，对于不适用的项目，应当将该项目中的表格用斜线划掉。

（3）本函应由被审计单位加盖骑缝章。

6. 检查账户

检查银行存款账户存款人是否为被审计单位，若存款人不是被审计单位，应获取该账户户主和被审计单位的书面声明，确认资产负债表日是否需要提请被审计单位进行调整。

7. 检查所有权

关注是否有质押、冻结等对变现有限制或存在境外的款项。如果存在，是否已提请被审计单位作必要的调整和披露。

8. 现金等价物

对不符合现金及现金等价物条件的银行存款在审计工作底稿中予以列明，以考虑对现金流量表的影响。

9. 抽查大额银行存款收支的原始凭证

对大额银行存款收入和支出的原始凭证进行抽查，一方面检查原始凭证是否齐全、记账凭证与原始凭证是否相符、账务处理是否正确、是否记录于恰当的会计期间等内容；另一方面检查是否存在非营业目的的大额货币资金转移，并核对相关账户的流水情况，如果发现了与被审计单位生产经营无关的收入或支出，应查明原因并作相应的记录。

10. 检查银行存款收支的截止

选取资产负债表日前后若干张、一定金额以上的凭证实施截止测试，关注业务内容及对应项目，如有跨期收支事项，应考虑是否提请被审计单位进行调整。

11. 检查银行存款列报

企业的银行存款应当在资产负债表的“货币资金”项目中反映，注册会计师在实施了上述审计程序后，应当确定银行存款账户的期末余额是否恰当，进而确定银行存款是否在资产负债表中进行了恰当披露，尤其是当企业的银行存款存在抵押、冻结等使用限制情况或者存在潜在回收风险时，应当重点关注企业是否已经对这些特殊情况进行了恰当披露。

三、其他货币资金的实质性程序

1. 定期存款审计程序

（1）向管理层询问定期存款存在的商业理由并评估其合理性。

（2）获取定期存款明细表，检查是否与账面记录金额一致，存款人是否为被审计单位，定期存款是否被质押或限制使用。

（3）在监盘库存现金的同时，监盘定期存款凭据。如果被审计单位在资产负债表日有大额定期存款，基于对风险的判断考虑选择在资产负债表日实施监盘。

（4）对未质押的定期存款，检查开户证实书原件，以防止被审计单位提供的复印件是未质押（或未提现）前原件的复印件。在检查时，还要认真核对相关信息，包括存款人、金额、期限等，如有异常，需实施进一步审计程序。

（5）对于已质押的定期存款，检查定期存单复印件，并与相应的质押合同核对。对于质押借款的定期存单，关注定期存单对应的质押借款是否入账，对于超过借款期限但仍处于质押状态的定期存款，还应关注相关借款的偿还情况，了解相关质权是否已被行使；对于为他人担保的定期存单，也要关注担保是否逾期以及相关质权是否已被行使。

（6）函证定期存款相关信息。

（7）结合财务费用审计测算利息收入的合理性，判断是否存在体外资金循环的情形。

（8）在资产负债表日后已提取的定期存款，核对相应的兑付凭证等。

（9）关注被审计单位是否在财务报表附注中对定期存款给予充分披露。

2. 其他货币资金审计程序

（1）保证金存款的审计。对于保证金存款，需要检查开立银行承兑汇票的协议或银行授信审批文件等。可以将保证金账户对账单与相应的交易进行核对，根据被审计单位应付票据的规模合理推断保证金数额，检查保证金与相关债务的比例和合同约定是否一致，特别关注是否存在有保证金发生而被审计单位无对应保证事项的情形。

（2）存出投资款的审计。对于存出投资款，需要跟踪资金流向，并获取董事会决议等批准文件、开户资料、授权操作资料等。如果投资于证券交易业务，通常结合相应金额资产项目审计，核对证券账户名称是否与被审计单位相符，获取证券公司证券交易结算资金账户的交易流水，抽查大额的资金收支，关注资金收支的财务账面记录与资金流水是否相符。

（3）第三方支付平台资金的审计。如果被审计单位开立了支付宝、微信等第三方支付平台账户，则应获取相关开户资料，检查账户的用途和使用情况，比照银行存款的做法实施相应的审计程序。例如，获取第三方支付平台账户的收付款明细表，验证明细信息的可靠性，并与被审计单位账面记录进行核对；对相关信息进行函证；对金额较大的交易事项实施进一步检查程序等。

案　例

数据检测及资金审计程序应用

案例一　数字化审计应用案例：检测异常值

异常值是审计过程中关注的重点，那么如何找到异常值呢？在数据挖掘或者大数据应用领域，有一个专门的研究方向——异常值检测（outlier detection），用来在茫茫数海中找到异常，以便于后续的精准分析。

Python Outlier Detection（PyOD）是专业的异常检测工具库。PyOD 是一个可扩展的 Python 工具包，包括 20 多个离群值检测算法，例如，经典的 ABOD 及最新的深度学习。PyOD 具有如下优点：它是开源的，包含各种算法的详细文档和示例。使用 PyOD 库可以实现多种场景下的异常值检测，比如可以在取现交易数据中，聚焦交易时间和交易金额，找出异常值，然后重点监控和检查。

案例二　千山药机的审计程序应用

2015 年，千山药机通过虚增收入等方式虚增利润 7 950.52 万元；2016 年，千山药机通过虚增收入、虚减应收账款、坏账准备等方式虚增利润 27 716.43 万元。瑞华会计师事务所为千山药机 2015 年、2016 年年度报告提供审计服务，对前述年度报告均出具了标准无保留意见审计报告。经查明，前述审计报告存在虚假记载。2015 年签字注册会计师为刘某武、程某彬，审计收费 50 万元；2016 年签字注册会计师为刘某、程某彬，审计收费 90 万元。瑞华会计师事务所在对千山药机 2015 年度、2016 年度财务报表审计过程中未勤勉尽责，审计程序存在缺陷。

除前面章节提到的缺陷之外，货币资金审计程序也存在缺陷。2015 年、2016 年度审计策略的风险判断中，瑞华会计师事务所将货币资金项目列为高风险项目。在审计过程中，未保持合理职业怀疑，未针对高风险项目实施有效充分的审计程序，获取充分、适当的审计证据。

1. 未对获取证据真实性进行有效识别

2015 年、2016 年年度审计中，瑞华会计师事务所在审计工作底稿中收录了公司银行账户对账单，但审计工作底稿中未记录对银行流水的检查过程和结论。经查，审计过程中，瑞华会计师事务所审计人员一方面未亲自前往相关开户银行调取公司银行账户对账单，直接将其作为审计证据录入审计工作底稿中；另一方面也没有对重要银行账户的大额资金收付记录进行充分、有效的检查，未通过电子银行核对等方式对公司财务部门提供的银行账户对账单可靠性予以验证。瑞华会计师事务所未能对其至千山药机财务部门获取的银行账户对账单的真实性予以充分核实，予以有效识别，而是将其视为适当、有效的审计证据予以使用，审计程序不充分导致其未能及时发现公司舞弊行为。

2. 样本选取不恰当，审计程序不充分

瑞华会计师事务所对公司银行存款收付记录与银行对账单进行了抽样核对。其中，2015 年审计，在公司 49 个银行结算账户中共抽取 30 笔收款记录与银行对账单核对，30 笔付款记录与银行对账单核对；2016 年审计，在公司 58 个银行结算账户中共抽取 26 笔收款记录与银行对账单核对，25 笔付款记录与银行对账单核对。瑞华会计师事务所在选取银行账户核对检查时，抽取的样本量较少且不具备代表性，对大额异常的资金进出未予以重点关注并选取检查。工商银行 1901××××1166 账户、华夏银行 1345××××3894 账户，是 2015 年、2016 年公司资金借贷发生额最大的 2 个银行账户，瑞华会计师事务所在审计中对上述重要银行账户仅选取 2～4 笔发生额进行核对检查。

经查明，对工商银行 1901××××1166 账户的发生额，2015 年仅检查了 2 笔收款记录，合计为 1 093 万元，占该账户公司账面借方发生额的比例为 3.48%；2016 年，仅检查了 1 笔往来款 145 万元，2 笔与公司内部其他银行账户转账共 4 200 万元，合计为 4 345 万元，占该账户账面借方发生额的比例为 2.24%；付款记录检查了 2 笔，合计为 2 700 万元，占该账户账面贷方发生额的比例为 1.52%。对华夏银行 1345××××3894 账户的发生额，2015 年，仅检查 2 笔收款记录，合计为 5 141.43 万元，占该账户账面借方发生额的比例为 4.40%；2016 年检查了 4 笔收款记录，均为与子公司或公司内部其他银行账户之间交易记录，合计为 1.64 亿元，占该账户账面借方发生额的比例为 22.00%；付款记录检查了 2 笔，均与公司内部其他银行账户转账，合计为 371 万元，占该账户账面贷方发生额的比例为 0.54%。瑞华会计师事务所在审计中对公司银行存款发生额的关注度明显不足，抽样检查数量及金额比例较少，审计检查样本主要为公司内部银行账户之间的资金往来，对大额异常的资金进出关注较少，样本选取明显存在缺陷。

3. 未对银行大额存单持续关注，审计程序不充分适当

2015 年审计中，对公司华夏银行 1345××××9535 账户定期存款单 1.66 亿元进行了检查，查看了存单原件，对银行账户进行了函证，认定该存单与公司账目一致，存单没有质押。该存单存入日期为 2015 年 11 月 30 日，到期日为 2016 年 11 月 30 日，年利率 1.95%。2016 年审计中，对此存单项目未予以持续关注，未对该存单项目变化以及相关资金使用情况予以检查核对。

经查明，因千山药机与太平洋证券解除应收账款保理业务，千山药机于 2016 年 11 月 30 日自其华夏银行 1345××××9535 账户向太平洋证券华夏银行 1345××××8292 账户支付 16 577.397 3 万元。千山药机会计账上未记录减少银行存款 16 577.397 3 万元，未记录解除应收账款保理业务后应增加的应收账款 11 656.103 8 万元，并且未对该应收账款计提坏账准备，而是将支付给太平洋证券的资金作为华夏银行 1345××××9535 账户与工商银行 1901××××1166 账户间银行转款进行处理。瑞华会计师事务所在 2016 年审计中未对华夏银行 1345××××9535 账户的资金情况予以检查，未及时发现千山药机大额资金转出账实不符、隐瞒解除应收账款保理业务的情况。

瑞华会计师事务所在对千山药机 2015 年、2016 年财务报表审计中，获取的货币资金项目审计证据不适当，审计样本选取不恰当、不充分，对异常银行大额存单变动等未保持应有关注，未能及时识别财务报告的重大错报风险。上述行为不符合《中国注册会计师审计准则第 1101 号——注册会计师的总体目标和审计工作的基本要求》《中国注册会计师审计准则第 1301 号——审计证据》《中国注册会计师审计准则第 1314 号——审计抽样》的相关规定。

资料来源：中国证券监督管理委员会网站.

思考

1. 数据检测中，异常值的判断标准是什么？

2. 审计中，如何识别账外资金风险？

// 思考题 //

1. 货币资金循环涉及的主要业务活动和相关内部控制有哪些？

2. 货币资金循环存在哪些重大错报风险?

3. 货币资金循环的控制测试通常包括哪些内容?

4. 如何对库存现金、银行存款、其他货币资金实施实质性程序?

// 研究型学习与延伸阅读 //

[1] 陈丽红，易冰心，殷旻昊，等．行业专家审计师会充分披露关键审计事项吗?．会计研究，2021(2)：164－175.

[2] 葛锐，张健．证监会立案调查与审计质量提升．会计研究，2020(11)：125－135.

[3] 李万福，王宇，杜静，等．监督者声誉提升机制的治理效应研究：来自签字审计师声誉提升的经验证据．经济学（季刊），2020，20(5)：213－234.

[4] 吕梦，王兵，苏文兵．审计委员会与审计总监任期重叠影响公司盈余质量吗．会计研究，2021(1)：155－166.

[5] 舒惠好．关于新时代注册会计师行业职能问题的思考．会计研究，2021(1)：145－154.

[6] 吴溪．中国注册会计师审计实证研究：理论借鉴、本土特色与国际融合．会计研究，2021(2)：176－186.

[7] 叶丰滢，龚曼宁．审计收费价格管制与审计质量：基于双重差分模型的检验．会计研究，2020(12)：171－179.

// 第 14 章 //

完成审计工作

素养提升

● 专业素养——掌握完成审计工作的专业知识，形式对审计工作的专业认知；树立高质量审计意识，在沟通和复核过程中严守高质量的主线。

● 思政素养——与“明大德、守公德、严私德”相结合，开展高质量审计工作；树立和践行社会主义核心价值观，具有审计职业道德、法治精神以及高度的社会责任感和使命感，形成热爱审计事业的思想和情怀。

学习目标

● 了解期后事项的含义与种类，掌握期后事项的审计程序以及审计结果的处理。

● 了解书面声明的含义、作用和记录，熟悉特殊情况下书面声明的处理。

● 了解复核审计工作中的项目合伙人、项目质量复核人员及项目质量复核程序。

● 掌握与治理层沟通的目的与事项，以及沟通的过程和记录。

导　言

本章介绍了审计工作的最后阶段，主要包括期后事项、书面声明、复核审计工作、与治理层沟通等内容。

第 14 章思维导图

第 1 节　期后事项

一、期后事项的含义与种类

（一）期后事项的含义

第 14 章第 1 节
即测即评

期后事项，是指资产负债表日至审计报告日之间发生的事项以及注册会计师在审计报告日后知悉的事实，具体包括三种情况：截至审计报告日发生的事项；审计报告日后至财务报表报出日前知悉的事实；财务报表报出后知悉的事实。审计报告日一般不应早于注册会计师获取充分、适当的审计证据（包括公司董事会、管理层认可对财务报表的责任且已批准财务报表的证据），并在此基础上对财务报表形成审计意见的日期。财务报表报出日是指被审计单位对外披露已审计财务报表的日期。期后事项可能会影响被审计单位财务报表的公允性，进而影响注册会计师对财务报表的审计意见，所以注册会计师必须充分考虑期后事项对财务报表的影响。

资产负债表日后的时期分为三个阶段，即资产负债表日至审计报告日、审计报告日至财务报表报出日以及财务报表报出日以后。注册会计师对审计报告日前后的期后事项的责任有所不同。

在审计报告日前，注册会计师有责任主动实施审计程序或进行专门查询，以发现截至审计报告日发生的期后事项。在审计报告日后，注册会计师没有责任针对财务报表实施审计程序或进行专门查询以识别期后事项。在审计报告日后至财务报表报出日前，被审计单位管理层有责任告知注册会计师可能影响财务报表的事实。如果管理层在财务报表报出日前告知注册会计师发生了可能对财务报表产生重大影响的事实，注册会计师就应当考虑是否需要提请被审计单位修改财务报表，并与管理层讨论，同时根据具体情况采取适当措施。

财务报表报出后知悉的事实属于一种特殊情况，是指在财务报表报出以后，注册会计师知悉审计报告日前漏查了在审计报告日已经存在的、可能对财务报表产生重大影响的期后事项，而且该事项可能导致注册会计师修改审计报告。对此，注册会计师应当考虑是否需要修改财务报表，与管理层讨论，并根据具体情况采取适当措施。

（二）期后事项的种类

根据期后事项对财务报表的影响不同，可以将期后事项分为两类，即资产负债表日后调整事项和资产负债表日后非调整事项。

1. 资产负债表日后调整事项

资产负债表日后调整事项，是指对资产负债表日已经存在的情况提供了证据的事项。这类事项需要提请被审计单位调整被审计年度的财务报表。这类事项的主要情况出现在被审计单位资产负债表日之前，因此其带来的财务影响应当在被审计年度的财务报表中反映出来。如果这类期后事项的金额重大，注册会计师就应当提请被审计单位对被审计年度财务报表进行调整。资产负债表日后调整事项通常包括下列事项：

（1）资产负债表日后诉讼案结案，法院的判决证实了企业在资产负债表日已经存在现时义务，需要调整原先确认的与该诉讼案件相关的预计负债，或确认一项新负债。例如，被审计单位由于某种原因被起诉，法院于资产负债表日后判决被审计单位应赔偿对方损失。因这一负债实际上在资产负债表日之前就已存在，所以如果赔偿数额很大，注册会计师应考虑提请被审计单位增加资产负债表有关负债项目的金额，并加以说明。

（2）资产负债表日后取得确凿证据，表明某项资产在资产负债表日发生了减值或者需要调整该项资产原先确认的减值金额。例如，资产负债表日被审计单位认为可以收回的大额应收款项，因资产负债表日后债务人宣告破产而无法收回。在这种情况下，注册会计师应当考虑提请被审计单位增加计提坏账数额，调整财务报表有关项目的金额。

（3）资产负债表日后进一步确定了资产负债表日前购入资产的成本或售出资产的收入。例如，在资产负债表日以前或资产负债表日，被审计单位根据合同规定将商品发出，当时认为符合收入确认的条件要求，所以确认了收入并结转了相关成本，并在财务报表上进行列报。但资产负债表日后取得的证据证明，该批已确认为销售的商品确实已经退回。如果金额较大，注册会计师应提请被审计单位调整财务报表有关项目的金额。

（4）资产负债表日后发现了财务报表舞弊或差错。例如，注册会计师在资产负债表日后发现或知悉，由于舞弊或差错导致财务报表中存在错报。如果注册会计师认为错报金额较大，就应当提请被审计单位调整财务报表有关项目的金额。

2. 资产负债表日后非调整事项

资产负债表日后非调整事项，是指资产负债表日后发生的情况的事项。这类事项不需要调整被审计年度的财务报表，但注册会计师应当提请被审计单位在财务报表附注中就重要的事项披露其性质、内容，以及其对财务状况和经营成果的影响。这类事项的主要情况出现在被审计单位资产负债表日之后，因此不影响财务报表的金额。但这些事项如果不加以反映，可能会影响报表使用者对财务报表的正确理解。

被审计单位在资产负债表日后发生的非调整事项通常包括下列事项：重大诉讼、仲裁、承诺；资产价格、税收政策、汇率发生重大变化；因自然灾害导致资产发生重大损失；发行股票和债券以及其他巨额举债；资本公积转增资本；发生巨额亏损；发生企业合并或处置子公司等。

注册会计师应当严格区分这两类期后事项，不能混淆。区分这两类期后事项的关键是看该事项的主要情况是出现在被审计单位的资产负债表日前还是资产负债表日后。如果确认某事项的主要情况发生在资产负债表日前，就应当根据重要性概念考虑提请被审计单位调整被审计年度财务报表；如果某事项的主要情况发生在资产负债表日后，就不应当在被审计年度财务报表中反映该事项的财务影响，注册会计师只需要提请被审计单位在财务报表附注中进行适当披露。需要注意的是，这两类期后事项的划分不受期后事项发生时间的影响，也就是说，这两类期后事项都有可能出现在审计报告日前，也有可能出现在审计报告日后。

二、期后事项的审计程序

对于期后事项，注册会计师的审计目标是获取充分、适当的审计证据，以确定财务报表日至审计报告日之间发生的、需要在财务报表中调整或披露的事项是否已经按照适用的财务报告编制基础在财务报表中得到恰当反映。

注册会计师对期后事项的审计，主要是针对其实施专门的审计程序，另外还可以结合对财务报表项目执行的实质性程序进行。

（一）期后事项审计程序

注册会计师应当尽量在接近审计报告日时，实施专门的审计程序，以识别需要在财务报表中进行调整或披露的事项。这些程序包括：了解被审计单位管理层建立的用于确保识别期后事项的程序；向管理层询问是否发生可能影响财务报表的期后事项。询问的内容主要包括：根据初步或尚无定论的数据作出会计处理的项目的现状；是否发生新的担保、借款或承诺；是否出售或购进资产，或者计划出售或购进资产；是否已发行或计划发行新的股票或债券；是否已签订或计划签订合并或清算协议；资产是否被政府征用或因不可抗力而遭受损失；在风险领域和或有事项方面是否有新进展；是否已作出或考虑作出异常的会计调整；是否已发生或可能发生影响会计政策适当性的事项。查阅在资产负债表日后举行的股东大会、董事会及专门委员会的会议纪要，并在不能获取会议纪要时询问会议讨论的事项；查阅最近的中期财务报表，如认为必要和适当，还应当查阅预算、现金流量预测及其他相关管理报告；注册会计师如果在审计报告日后知悉被审计单位发生了可能对财务报表产生重大影响的期后事项，应当考虑是否需要修改财务报表，并与管理层讨论，同时根据具体情况采取适当措施。

（二）期后事项审计的实质性程序

注册会计师在对财务报表的某些项目执行实质性程序时，截止测试通常是需要执行的一项审计程序。例如，为确定本期主营业务收入的发生额以及存货的期末余额是否正确，需要审计期后的销售和采购业务；为确定期末应收账款和应付账款的余额是否正确，需要对期后的货币资金收付业务进行审查。在进行截止测试时，注册会计师显然会涉及许多资产负债表日后发生的交易或事项，并接触到许多相关资料，因而能从中发现、确认可能存在的或发生的期后事项。尽管这些程序在本质上属于财务报表年末余额审计的一部分，但从实际效果上看，仍不失为期后事项审计的一种有效程序。

注册会计师应当按照《中国注册会计师审计准则第 1341 号——书面声明》的规定，要求管理层和治理层（如适用）提供书面声明，确认所有在财务报表日后发生的、按照适用的财务报告编制基础的规定应予调整或披露的事项均已得到调整或披露。

三、期后事项审计结果的处理

（一）审计报告日前识别的期后事项

对审计报告日前识别的期后事项，注册会计师应当根据其主要情况出现的时间确定期后事项的类型。如果期后事项对财务报表的公允性有重大影响，就应当根据期后事项的类型提请被审计单位调整财务报表或在财务报表附注中进行适当的披露。如果被审计单位不接受调整或披露建议，注册会计师应当发表保留意见或否定意见。

（二）审计报告日后至财务报表报出日前知悉的期后事项

在审计报告日后，注册会计师没有义务针对财务报表实施任何审计程序。

对在审计报告日后至财务报表报出日前知悉的可能对财务报表产生重大影响的期后事项，注册会计师应当考虑是否需要修改财务报表，并与管理层讨论，同时根据具体情况采取如下措施：

（1）如果管理层修改了财务报表，注册会计师应当根据具体情况实施必要的审计程序，以确认修改后的财务报表是否公允，并针对修改后的财务报表修改审计报告或出具新的审计报告。注册会计师出具新的或经修改的审计报告，应当在强调事项段或其他事项段中说明注册会计师对期后事项实施的审计程序仅限于财务报表相关附注所述的修改。

需要强调的是，如果管理层对财务报表的修改仅限于导致修改的期后事项的影响，被审计单位的董事会、管理层或类似机构也仅对有关修改进行批准，注册会计师可以选择下列两种处理方式之一来出具审计报告。

1）修改审计报告，针对财务报表修改部分增加补充报告日期，从而表明注册会计师对期后事项实施的审计程序仅限于财务报表相关附注所述的修改。注册会计师可以签署双重审计报告日期，以便厘清注册会计师的责任。补充报告日期文字列示如下：原审计报告日，除附注×所述事项外，该事项的日期为仅针对附注×所述修改的审计程序完成日期。当然，审计报告的双重报告日期也可以表述如下：除附注×外，审计报告日均为原审计报告日，附注×的日期为仅针对附注×所述修改的审计程序完成日期。

2）出具新的或经修改的审计报告，在强调事项段或其他事项段中说明注册会计师对期后事项实施的审计程序仅限于财务报表相关附注所述的修改。注册会计师需要在新的审计报告中确定新的审计报告日。新的审计报告日不应早于其根据充分、适当的审计证据对财务报表形成新的审计意见的日期，不应早于董事会或类似机构批准修改后的财务报表的日期。在原审计报告日前所实施的旨在识别期后事项的审计程序也要延伸至新的审计报告日，也就是说，注册会计师要在新的审计报告日前实施适当的程序，以发现原审计报告日至新审计报告日之间所发生的其他期后事项。

（2）如果注册会计师认为应当修改财务报表而管理层没有修改，并且审计报告尚未提交给被审计单位，注册会计师应当出具保留意见或否定意见的审计报告。

（3）如果注册会计师认为应当修改财务报表而管理层没有修改，并且审计报告已提交给被审计单位，注册会计师应当通知管理层和治理层不要将财务报表和审计报告向第三方报出。如果财务报表仍被报出，注册会计师应当根据自身的权利和义务以及向律师征询的法律意见，采取适当的措施防止财务报表使用者信赖该审计报告。

（三）财务报表报出后知悉的事实

在财务报表报出后，注册会计师没有义务针对财务报表实施任何审计程序。如果知悉在审计报告日已经存在的、可能导致修改审计报告的期后事项，注册会计师应当考虑是否需要修改财务报表，并与管理层和治理层讨论该事项，同时根据具体情况作如下处理：

（1）如果管理层修改了财务报表，注册会计师应当根据具体情况实施必要的审计程序，复核管理层采取的措施能否确保所有收到原财务报表和审计报告的人士了解这一情况，并针对修改后的财务报表出具新的审计报告。新的审计报告应当增加强调事项段或其他事项段，提请财务报表使用者注意财务报表附注中对修改原财务报表原因的详细说明，以及注册会计师出具的原审计报告。在原审计报告日前所实施的旨在识别期后事项的审计程序也要延伸至新的审计报告日，也就是说，注册会计师要在新的审计报告日前实施适当的审计程序，以发现原审计报告日至新审计报告日之间所发生的其他期后事项。新的审计报告日期不应早于董事会或类似机构批准修改后的财务报表的日期。

（2）如果管理层既没有采取必要措施确保所有收到原财务报表和审计报告的人士了解这一情况，又没有在注册会计师认为需要修改的情况下修改财务报表，注册会计师应当根据自身的权利和义务以及征询的法律意见，采取适当的措施防止财务报表使用者信赖该审计报告，并将拟采取的措施通知治理层和管理层。如果临近公布下一期财务报表，且能够在下一期财务报表中进行充分披露，注册会计师应当根据法律法规的规定确定是否仍有必要提请被审计单位修改财务报表，并出具新的审计报告。

拓展阅读　会计师事务所从事证券服务业务信息披露规定

拓展阅读　会计师事务所年度信息披露格式

第2节　书面声明

第14章第2节
即测即评

书面声明的日期应当尽量接近对财务报表出具审计报告的日期，但不得在审计报告日后。书面声明应当包含审计报告针对的所有财务报表和期间。书面声明应当以声明书的形式致送注册会计师。

一、书面声明的含义

书面声明，是指管理层向注册会计师提供的关于财务报表的各项陈述。书面声明不包括财务报表及其认定，以及支持性账簿和相关记录。尽管书面声明提供了必要的审计证据，但其本身并不为所涉及的任何事项提供充分、适当的审计证据。管理层已提供可靠声明的事实，并不影响注册会计师就管理层责任履行情况或具体认定获取的其他审计证据的性质和范围。

二、书面声明的作用

一是明确管理层对财务报表的责任。被审计单位管理层在声明书中对提供给注册会计师的有关资料的真实性、合法性和完整性作出正面陈述，并明确承认对财务报表负责。二是提供审计证据。被审计单位管理层声明书把管理层对注册会计师的询问所做的答复以书面形式予以记录，可作为书面证据。但被审计单位管理层声明书是一项非独立来源的书面说明，不能将它视为十分可靠的证据，更不能以其替代能够合理预期获取的其他审计证据。

三、书面声明的记录

1. 书面声明的形式

书面声明可采取的形式包括：管理层声明书；注册会计师提供的列示其对管理层书面声明的理解并经管理层确认的函；董事会及类似机构的相关会议纪要；已签署的财务报表副本。

2. 书面声明的基本要素

（1）标题：××公司管理层声明书。

（2）收件人：接受委托的会计师事务所及签署审计报告的注册会计师。

（3）声明内容：根据审计约定事项的具体内容、财务报表编制基础等因素，由签字的注册会计师列出各项声明。

（4）签章：书面声明通常由管理层中对被审计单位及其财务负有主要责任的人员签署，在某些情况下，注册会计师可以向管理层中的其他人员获取声明书。

（5）日期：书面声明书标明的日期通常接近或与审计报告日一致，但不得在审计报告日后。某些交易或事项的声明书日期，可以是注册会计师获取该声明书的日期，以确保其具有与期后事项和或有事项审计有关的声明，防止日期不一致而可能发生的误解。

在实务中可能会出现这样的情况，即在审计报告中提及的所有期间内，现任管理层均尚未就任。他们可能由此声称无法就上述期间提供部分或全部声明。然而，这一事实并不能减轻现任管理层对财务报表整体的责任。相应地，注册会计师仍然需要现任管理层获取涵盖整个相关期间的书面声明。

3. 书面声明的主要内容

书面声明一般要求列明以下三个方面的内容：

（1）关于财务报表。管理层认可其对财务报表编制的责任。管理层认可其设计、实施和维护内部控制以防止或发现并纠正错报的责任。管理层认为注册会计师在审计过程中发现的未更正错报，无论是单独还是汇总起来考虑，对财务报表整体均不具有重大影响。

（2）关于信息的完整性。所有财务信息和其他数据的可获得性；所有股东会和董事会会议记录的完整性和可获得性；就违反法规行为事项，被审计单位与监管机构沟通的书面文件的可获得性；与未记录交易相关的资料的可获得性。涉及下列人员舞弊行为或舞弊嫌疑的信息的可获得性：管理层；对内部控制有重大影响的雇员；对财务报表的编制具有重大影响的其他人员。

（3）关于确认、计量和列报。对资产或负债的确认或列报具有重大影响的计划或意图；关联方交易以及涉及关联方的应收或应付款项；需要在财务报表中披露的违反法规的行为；需要确认或披露的或有事项，对财务报表具有重大影响的承诺事项和需要偿付的担保等；对财务报表具有重大影响的合同的遵循情况；对财务报表具有重大影响的重大不确定性事项；被审计单位对资产的拥有或控制情况，以及抵押、质押或留置资产；持续经营假设的合理性；需要调整或披露的期后事项。

根据上述事项的复杂程度和重要性，注册会计师可以将其全部列入书面声明，也可以就某个事项向管理层获取专项声明。

下面列示了一种常见的书面声明书范例。

××会计师事务所并××注册会计师：

本公司已委托贵事务所对本公司20×9年12月31日的资产负债表，20×9年度的利润表、现金流量表和股东权益变动表以及财务报表附注进行审计，并出具审计报告。

为配合贵事务所的审计工作，本公司就已知的全部事项作出如下声明：

1. 本公司承诺，按照企业会计准则的规定编制财务报表是我们的责任。

2. 本公司已按照企业会计准则的规定编制20×9年度财务报表，财务报表的编制基础与上年度保持一致，本公司管理层对上述财务报表的真实性、合法性和完整性承担责任。

3. 设计、实施和维护内部控制，保证本公司资产安全和完整，防止或发现并纠正错报，是本公司管理层的责任。

4. 本公司承诺财务报表符合适用的会计准则和相关会计制度的规定，公允反映本公司的财务状况、经营成果和现金流量情况，不存在重大错报，包括漏报。贵事务所在审计过程中发现的未更正错报，无论是单独还是汇总起来，对财务报表整体均不具有重大影响。未更正错报汇总表附后。

5. 本公司已向贵事务所提供了：（1）全部财务信息和其他数据；（2）全部重要的决议、合同、章程、纳税申报表等相关资料；（3）全部股东会和董事会的会议记录。

6. 本公司所有经济业务均已按规定入账，不存在账外资产或未计负债。

7. 本公司认为所有与公允价值计量相关的重大假设都是合理的，恰当地反映了本公司的意图和采取特定措施的能力；用于确定公允价值的计量方法符合企业会计准则的规定，并在使用上保持了一贯性；本公司已在财务报表中对上述事项作出恰当披露。

8. 本公司不存在导致重述比较数据的任何事项。

9. 本公司已提供所有与关联方和关联方交易相关的资料，并已根据企业会计准则的规定识别和披露了所有重大关联方交易。

10. 本公司已提供全部或有事项的相关资料。除财务报表附注中披露的或有事项外，本公司不存在其他应披露而未披露的诉讼、赔偿、承兑、担保等或有事项。

11. 除财务报表附注披露的承诺事项外，本公司不存在其他应披露而未披露的承诺事项。

12. 本公司不存在未披露的影响财务报表公允性的重大不确定事项。

13. 本公司已采取必要措施防止或发现舞弊及其他违反法规行为，未发现：

(1) 涉及管理层的任何舞弊行为或舞弊嫌疑的信息；

(2) 涉及对内部控制产生重大影响的员工的任何舞弊行为或舞弊嫌疑的信息；

(3) 涉及对财务报表的编制具有重大影响的其他人员的任何舞弊行为或舞弊嫌疑的信息。

14. 本公司严格遵守了合同规定的条款，不存在因未履行合同而对财务报表产生重大影响的事项。

15. 本公司对资产负债表上列示的所有资产均拥有合法权利，除已披露事项外，无其他被抵押、质押资产。

16. 本公司编制财务报表所依据的持续经营假设是合理的，没有计划终止经营或破产清算。

17. 本公司已提供全部资产负债表日后事项的相关资料，除财务报表附注中披露的资产负债表日后事项外，本公司不存在其他应披露而未披露的重大资产负债表日后事项。

18. 本公司管理层确信：

(1) 未收到监管机构有关调整或修改财务报表的通知；

(2) 无税务纠纷。

19. 其他事项。如：本公司在银行存款或现金运用方面未受到任何限制、本公司对存货均已按照企业会计准则的规定予以确认和计量；受托代销商品或不属于本公司的存货均未包括在会计记录内；在途物资或由代理商保管的货物均已确认为本公司存货、本公司不存在未披露的大股东及关联方占用资金和担保事项。

附：未更正错报汇总表

××公司（盖章）
法定代表人：（签名并盖章）
财务负责人：（签名并盖章）
20×0年×月×日

四、书面声明与审计证据

（一）获取管理层书面声明的情形

审计过程中对于多数事项来说，存在相互印证的审计证据。但是，还存在一些对财务报表具有重大影响的事项，如涉及管理层的判断、意图以及仅限管理层知悉等事项，除了存在实施询问程序获得的审计证据之外，不存在其他充分、适当的审计证据。在这种情况下，注册会计师应当就对财务报表具有重大影响的事项询问管理层，并获取其签字确认的书面声明。注册会计师要求管理层提供的书面声明仅限于单独或汇总起来对财务报表产生重大影响的事项。必要时，注册会计师应将对声明事项重要性的理解告知管理层。

应当向管理层获取书面声明的主要事项包括：管理层认可其设计和实施内部控制以防止或发现并纠正错报的责任。管理层认为注册会计师在审计过程中发现的未更正错报，无论是单独还是汇总起来，对财务报表整体均不具有重大影响。未更正错报项目的概要应当包含在书面声明中或附于书面声明后。根据审计业务约定条款，履行了按照适用的财务报告编制基础编制财务报表并使其实现公允反映的责任。

（二）管理层书面声明的证明力

管理层书面声明是一种内部证据，其证明力较弱，本身不构成充分、适当的审计证据，不能作为发表审计意见的基础。因此，当管理层书面声明的事项对财务报表具有重大影响时，注册会计师应当实施下列审计程序，收集充分、适当的审计证据，验证管理层书面声明：（1）从被审计单位内部或外部获取佐证证据；（2）评价管理层书面声明是否合理并与获取的其他审计证据（包括其他声明）一致；（3）考虑作出书面声明的人员是否熟知所声明的事项。

注册会计师不应以管理层书面声明替代能够合理预期获取的其他审计证据。如果不能获取对财务报表具有或可能具有重大影响的事项的充分、适当的审计证据，而这些证据预期是可以获取的，即使已收到管理层就这些事项作出的声明，注册会计师仍应将其视为审计范围受到限制。如果管理层的某项声明与其他审计证据相矛盾，注册会计师应当调查这种情况，获取充分、适当的审计证据，验证管理层书面声明或者其他审计证据的恰当性。当实施的进一步审计程序证明管理层书面声明是不恰当时，注册会计师应当重新考虑管理层作出的其他声明的可靠性。

五、关于书面声明的特殊考虑

（一）对书面声明可靠性的疑虑

1. 对管理层的疑虑

如果对管理层的胜任能力、诚信、道德价值观或勤勉尽责存在疑虑，或者对管理层在这些方面的承诺或贯彻执行存在疑虑，注册会计师应当确定这些疑虑对书面声明和审计证据总体的可靠性可能产生的影响。注册会计师可能认为，管理层在财务报表中作出不实陈述的风险很大，以至于审计工作无法进行。在这种情况下，除非治理层采取适当的纠正措施，否则注册会计师可能需要考虑解除业务约定（如果法律法规允许）。很多时候，治理层采取的纠正措施可能并不足以使注册会计师发表无保留意见。

2. 书面声明与其他审计证据不一致

如果书面声明与其他审计证据不一致，注册会计师应当实施审计程序以设法解决这些问题。注册会计师可能需要考虑风险评估结果是否仍然适当。如果认为不适当，注册会计师需要修正风险评估结果，并确定进一步审计程序的性质、时间安排和范围，以应对评估的风险。如果问题仍未解决，注册会计师应当重新考虑对管理层的胜任能力、诚信、道德价值观或勤勉尽责的评估，或者重新考虑对管理层在这些方面的承诺或贯彻执行的评估，并确定书面声明与其他审计证据的不一致对书面声明和审计证据总体的可靠性可能产生的影响。如果认为书面声明不可靠，注册会计师应当采取适当措施，包括确定其对审计意见可能产生的影响。

（二）管理层不提供书面声明

如果管理层不提供所要求的一项或多项书面声明，注册会计师应当与管理层讨论该事项；重新评价管理层的诚信，并评价该事项对书面声明和审计证据总体的可靠性可能产生的影响；采取适当措施，包括确定该事项对审计意见可能产生的影响。

第 3 节　复核审计工作

根据《会计师事务所质量管理准则第 5101 号——业务质量管理》《会计师事务所质量管理准则第 5102 号——项目质量复核》《中国注册会计师审计准则第 1121 号——

第 14 章第 3 节
即测即评

对财务报表审计实施的质量管理》的相关规定，会计师事务所应对审计项目进行复核。

一、项目合伙人

就中国注册会计师审计准则而言，项目合伙人是指会计师事务所中负责某项审计项目及其执行，并代表会计师事务所在出具的审计报告上签字的合伙人。项目合伙人应当对管理和实现审计项目的高质量承担总体责任，包括为审计项目组营造强调会计师事务所文化和审计项目组成员行为期望的环境。在签署审计报告之前，项目合伙人应当负责确定相关职业道德要求（包括与独立性相关的要求）已经得到遵守。

项目合伙人应当在审计过程中的适当时点复核审计工作底稿，包括与下列方面相关的审计工作底稿：重大事项；重大判断，包括与在审计中遇到的困难或有争议事项相关的判断，以及得出的结论；根据项目合伙人的职业判断，与项目合伙人的职责有关的其他事项。

对于需要实施项目质量复核的审计项目，项目合伙人应当承担下列责任：（1）确定会计师事务所已委派项目质量复核人员；（2）配合项目质量复核人员的工作，并告知审计项目组其他成员配合项目质量复核人员工作的责任；（3）与项目质量复核人员讨论在审计中遇到的重大事项和重大判断，包括在项目质量复核过程中识别出的重大事项和重大判断；（4）只有完成项目质量复核，才能签署审计报告。

审计项目组，是指执行某项审计业务的所有合伙人和员工，以及为该项业务实施审计程序的所有其他人员，但不包括外部专家，也不包括为审计项目组提供直接协助的内部审计人员。审计项目组与项目质量复核人员之间如果出现意见分歧，审计项目组应当遵守会计师事务所处理及解决意见分歧的政策和程序，在意见分歧解决后才能出具业务报告。

二、项目质量复核人员

项目质量复核，是指在报告日或报告日之前，项目质量复核人员对项目组作出的重大判断及据此得出的结论作出的客观评价。

项目质量复核人员，是指会计师事务所中实施项目质量复核的合伙人或其他类似职位的人员，或者由会计师事务所委派实施项目质量复核的外部人员。项目质量复核人员不是项目组成员。执行项目质量复核，并不改变项目合伙人对项目实施质量管理以高质量执行业务的责任，以及对项目组成员进行指导和监督并复核其工作的责任。

项目质量复核人员不得作为项目组成员，并且应当同时满足下列条件：(1) 具备适当的胜任能力，项目质量复核人员的胜任能力应当至少与项目合伙人相当。(2) 遵守相关职业道德要求。(3) 遵守与项目质量复核人员任职资质要求相关的法律法规规定。项目质量复核人员也可能是会计师事务所委派的外部人员。

为规避不利影响，会计师事务所应当规定一段冷却期，并要求在冷却期结束之前，前任项目合伙人不得担任该项目的项目质量复核人员。对于公众利益实体审计和审阅业务以外的其他情形，冷却期应当至少为两年。

除非出现特殊情况，应当尽量避免在同一年度内需要实施项目质量复核的两个项目之间交叉实施项目质量复核，即由某一项目的项目合伙人对另一项目实施项目质量复核，同时由后者的项目合伙人对前者实施项目质量复核。

三、项目质量复核程序

在实施项目质量复核时，项目质量复核人员应当实施下列程序：

(1) 阅读并了解下列信息：与项目组就项目和客户的性质和具体情况进行沟通获取的信息；针对可能与项目组的重大判断相关或影响该重大判断的领域识别出的缺陷进行的沟通。

(2) 与项目合伙人及其他项目组成员讨论重大事项，以及在项目计划、实施和报告时作出的重大判断。

(3) 基于从上述第 (1) 项和第 (2) 项程序获取的信息，选取部分与项目组作出的重大判断相关的业务工作底稿进行复核，并评价下列内容：作出这些重大判断的依据，包括项目组对职业怀疑的运用；业务工作底稿能否支持得出的结论；得出的结论是否恰当。

(4) 对于财务报表审计业务，评价项目合伙人确定独立性要求已得到遵守的依据。

(5) 评价是否已就疑难问题或争议事项、涉及意见分歧的事项进行适当咨询，并评价咨询得出的结论。

(6) 对于财务报表审计，评价项目合伙人确定下列内容的依据：项目合伙人对整个审计过程的参与程度是充分、适当的；项目合伙人能够确定作出的重大判断和得出的结论适合项目的性质和具体情况。

(7) 对下列内容实施复核：对于财务报表审计，复核被审计财务报表和审计报告，以及审计报告中对关键审计事项的描述；对于财务报表审阅，复核被审阅财务报表或财务信息，以及拟出具的审阅报告；对于财务报表审计和审阅以外的其他鉴证业务或相关服务业务，复核业务报告和鉴证对象信息。

四、项目质量复核工作底稿

审计工作底稿的复核是为了减少或消除人为的审计误差，以降低审计风险，提高审计质量；及时发现和解决问题，保证审计计划顺利执行，并能够不断地协调审计进度、节约审计时间、提高审计效率；便于上级管理人员对审计人员进行审计质量监控和工作业绩考评。

项目质量复核工作底稿应当包括下列内容：项目质量复核人员及协助人员的姓名；已复核的业务工作底稿的识别特征；项目质量复核人员确定项目质量复核已经完成的依据；项目质量复核人员就无法完成项目质量复核或项目质量复核已完成所发出的通知；完成项目质量复核的日期。

第 4 节　与治理层沟通

第 14 章第 4 节
即测即评

沟通已成为注册会计师审计中的一个关键内容，主要是与治理层整体沟通（治理层全部成员参与管理被审计单位）。如果就审计准则要求沟通的事项已与负有管理责任的人员进行沟通，且这些人员同时负有治理责任，注册会计师无须就这些事项再次与负有治理责任的相关人员沟通。然而，注册会计师应当确信与负有管理责任人员的沟通能够向所有负有治理责任的人员充分传递应予沟通的内容。

一、沟通的目的、对象和事项

（一）沟通的目的

注册会计师与管理层和治理层的沟通目的主要包括：就注册会计师与财务报表审计相关的责任、计划的审计范围和时间安排的总体情况，与治理层进行清晰的沟通；向治理层获取与审计相关的信息；及时向治理层通报审计中发现的与治理层对财务报告过程的监督责任相关的重大事项；推动注册会计师和治理层之间有效的双向沟通。

（二）沟通的对象和事项

注册会计师应当确定与被审计单位治理结构中的哪些适当人员进行沟通。被审计单位不同，适当的沟通对象可能就不同。即使是同一家被审计单位，由于组织形式的变化、章程的修改或其他方面的变动，也可能使适当的沟通对象发生变动。另外，由于沟通事项的不同，适当的沟通对象也会有所不同。

针对特殊情形，注册会计师应当运用职业判断，在上市公司审计中，有关注册会计师独立性问题的沟通，其沟通对象最好是被审计单位治理结构中有权决定聘任、解聘注册会计师的组织或人员，但不宜与兼任高级管理人员的治理层沟通管理层能力和诚信问题。如果无法清楚界定或指定对象，应尽早商定，并形成记录。

如果注册会计师与治理层的下设组织（如审计委员会）或个人沟通，应当确定是否还需要与治理层整体进行沟通。在某些情况下，治理层全部成员参与管理被审计单位，注册会计师应当确信与负有管理责任人员的沟通能够向所有负有治理责任的人员充分传递应予沟通的内容。

注册会计师应当与治理层沟通注册会计师与财务报表审计相关的责任，具体包括：注册会计师负责对管理层在治理层监督下编制的财务报表形成和发表意见；财务报表审计并不减轻管理层或治理层的责任。注册会计师应当与治理层沟通计划的审计范围和时间安排的总体情况，包括识别出的特别风险。其他沟通包括对被审计单位会计实务（包括会计政策、会计估计和财务报表披露）重大方面的质量的看法；审计工作中遇到的重大困难（审计信息提供受阻、审计时间缩短、审计成本超预期、无法获取信息、管理层限制等）；已与管理层讨论或需要书面沟通的重大事项（经营计划和战略、管理层咨询、首次委托沟通、重大交易、重大分歧）；影响审计报告形式和内容的情形；与监督相关的所有其他重大事项。

根据《中国注册会计师审计准则第 1141 号——财务报表审计中与舞弊相关的责任》，如果确定或怀疑舞弊涉及管理层、在内部控制中承担重要职责的员工、其他人员（在舞弊行为导致财务报表重大错报的情况下），注册会计师应当及时与治理层沟通此类事项，除非治理层全部成员参与管理被审计单位。

如果被审计单位是上市实体，注册会计师还应当与治理层沟通：就审计项目组成人员、会计师事务所其他相关人员以及会计师事务所和网络事务所按照相关职业道德要求保持独立性做出声明；根据职业判断，注册会计师认为会计师事务所、网络事务所与被审计单位之间可能存在影响独立性的所有关系和其他事项，包括期间为被审计单位和受被审计单位控制的组成部分提供审计、非审计服务的收费总额；为消除对独立性的不利影响或将其降至可接受的水平，已经采取的相关防范措施。

二、沟通的过程

（一）沟通的形式

有效的沟通可能包括结构化的转述、书面报告以及不太正式的沟通（包括讨论）。

对于审计中发现的重大问题，如果根据职业判断认为采用口头形式沟通不适当，注册会计师应当以书面形式与治理层沟通。对于审计准则要求的注册会计师的独立性，注册会计师应当以书面形式与治理层沟通。注册会计师还应当以书面形式向治理层通报值得关注的内部控制缺陷。除了上述事项之外，对于其他事项，注册会计师可以采取口头或书面的方式沟通。书面沟通可能包括向治理层提供审计业务约定书。如果以口头形式沟通涉及治理层责任的事项，注册会计师应当确信沟通的事项已记录于讨论纪要或审计工作底稿。

注册会计师在确定采用什么形式进行沟通时，除了特定事项之外，还受以下因素的影响：审计报告中是否包含对该事项的讨论；特定事项是否已经得到满意的解决；管理层是否已事先就该事项进行沟通；被审计单位的规模越大，经营和法律结构越复杂，注册会计师就越倾向于书面等更为正式的沟通形式；在特殊目的的财务报表审计中，注册会计师是否还审计被审计单位的通用目的的财务报表；法律法规要求，如果法律法规对某些特定事项的沟通形式进行了规定，那么就要遵循法律法规的规定；治理层的期望和意愿；注册会计师与治理层持续接触和对话的次数；治理结构的成员是否发生了重大变化。对于沟通形式的选择不必拘泥于固定的模式，也没有必要对所有的沟通事项都采取正式、详细和书面的形式。

（二）沟通的时间安排

沟通的时间因业务环境的不同而不同。对于计划事项的沟通，通常在审计业务的早期阶段进行，如系首次接受委托，可以随同就审计业务条款达成一致意见一并进行；对于审计中遇到的重大困难，如果治理层能够协助注册会计师克服这些困难，这些困难可能导致发表非无保留意见，需要尽快沟通；对于注册会计师注意到的内部控制设计或运行中的重大缺陷，应尽快与管理层或治理层沟通；对于审计中发现的与财务报表或审计报告相关的事项，包括注册会计师对被审计单位会计处理质量的看法，应在最终完成财务报表之前进行沟通；当同时审计通用目的和特殊目的财务报表时，沟通的时间安排应该与通用目的的财务报表审计的沟通时间相协调。

除了沟通事项的重要程度之外，可能与沟通的时间安排相关的其他因素包括：被审计单位的规模、经营结构、控制环境和法律结构；在规定的时限内沟通特定事项的法定义务；治理层的期望，包括与注册会计师定期会谈或沟通的安排；注册会计师识别出特定事项的时间。例如，注册会计师可能未能在可以采取预防措施的时间内识别出某一特定事项（如违反某项法律法规），但是沟通该事项有助于采取补救措施。

（三）沟通过程的充分性

注册会计师应当评价其与治理层之间的双向沟通对实现审计目的是否充分。如果认为双向沟通不充分，不足以实现审计目标，注册会计师应当评价其对重大错报评估风险以及获取充分、适当的审计证据的能力的影响，并采取适当的措施。

双向沟通的充分性包括：针对注册会计师发现的事项，治理层采取措施的适当性和及时性；治理层在沟通中所表现出来的沟通意愿和坦率程度；在没有管理层参与的情况下，治理层与注册会计师接触和会面的意愿及程度；治理层表现出来的对注册会计师所提事项的全面理解能力；就沟通的形式、时间和拟沟通的大致内容，与治理层达成相互理解的困难程度；当治理层全部或部分参与管理时，参与管理的治理层所表现出来的对与注册会计师讨论的事项如何影响其治理责任和管理责任的了解；注册会计师和治理层之间双向沟通是否满足适用的法律法规的具体要求。

沟通不充分的应对措施包括：根据审计范围受到限制的程度出具保留意见或无法表示意见的审计报告；就采取不同措施的后果征询法律意见；与治理层结构中拥有更高权力的组织或人员沟通，或与监管机构第三方沟通；在法律法规允许的情况下解除业务约定。

三、沟通的记录

1. 总体要求

注册会计师应当记录与治理层沟通的重大事项，包括记录那些对于表明形成审计报告的合理基础、证明审计工作的执行遵循了审计准则和其他法律法规要求而言很重要的事项。

2. 记录形式

如果审计准则要求沟通的事项是以口头形式沟通的，注册会计师应当将其包括在审计工作底稿中，并记录沟通的时间和对象；如果审计准则要求沟通的事项是以书面形式呈现的，注册会计师应当保存一份沟通文件的副本，作为审计工作底稿的一部分；如果被审计单位编制的会议纪要是沟通的适当记录，注册会计师可以将其副本作为对口头沟通的记录，并作为审计工作底稿的一部分；如果发现这些记录不能恰当反映沟通的内容，且有差别的事项比较重大，注册会计师一般会另行编制能恰当记录沟通内容的纪要，将其副本连同被审计单位编制的纪要一起致送治理层，提示两者的差别，以免引起不必要的误解。

案　例

中兴华会计师事务所期后事项审计程序

一、相关背景

2011 年 12 月，博元投资为掩盖股改业绩承诺款未真实履行的情况，虚构付款

33 482万元购入面值34 705万元的银行承兑汇票。其后，博元投资通过票据贴现、票据置换以及用票据支付预付款的交易，使2012年年度财务报表中虚增资产36 455.83万元（占资产总额的62%），虚增负债876.26万元，虚增营业收入和利润均为1 893.2万元（分别占营业收入、利润总额的10%、90%）；2013年年度财务报表中虚增资产37 800万元（占资产总额的62%），虚增营业收入和利润均为2 364.54万元（分别占营业收入、利润总额的9%、258%）。经查，上述票据均无之前的背书记录，且存在博元投资与银行提供的票据复印件的票面信息、票面样式、印章位置不一致，或者相关票据在承兑银行查无相应票号的情况。

二、中兴华会计师事务所未对票据置换业务涉及的大额收款设计和实施必要的期后事项审计程序

博元投资2013年共置入票据74 800万元、置出票据85 455.83万元（不包括作为预付款背书），账面确认票据贴现收入1 688.23万元，占利润总额的184.37%，涉及的现金流仅2013年12月31日收到沈阳齐智商贸有限公司（以下简称“沈阳齐智”）与沈阳三隆房地产开发有限公司三隆中天酒店（以下简称“沈阳三隆酒店”）的票据贴现款合计达12 000万元，占博元投资披露的期末货币资金的92%，占总资产的19.68%。经查，2014年1月2日，博元投资以向沈阳齐智和沈阳三隆酒店支付票据购买款的名义，将相同金额的款项分别支付给沈阳齐智及沈阳三隆酒店。中兴华会计师事务所未保持应有的职业怀疑态度，未对临近资产负债表日的大额收款和期后大额付款保持充分的关注并执行必要的审计程序，其行为违反了《中国注册会计师审计准则第1101号——注册会计师的总体目标和审计工作的基本要求》和《中国注册会计师审计准则第1332号——期后事项》的相关规定。

中兴华会计师事务所及相关当事人在听证过程中请求免于处罚，提出陈述申辩意见如下：

期后事项是对上一期业务的延续，并且业务的延续会导致业务性质发生改变，需要在财务报表中调整或披露的事项，而票据转让及收到现金不属于调整或披露的事项。中兴华会计师事务所出具审计报告的时间是2014年1月25日，博元投资支出12 000万元资金的记账时间是2014年1月31日，不属于审计的期后事项，且博元投资以银行对账单是月末才出，以及1月份报表和账簿未结为由，没有提供。中兴华会计师事务所对该大额收款已经实施了银行函证等审计程序，对票据置换业务涉及的大额收款已经获取了充分、适当的审计证据。在出具审计报告前，对管理层及财务人员进行了期后事项的调查，并获取了期后事项声明书，没有必要对该款项追加设计和实施必要的期后事项审计程序。

针对中兴华会计师事务所2013年审计相关问题的陈述、申辩意见，中国证监会认为：

根据《中国注册会计师审计准则第1332号——期后事项》的规定，期后事项，是指财务报表日至审计报告日之间发生的事项，该12 000万元的大额支付发生在2014年1月2日，早于中兴华会计师事务所出具审计报告的时间，属于审计准则规定的期后事项。根据《中国注册会计师审计准则第 1332 号——期后事项》的规定，财务报表可能受到财务报表日后发生的事项的影响……审计报告的日期向财务报表使用者表明，注册会计师已考虑其知悉的、截至审计报告日发生的事项和交易的影响，注册会计师应当设计和实施审计程序，获取充分、适当的审计证据，以确定所有在财务报表日至审计报告日之间发生的、需要在财务报表中调整或披露的事项均已得到识别，注册会计师应当对期后事项予以充分的关注，并考虑对财务报表的影响。该笔 12 000 万元的收款存在多项重大、异常情形，中兴华会计师事务所应当保持职业怀疑态度并关注期后大额付款的情况。本案中，中兴华会计师事务所针对期后事项仅获取了管理层期后事项声明书，未对博元投资 2014 年 1 月的财务报表、账簿、银行对账单等客观证据予以检查，以识别是否存在需要调整或披露的事项，未能做到勤勉尽责。

资料来源：中国证券监督管理委员会网站.

▶思考

1. 期后事项为什么会影响审计风险?
2. 期后事项审计程序包括哪些?
3. 期后事项识别中的关注重点有哪些?

// 思考题 //

1. 书面声明的作用是什么?
2. 期后事项的种类有哪些?
3. 在大数据背景下，复核审计工作包括哪些内容?

// 研究型学习与延伸阅读 //

[1] 葛锐，刘晓颖，孙筱蔚．审计师更换影响管理层报告信息增量了吗?：来自纵向文本相似度的证据．审计研究，2020(4)：113 - 122.

[2] 胡国柳，李源，赵阳．董事高管责任保险与公司高质量审计服务需求．审计研究，2020(6)：97 - 105.

[3] 薛清梅，宋达，魏蓉，等．接受或驳回：论管理层沟通策略是否影响审计人员对于内部控制偏差的评价：西方内部控制研究文献导读及中国制度背景下的展望(四)．会计研究，2015(9)：88 - 95，97.

[4] 张继勋，蔡闫东，刘文欢．标准审计报告改进、管理层和审计人员的关系与管理层沟通意愿：一项实验证据．审计研究，2016(3)：77 - 83.

[5] 张继勋，韩冬梅．网络互动平台沟通中管理层回复的及时性、明确性与投资者投资决策：一项实验证据．管理评论，2015，27(10)：70 - 83.

[6] 黄洁莉．英、美、中三国会计师事务所组织形式演变研究．会计研究，2010(7)：65 - 96.

参考文献

［1］阿尔文·阿伦斯，詹姆斯·洛布贝克．审计学：整合方法研究．北京：中国审计出版社，2001.

［2］敖世友，张黎明，陈倩．审计学．成都：四川大学出版社，2017.

［3］陈汉文，韩洪灵．审计理论与实务．北京：中国人民大学出版社，2019.

［4］陈汉文．审计．4版．北京：中国人民大学出版社，2020.

［5］程广华．数字化审计实务指南．北京：人民邮电出版社，2021.

［6］德里克·马修斯．审计简史．北京：中国人民大学出版社，2020.

［7］窦洪波，李贺，李园园．审计基础理论实务案例实训．上海：上海财经大学出版社，2016.

［8］冯均科，陈淑芳．审计学．西安：西安交通大学出版社，2007.

［9］耿建新，刘松青，黄胜．审计学．北京：中国人民大学出版社，2017.

［10］康钟琦，顾芸编．现代审计学基础．上海：立信会计出版社，2000.

［11］李晓慧．审计学：实务与案例．5版．北京：中国人民大学出版社，2021.

［12］李晓慧．审计学：原理与案例．北京：中国人民大学出版社，2015.

［13］李正，刘杰．内部控制．北京：北京大学出版社，2021.

［14］厉国威．国家审计．厦门：厦门大学出版社，2020.

［15］刘华著．审计理论与案例．上海：复旦大学出版社，2005.

［16］刘明辉，史德刚．审计．7版．大连：东北财经大学出版社，2021.

［17］文森特·奥赖利，巴里·威诺格拉德，詹姆斯·格尔森，等．蒙哥马利审计学．北京：中信出版社，2007.

［18］企业会计准则编审委员会．企业会计准则条文释义与案例详解（2021年版）．北京：人民邮电出版社，2021.

［19］秦荣生，卢春泉．审计学．北京：中国人民大学出版社，2008.

［20］宋常．审计学．8版．北京：中国人民大学出版社，2018.

［21］文硕．世界审计史．上海：立信会计出版社，2018.

［22］吴学斌，黄增玉，张雪南，等．中级财务会计．4版．北京：人民邮电出版社，2019.

［23］徐玉林．国家审计．北京：中国审计出版社，1991.

[24] 叶陈刚，郑洪涛．内部控制与风险管理．北京：对外经济贸易大学出版社，2011.

[25] 曾寿喜，刘国常．国家审计的改革与发展．北京：中国时代经济出版社，2007.

[26] 张继勋，程悦．审计学．北京：清华大学出版社，2008.

[27] 张庆龙．内部审计学．2 版．北京：中国人民大学出版社，2020.

[28] 中国注册会计师协会．审计．北京：中国财政经济出版社，2019.

图书在版编目（CIP）数据

审计学：原理与大数据审计案例：立体化数字教材版／唐雪松主编；崔云，林雁，彭情副主编. -- 北京：中国人民大学出版社，2024. 12. --（高等学校新文科教材）. -- ISBN 978-7-300-33541-4

Ⅰ. F239. 0

中国国家版本馆 CIP 数据核字第 2025YL5991 号

高等学校新文科教材·大数据与财会系列

审计学：原理与大数据审计案例（立体化数字教材版）

主　编　唐雪松

副主编　崔　云　林　雁　彭　情

Shenjixue：Yuanli yu Dashuju Shenji Anli

出版发行	中国人民大学出版社		
社　　址	北京中关村大街 31 号	**邮政编码**	100080
电　　话	010－62511242（总编室）		010－62511770（质管部）
	010－82501766（邮购部）		010－62514148（门市部）
	010－62515195（发行公司）		010－62515275（盗版举报）
网　　址	http://www.crup.com.cn		
经　　销	新华书店		
印　　刷	北京宏伟双华印刷有限公司		
开　　本	787 mm×1092 mm　1/16	**版　　次**	2024 年 12 月第 1 版
印　　张	18 插页 1	**印　　次**	2024 年 12 月第 1 次印刷
字　　数	369 000	**定　　价**	49.00 元

中国人民大学出版社　管理分社

教师教学服务说明

中国人民大学出版社管理分社以出版工商管理和公共管理类精品图书为宗旨。为更好地服务一线教师，我们着力建设了一批数字化、立体化的网络教学资源。教师可以通过以下方式获得免费下载教学资源的权限：

★ 在中国人民大学出版社网站 www.crup.com.cn 进行注册，注册后进入“会员中心”，在左侧点击“我的教师认证”，填写相关信息，提交后等待审核。我们将在一个工作日内为您开通相关资源的下载权限。

★ 如您急需教学资源或需要其他帮助，请加入教师 QQ 群或在工作时间与我们联络。

中国人民大学出版社　管理分社

教师 QQ 群：648333426（工商管理）　114970332（财会）　648117133（公共管理）
教师群仅限教师加入，入群请备注（学校＋姓名）

联系电话：010-62515735，62515987，62515782，82501048，62514760

电子邮箱：glcbfs@crup.com.cn

通讯地址：北京市海淀区中关村大街甲 59 号文化大厦 1501 室（100872）

管理书社　　人大社财会　　公共管理与政治学悦读坊